产业多极化集聚、劳动力空间配置与经济高质量发展

张鹏飞 ◎ 著

西南交通大学出版社
·成 都·

图书在版编目（CIP）数据

产业多极化集聚、劳动力空间配置与经济高质量发展 / 张鹏飞著. -- 成都：西南交通大学出版社，2025.5.
ISBN 978-7-5774-0420-2

Ⅰ.F127；F249.212

中国国家版本馆 CIP 数据核字第 2025UM8002 号

Chanye Duojihua Jiju、Laodongli Kongjian Peizhi yu Jingji Gaozhiliang Fazhan
产业多极化集聚、劳动力空间配置与经济高质量发展
张鹏飞　著

策划编辑	梁　红
责任编辑	罗爱林
责任校对	左凌涛
封面设计	墨创文化
出版发行	西南交通大学出版社 （四川省成都市金牛区二环路北一段 111 号 　西南交通大学创新大厦 21 楼）
营销部电话	028-87600564　028-87600533
邮政编码	610031
网　　址	https://www.xnjdcbs.com
印　　刷	成都蜀通印务有限责任公司
成品尺寸	185 mm × 260 mm
印　　张	13
字　　数	341 千
版　　次	2025 年 5 月第 1 版
印　　次	2025 年 5 月第 1 次
书　　号	ISBN 978-7-5774-0420-2
定　　价	78.00 元

图书如有印装质量问题　本社负责退换
版权所有　盗版必究　举报电话：028-87600562

FOREWORD 前 言

改革开放以来，中国经济经历了40余年的高速增长时期，特别是在加入世界贸易组织之后，通过融入全球化的分工体系，逐渐成为"世界工厂"。然而，就经济增长方式而言，中国40余年来的经济增长主要依靠要素投入与投资拉动，这种粗放式的增长方式极度依赖于资源和能源的高投入，由此产生了高排放、高污染、低效率等一系列问题。同时，随着国内资源能源要素成本的不断攀升，科学技术的不断突破，人工智能的不断更新完善，劳动力资源的比较优势逐渐减弱，加之中国老龄化程度的加深，人口红利的逐渐弱化，以往的经济增长方式难以为继，亟须改变传统粗放的生产方式。2014年，习近平在河南考察时首次提出了中国经济发展"新常态"这一概念。同年年底召开的中央经济工作会议也明确指出：中国经济"发展方式正从规模速度型粗放式增长转向质量效率型集约增长"，要"坚持稳中求进工作总基调"，要"努力保持经济稳定增长"，要"提高资源配置效率"。到2019年，党的十九大提出了"高质量发展"概念，并作出中国经济由"高速度"增长向"高质量"发展转变的重要论断。再到2022年，党的二十大报告进一步明确指出："发展是党执政兴国的第一要务。没有坚实的物质技术基础，就不可能全面建成社会主义现代化强国"，要"坚持以推动高质量发展为主题""着力提高全要素生产率""推动经济实现质的有效提升和量的合理增长"。这一系列报告无一不预示着中国经济未来发展要以经济高质量发展作为主要目标，要在经济发展过程中逐步实现创新、协调、绿色、开放、共享的新发展理念，进而全面促进城市经济高质量发展。

自中国经济步入"三期叠加"时期以来，中国经济增长速度放缓，产业结构逐步调整，产业空间布局逐渐优化；同时以劳动力空间配置规模变化为主要特征的城市发展由单中心、单方向集中向多中心、多方向、广范围、多层次集聚变化，由此所引起的产业发展水平、空间布局与劳动力资源规模大小、空间配置情况之间的相互融合、匹配协调问题必然成为城市协调发展，推动经济发展实现质的提高的重要议题之一。为此，本书以城市产业多极化空间集聚、劳动力空间配置对城市经济高质量发展的影响为研究主题，围绕立足经济"高质量"发展思路、产业布局"区域协调"发展要求、劳动力"多中心宽范围"配置态势的背景，旨在理清中国区域产业多极化空间集聚、劳动力空间配置与经济高质量发展之间的内在关系，全面梳理中国区域产业多极化空间集聚、劳动力空间配置的时空演进历程，力图构建中国区域产业多极化空间集聚、劳动力空间配置与经济高质量发展的理论模型，分层次地剖析中国区域产业多极化空间集聚、劳动力空间配置与经济高质量发展之间的数据计量关系，从而构建起提升中国区域经济高质量发展的有效路径和政策保障。

从研究思路来看,本书研究围绕立足经济"高质量"发展思路、产业布局"多极化集聚"发展要求、劳动力"多中心高层次"空间配置的背景→理清中国区域产业多极化集聚、劳动力空间配置与经济高质量发展之间的内在关系→梳理中国区域产业多极化集聚、劳动力配置与经济高质量发展的时空演进历程→构建中国区域产业多极化集聚、劳动力空间配置与经济高质量发展的理论模型→剖析中国区域产业多极化集聚、劳动力空间配置与经济高质量发展之间的数据计量关系→构建提升中国区域经济高质量发展的有效路径→推动中国各区域经济高质量发展的研究思路,沿着"文献整理—理论研究—实证研究—政策研究"的逻辑主线进行。根据以上思路,本书研究内容如下:

第一章,导论。一方面,立足经济"高质量"发展思路、产业布局"多极化集聚"发展要求、劳动力"多中心高层次"空间配置的选题背景,提出本书研究的主要问题、理论和现实意义。另一方面,以阅读和整理国内外研究文献为起点,挖掘和梳理学界关于产业集聚、劳动力空间配置、高质量发展的国内外研究的历史脉络和动态前沿。

第二章,相关概念与理论基础。参考和借鉴已有文献,并立足本书研究目的,对"产业多极化集聚""劳动力空间配置"以及"经济高质量发展"3个核心概念进行内涵界定。其中,对于"经济高质量发展"的解析,主要按照创新、协调、绿色、开放、共享5个维度进行。在此基础上,通过研读和整理已有文献资料,梳理本书研究过程中的理论基础,构建本书研究的理论基础与研究模型。

第三章,产业多极化集聚、劳动力空间配置对城市经济高质量发展的影响机制。首先,本章立足于产业多极化集聚效应和微观视域下的劳动力流动理论,分析了产业多极化集聚和劳动力空间配置对城市经济高质量发展的影响机制。其次,分别从规模效应、扩散效应、涓滴效应3个方面论述了产业多极化集聚、劳动力空间配置以及两者耦合协调对经济高质量发展的传导机制。最后,从产业多极化集散两种态势、不同类型的产业多极化集聚、劳动力的不同配置方向、不同区域划分和城市规模等多方面论述了产业多极化集聚、劳动力空间配置对城市经济高质量发展影响的差异性。

第四章,产业集聚、劳动力空间配置影响经济高质量发展的数值模拟。本部分引入DSGE模型,以典型家庭、代表性企业为基准模型为基础,推导两部门经济的稳态解;同时在此基础上,加入产业集聚与劳动力空间配置两大因素,并通过参数的估计,从而运用Dynare软件求解新状态下的经济系统稳态解,运用Matlab软件进行随机模拟,从而推断出加入的两大因素对经济高质量发展冲击的脉冲响应情况。

第五章,产业多极化集聚、劳动力空间配置以及城市经济高质量发展的测度与时空演化。一方面,针对中国31个省区市(不含港澳台地区)具有代表性的劳动密集、资源密集和技术密集共计16个行业,进行其产业多极化集聚水平的测算,同时采用GIS软件对各产业多极化集聚水平进行可视化时空分析;根据2005年以来,中国各城市城镇职工工资与商品房房价价格变化,采用引力模型对中国各城市之间劳动力空间配置情况进行精确测度和可视化时空分析；同时围绕创新、协调、绿色、开放、共享 5 个维度共计 43 个指标，构建测度城市经济高质量发展水平的指标体系，并通过可视化软件对其变化规律和态势进行可视化分析。另一方面，在产业多极化集聚水平与劳动力流动程度的度量和可视化分析的基础上，利用耦合函数模型对两要素之间的耦合协调情况进行深入分析，并通过 PVAR 模型论证其对区域经济高质量发展的影响。

第六章，产业多极化集聚、劳动力空间配置影响城市经济高质量发展的实证检验。本部分将前文所选取的 16 个行业作为整体，通过构建相应的计量回归模型，在此模型基础上，立足静态回归和动态回归思路，采用双向固定面板模型和 GMM 模型相结合的形式，分别论证各城市产业多极化集聚水平、劳动力空间配置状态以及产业多极化集聚与劳动力配置的耦合协调水平对城市经济高质量发展的显著影响。

第七章，产业多极化集聚、劳动力空间配置影响城市经济高质量发展的异质性检验。一方面，将本书选取的 16 个行业按照劳动密集、资本密集和技术密集 3 大类型进行划分，分别分析不同类别产业多极化集聚、劳动力空间配置对城市经济高质量发展的影响。同时，按照产业集聚的"单一化"和"多极化"两种不同产业分布态势、不同的劳动力空间配置方向、不同的"产业集聚—劳动力空间配置"耦合协调等级、不同的区域类别和不同的城市规模对本书选取的 289 个城市样本进行划分，从不同视角和类别分析 3 种类型产业集聚、劳动力空间配置对城市经济高质量发展的异质性作用。另一方面，考虑不同类型产业多极化集聚与劳动力空间配置可能产生的不同的负向外部影响，进而需要进一步论证 3 种产业多极化集聚类型和劳动力空间配置对城市经济高质量发展的影响是否存在门槛效应。因此，引入门槛模型进行检验，以此分析两者对城市经济高质量发展的非线性化影响。

第八章，产业多极化集聚、劳动力空间配置影响城市经济高质量发展的空间溢出效应。首先，本部分基于全局 Moran 指数对 3 种类型产业多极化集聚、劳动力空间配置以及城市经济高质量发展的空间相关性进行了检验；同时，按照东、中、西以及东北部的区域划分，通过局部 Moran 指数检验了 4 大经济区域 3 种类型产业多极化集聚、劳动力空间配置与城市群内部城市经济高质量发展的局部空间相关性。其次，通过空间杜宾模型对不同类型产业多极化集聚、劳动力空间配置以及两者耦合协调影响城市经济高质量发展的空间溢出效应进行检验，并将空间效应分解为直接效应与间接效应进行分析。最后，按照 4 大经济区域划分，分别分析了不同类型产业多极化集聚、劳动力空间配置以及两者耦合协调对各城市经济高质量发展空间溢出效应的异质性影响。

第九章，提升中国城市经济高质量发展的政策建议。本章着重根据以上理论模型推导和实证分析的相关结果，从区域协调发展、区域产业规划布局、城市区划空间功能、城市产业结构调整、城市人才动能构建、城市人—产匹配发展等方面，就如何提升中国城市经济高质量发展提出了相应的政策建议。

一方面，本书以经济学科理论作为指导，发挥了经济理论的实践作用，同时在选取计量方法和数理模型时，充分考虑了模型与现实的耦合匹配程度，提升了经济理论的实用价值；另一方面，本书采用"理论研究→实证研究→政策研究"的逻辑框架，对中国区域产业多极化空间集聚、劳动力空间配置影响经济高质量发展进行了层层递进式研究。就理论研究来看，本书综合运用经济学科理论基础，采用 DSGE 模型构建起产业多极化空间集聚、劳动力空间配置对经济高质量发展影响的数理模型；就实证研究而言，基于理论研究基础，通过地理空间测度、计量回归等方法，对中国区域产业多极化空间集聚、劳动力空间配置和经济高质量发展程度进行了时空演进与未来动态趋势变化分析，同时采用多种计量模型，分析了前两个变量对经济高质量发展的影响机制分析；就政策研究而言，本书构建了基于不同领域，涵盖多方主体、多种要素、多个层次推进区域经济高质量发展的政策协调体系。

  本书在撰写过程中，吸取了国内外相关主题研究的众多优点，作者多次拜访学术界专家学者，征求全国各地众多同行的意见。本书的顺利出版还得到了西南交通大学出版社各专家、编辑的大力帮助和支持，在此一并表示真挚的谢意！尽管为撰写此书做出了最大努力，但书中仍难免存在不足之处，真诚希望同行专家和广大读者朋友不吝指正，力求不断完善。

张鹏飞

2024 年 9 月

目录

第一章 导论 ... 001
一、研究背景 ... 002
二、问题提出 ... 005
三、研究意义 ... 005
四、国内外研究现状 ... 007
五、研究方法与创新 ... 013

第二章 产业多极化集聚与劳动力空间配置的相关概念与理论基础 ... 017
一、概念界定 ... 018
二、产业集聚、劳动力空间配置影响经济高质量发展的理论基础 ... 020

第三章 产业多极化集聚、劳动力空间配置对城市经济高质量发展的影响机制 ... 029
一、产业多极化集聚、劳动力空间配置影响经济高质量发展理论分析 ... 030
二、产业多极化集聚、劳动力空间配置对经济高质量发展的影响效应 ... 032
三、产业多极化集聚、劳动力空间配置对经济高质量发展异质性影响 ... 035
四、本章小结 ... 037

第四章 产业多极化集聚、劳动力空间配置影响经济高质量发展的数值模拟 ... 039
一、基于DSGE的基本数理模型 ... 040
二、模型对数线性化与参数确定 ... 046
三、产业多极化集聚、劳动力空间配置对经济发展的脉冲响应分析 ... 053
四、本章小结 ... 060

第五章 产业多极化集聚、劳动力空间配置对经济高质量发展的测度与时空演化 ······ 063
一、产业空间布局与劳动力空间分布态势的多元逻辑 ······ 064
二、产业多极化集聚水平测度与时空演化 ······ 074
三、城市劳动力空间配置状态测度与时空演化 ······ 078
四、城市经济高质量发展水平的测度与时空演化 ······ 084
五、区域产业多极化集聚与劳动力空间配置的协调程度分析 ······ 088
六、本章小结 ······ 094

第六章 产业多极化集聚、劳动力空间配置影响城市经济高质量发展的实证检验 ······ 097
一、研究设计 ······ 098
二、基准回归分析 ······ 102
三、拓展分析 ······ 117
四、本章小结 ······ 122

第七章 产业多极化集聚、劳动力空间配置影响城市经济高质量发展的异质性分析 ······ 123
一、模型设定与数据说明 ······ 124
二、实证结果分析 ······ 129
三、拓展分析 ······ 137
四、本章小结 ······ 153

第八章 产业多极化集聚、劳动力空间配置影响城市经济高质量发展的空间溢出效应 ······ 155
一、空间相关性检验 ······ 156
二、计量模型选择与空间效应分析 ······ 160
三、不同类型产业多极化集聚的空间效应分析 ······ 165
四、拓展分析 ······ 173
五、本章小结 ······ 180

第九章 研究结论与政策建议 ······ 181
一、研究结论 ······ 182
二、政策建议 ······ 183

参考文献 ······ 190
后　　记 ······ 200

第一章 导论

中国经济由"高速度"增长向"高质量"发展转变是党的十九大作出的重要论断,对中国未来经济发展方向和思路提供了重要指示。产业作为城市经济发展的主要载体,其结构调整和优化直接反映了城市经济运行效率的提高和发展水平的提升。而作为城市生产活动重要元素的劳动力资源,其规模大小与分布状况和城市产业结构与空间布局之间往往又相互影响,两者之间的协调水平一定程度上决定了城市经济要素的配置效率和产业结构的优化情况。

一、研究背景

(一)经济发展从"高速度"增长模式向"高质量"发展状态转变

当今世界经济正经历前所未有之大变局,一方面,资源能源的进一步短缺将成为束缚世界经济发展的重要因素。自第一次工业革命以来,随着数百年的巨大消耗和过度开采,世界资源能源已不可逆转地愈发枯竭,为此而引发的战争不断。虽然随着科技的进步,新能源的不断研发和使用缓解了部分能源危机,但面对全球经济发展的巨大需求,尚不成熟的新能源技术不足以支撑其巨大的消耗,传统资源能源依然是各国经济发展必不可少的基础条件。另一方面,新一轮科技革命新浪潮已然来临,互联网、信息技术、人工智能等技术领域的不断创新和突破,将逐渐实现对非技能型劳动力的完全替代,进而改变传统生产要素的投入,改变传统大量廉价劳动力投入的生产方式,技术创新将成为未来世界经济发展的重要引擎之一。此外,世界经济"逆全球化"现象多发,国家间经济竞争向贸易战的变化态势显现,多边贸易体系受到严峻挑战(刘新智、张鹏飞,2020),世界经济复苏与新的发展需要更加公平的国际投资和贸易新规则、更加高效的世界经济治理体系。新规则和治理体系的建立与完善,必然涉及发展中国家与发达国家经济竞争力与发展效率的对比。对于经济发展水平较为落后的发展中国家,必然需要具备更科学、更环保、更高效的生产和发展方式,才能在新一轮国际经济秩序的竞争中获取自身的利益诉求。

从国内经济发展来看,改革开放以来,中国经济经历了40余年的高速增长时期,国内生产总值从1978年的0.37万亿元增至2021年的114.37万亿元,年均增长7.17%。[①]特别是在加入世界贸易组织之后,我国通过融入全球化的分工体系,逐渐成为"世界工厂"。然而,就经济增长方式而言,中国40余年来的经济增长主要依靠要素投入与投资拉动,这种粗放式的增长方式极度依赖于资源和能源的高投入,由此产生了高排放、高污染、低效率等一系列问题。同时,国内资源能源要素成本的不断攀升,科学技术的不断突破,人工智能的不断更新完善,劳动力资源的比较优势逐渐减弱,加之中国老龄化程度的加深,人口红利的逐渐弱化,均使以往的经济增长方式难以为继,亟须改变传统粗放的生产方式。为此,2019年,党的十九大提出了"高质量发展"概念,并作出中国经济由"高速度"增长向"高质量"发展转变的重要论断;同时,党的二十大进一步提出"高质量发展是全面建设社会主义现代化国家的首要任务""必须完整准确全面贯彻新发展理念""要坚持以推动高质量发展为主题,推动经济实现质的有效提升和量的合理增长"。这一系列论断和发展要求,对中国未来经济发展方向和思路提供了重要指示,预示着中国未来经济发展必然在注重经济发展效益的同时更加注重经济发展效率和成果共享。

---

① 数据来源于国家统计局官网,https://data.stats.gov.cn/easyquery.htm?cn=C01。

（二）产业布局由"东部集中"分布向"多极化集聚"分布转变

国家战略布局和发展路径选择是产业发展、空间演变的重要风向标。近年来，国际政治秩序面临重构、经济全球化发展变化莫测、科技革新浪潮席卷全球。在这一特殊背景和发展时期，中国产业发展不仅要实现在原有"三期叠加"①压力下的平稳态势，还需要为应对复杂的国际国内环境提供新的经济发展动能。为此，2020年习近平总书记提出"以国内大循环为主体、国内国际双循环相互促进的新发展格局"。这一新发展格局的提出，不仅是对中国改革开放以来经济发展现存短板的历史总结，也是对未来经济发展战略设计、路径选择做出的重大调整和重要指示，直接影响中国产业未来的结构调整和空间布局。

回顾新中国成立以来的产业发展，中国的产业布局先后经历了由"相对均衡"到"东部集中"，再到"多极化集聚"的3个时期。中国产业布局第一时期的"相对均衡"阶段主要是指从新中国成立之初到改革开放前夕。这一时期，面对中华人民共和国成立之初落后的社会经济发展水平与资本主义经济封锁的严峻形势，提出了"优先发展重工业"的国家战略，实施了"156项项目"；同时随着20世纪60年代美国核威胁与讹诈、中苏关系恶化、中印边境问题等国际环境的进一步恶化，中国国防建设成为产业发展的重中之重，中国政府按照"山、散、洞"原则，加快了"三线建设"（陈东林，2014）。这一系列产业发展和产业布局，促进了中国沿海地区与内陆区域产业发展的水平均等化和空间均衡化，然而这种针对特定时期所形成的均衡化产业布局，最终使中国产业发展呈现大量重复建设和空间布局的高度同质化。到1978年，中国产业发展严重趋同，各产业比例严重失调。为此，国家正式启动了改革开放的基本国策，以"两个大局"作为经济发展的基本原则，制定并实施了"东部地区率先发展"的国家战略，以期借助东部地区临港临海的地理区位和率先改革的政策优势，形成东部地区的经济集聚和产业优先布局，打造带动中国经济发展的经济增长极。经济和产业的"东部集中"，促进了中国经济的快速发展和综合实力的快速崛起，同时也逐渐拉大了各区域之间的发展差距。数据显示，在改革开放的推动下，中国东、中、西部和东北部的GDP份额由1978年的43.56%、21.58%、20.88%和13.98%变为2000年的52.49%、20.36%、17.13%和10.02%，其中，东部地区的GDP份额上涨了8.93%，其他区域的GDP份额均有不同程度的减少。②

为了缓解各区域之间逐渐扩大的发展差距，中国政府于20世纪末逐步制定和实施了西部大开发、东北振兴、中部崛起等一系列能显著推进区域协调发展的国家战略，这标志着中国经济和产业布局向"多区域发展"和"多极化集聚"转变。这一时期从21世纪开始一直延续至今。纵观该阶段的发展历程，一方面，国家通过加快中、西部和东北部基础设施建设、促进这些区域技术进步和文化卫生事业发展、改善内地投资和营商环境，为东部产业向中、西、东北部地区转移夯实了基础条件。加之，长期以来东部地区经济集聚造成刘易斯拐点的出现，该区域生产成本持续增加，并于2004年左右，东部地区开始出现用工荒、用电荒、土地紧张等典型大城市问题。另一方面，在2008年金融危机的冲击性下，长期外汇管制与大规模借债投资造成的通货膨胀，使国内生产成本上涨幅度迅速扩大。中国经济逐步进入"新常态"和"三期叠加"时期，节能减排、集约式发展方式成为产业发展和区域产业布局的首要考虑因素。由此，在政策引导、市场因素、客观

---

① 三期叠加是指经济增长的换挡期、结构调整的阵痛期与前期刺激政策的消化期在同一时期重合出现，故而产生叠加效应。
② 本节数据来源于国家统计局官网，https://data.stats.gov.cn/easyquery.htm?cn=C01。

条件等多重驱动下，中国产业区域协调发展和产业跨区域转移逐渐进入加速时期，特别是"长江经济带""新发展格局"等国家战略以及"一带一路"倡议的提出，产业协调发展和"多极化集聚"的空间布局更将成为带动国家经济发展的最优方式。

（三）劳动力"单方向低水平"空间集中向"多中心高层次"空间配置转变

劳动力在空间上的集中配置是人类社会从农业分散化生产向工业集中式生产转变的重要特征。18世纪中后叶开始的工业革命加快了工业产业和服务行业的发展进程，推动了中心城市的形成和工业区划的繁荣，进而带动了劳动力在地域范围、空间领域上的集中和集聚配置。纵观工业革命以来的经济发展，劳动力投入成为各国经济生产不可或缺的基础性条件，而伴随工业化形成的劳动力集聚效应也成为各国经济快速发展必不可少的关键性因素。

20世纪80年代以来，伴随工业化、城市化进程的逐步推进以及户籍制度的逐步放开，劳动力大规模从农村向城镇、从欠发达向发达地区、从中西部内陆区域向东部沿海区域、从中小城镇向中心特大城市流动与空间配置成为中国劳动力空间结构变化的主要规律，也成为推动中国经济高速发展的核心动力。回顾改革开放以来中国40多年的经济发展与社会变迁，在工业化进程不断加快、城市化进程不断推进的作用下，中国劳动力流动与集聚大致可分为3个阶段：第一阶段是改革开放初期到20世纪90年代初期。伴随改革开放国策的实施，农村土地实行家庭联产承包责任制，解放了大量农村剩余劳动力，加之国家大力推动乡镇企业发展，引起大量农村劳动力向城镇集中。在这一阶段，为解决城镇原有居民的就业问题，对流入的农村劳动力采取了一定的政策限制，使这部分农村劳动力具有明显的临时性和流动性。到1992年，邓小平"南方谈话"后，改革开放进一步深化，各地因经济发展与社会建设的需要进一步放宽了对农村剩余劳动力的就业限制，致使劳动力流动规模急剧扩大，这意味着中国劳动力流动与集聚进入第二阶段。在这一时期，社会主义市场经济体制建设的确立，带来了东部地区沿海城市开发及经济建设高潮。外企的大举进入、生产要素的更广范围流动，使东部地区的城市规模进一步扩大，城市外延不断扩张，东部城市发展进入高速发展时期。同时东部地区对劳动力产生了巨大的虹吸效应，引起其他欠发达地区劳动力向东部地区的快速流动与空间配置。这一阶段一直持续到21世纪来临前后，特别是东部地区生产成本和生活成本的快速提升，使该区域的集聚效应逐步被劳动力集聚带来的负外部性抵消。纵观改革开放至21世纪前后，无论是农村剩余劳动力向城镇的流动和集中，还是欠发达地区劳动力向东部发达地区的快速集聚，均表现出空间流动和集聚方向单一、劳动力水平低下等特征。随着"新常态"和"三期叠加"经济发展时期的到来，东部产业不断向外转移，形成多区域产业集聚状态，必然对区域劳动力流动与空间配置产生新的要求，中国劳动力空间分布顺势进入第三阶段。

长期以来稳定的集聚路线、固化的集聚水平、固定的集聚方式，使劳动力集聚过程中的负外部性问题凸显。东部发达地区由于长期经济集聚引起的生产成本逐年增加，中国各区域间经济发展的差距逐步扩大。为此，国家区域发展政策逐步向中小城市和西部地区倾斜，实施了"大中小城市和小城镇协调发展"的区域发展战略。[①]随后中华人民共和国住房和城乡建设部在《全国城镇体系规划纲要（2005—2020年）》中提出了3大都市连绵区和13个城镇群建设构想，以及中国

---

① "十一五"规划提出"坚持大中小城市和小城镇协调发展，积极稳妥地推进城镇化"；"十二五"规划提出"促进大中小城市和小城镇协调发展"。

社会科学院发布《2006 年城市竞争力蓝皮书》指出的 15 个城市群的建设蓝图，意味着中国未来经济发展、产业布局和劳动力空间配置将必定呈现出明显的"多核驱动""多极引领""高层次集聚"等重要特征。

二、问题提出

综上所述，面对中国经济"三期叠加"的巨大压力和"高质量发展"的更高要求，以及国际政治秩序重构、经济全球化发展变化莫测、科技革新浪潮席卷全球等复杂的国内国际形势，中国区域产业多极化空间集聚和劳动力多中心空间配置实践，对上述经济行为和现象的现实有效性与效率检验提出了迫切需求。然而现有成果无法为其提供完整和富有成效的科学基础，也无法为中国未来产业空间布局与劳动力空间配置实践提供一定的方向引导。基于此，本书从中国多种类型产业多极化集聚现实和中国城市劳动力空间配置情况的认知入手，核算不同城市规模条件下，不同类型产业多极化集聚和劳动力空间配置对城市经济高质量发展的影响情况，进而重点确定了以下研究问题：

第一，产业多极化集聚、劳动力空间配置以及城市经济高质量发展的时空演进和空间特征如何？

第二，产业多极化集聚、劳动力空间配置影响经济高质量发展的理论模型如何构建？

第三，产业多极化集聚如何影响经济高质量发展？

第四，城市劳动力多中心空间配置情况如何影响经济高质量发展？

第五，产业多极化集聚与劳动力空间配置的耦合协调作用如何影响经济高质量发展？

第六，不同类型的产业多极化集聚对经济高质量发展的影响有何差异？

以产业多极化集聚、劳动力空间配置对经济高质量发展的影响作为选题，需要以区域经济理论、中心-外围理论、人口迁移理论、新经济地理学相关理论作为理论基础，从区域和城市层面对产业多极化集聚、劳动力空间配置的时间和空间变化进行可视化时空分析入手，以构建产业多极化集聚、劳动力空间配置对经济高质量发展影响的理论分析框架和理论模型为逻辑起点，准确分析和把握中国城市产业多极化集聚、劳动力空间配置情况对经济高质量发展的影响作用，进而为提高产业多极化集聚效益、提升劳动力配置水平、实现中国城市经济高质量发展提供有效参考。

三、研究意义

本书通过对城市产业多极化集聚水平和城市劳动力空间配置情况进行度量与测度，并对中国各城市产业多极化集聚和劳动力空间配置的时空演变进行可视化分析，梳理出各自的可视化图谱；同时根据这些变化，推演出对城市经济高质量发展的影响情况。这一系列分析，不仅能弥补现有研究理论的不足，也为如何提升中国产业多极化集聚效应，提升劳动力空间配置水平，进而推进经济发展效率，实现城市高质量发展提供了有益的政策建议。

（一）理论意义

1. 对不同类型"产业集聚"的可视化研究进行了有益补充

本书按照投入生产要素情况，将中国区域内的产业分为劳动密集、资本密集和技术密集3种类型，并分别就每一种类型产业选取若干行业进行分析，对各类型产业在多极化空间的集聚水平进行可视化分析。这一研究思路将区域经济学、产业经济学、经济地理学、地理空间分析等相关学科进行了有益融合，一定程度上丰富和完善了交叉学科研究的相关理论。

2. 对"劳动力空间配置"情况的测度方法进行了有益补充

本书对城市劳动力空间配置的测度和衡量，采用各城市现存劳动力基数与城市人口对比的区位熵与劳动力配置强度的影响因子两者的乘积对各城市劳动力空间配置情况进行测度。其乘积数值的绝对值越大，表明劳动力空间配置程度和频率越高，城市劳动力空间配置状况越好。该测量方式将劳动力空间配置的存量变化和流量变动相结合，不仅考虑城市现实劳动力的集聚程度，更因为引入了劳动力流动强度影响因子的分析而具备了动态分析的可能。这一研究思路对以往从绝对数量上进行劳动力空间配置情况的度量指标进行了有益补充和改进，为后续研究提供了一种新的思路。

3. 构建了产业集聚、劳动力空间配置与经济高质量发展的理论模型

本书通过引入动态随机一般均衡（DSGE）模型，以典型家庭、代表性企业、政府部门为基准模型，推导三部门社会构建的稳态解；同时在此基础上，深入探讨加入产业集聚与劳动力空间配置两大因素所引起基准模型的变化，并通过引入劳动力市场，将企业部门划分成技术部门和非技术部门，通过参数估计，运用 Dynare 软件求解新状态下的多部门系统稳态解，运用 Matlab 软件进行随机模拟，从而推断出加入的产业集聚与劳动力空间配置对城市经济发展冲击的脉冲响应情况。通过上述模型的构建，本书创新性地将产业集聚与劳动力空间配置纳入 DSGE 模型，构建了产业集聚、劳动力空间配置与高质量发展的理论模型，补足和丰富了后续关于经济高质量发展研究的微观理论基础。

（二）现实意义

（1）本书在研究过程中，将对中国产业多极化集聚和城市劳动力空间配置的时空演进进行可视化分析，因此，对中国未来区域之间产业多极化集聚和劳动力空间配置状态的动态趋势有一定的预测作用。

（2）本书按照5大维度对经济高质量发展进行指标体系构建，有效地将经济高质量发展这一综合性问题具象化和具体化，有助于实证部分的深入研究。

（3）由前述理论意义可知，本书将通过 DSGE 模型，对产业集聚与劳动力空间配置影响经济高质量发展进行理论模型推导，以期探讨中国区域产业集聚和劳动力空间配置对经济高质量发展冲击的脉冲响应，进而获得中国经济高质量发展的最优产业区域集聚和劳动力空间配置的路径，

对中国城市未来区域规划、产业政策、劳动力配置政策制定有着一定的借鉴作用。

（4）本书借助于理论模型的推动，通过对中国城市具体的经济高质量发展的实证研究，最终为中国各区域或各城市经济高质量发展提供有效的政策建议。

四、国内外研究现状

（一）产业集聚、劳动力空间配置和经济高质量发展的本质与特征文献回顾

1. 关于产业集聚概念与测度的研究

关于集聚概念的研究，最早可追溯至马歇尔（Alfred Marshall）对于工业区的论述，他在对新古典经济学中工业组织进行研究时，充分论证了企业以利润最大化为价值目标，且会因其对外部规模经济的追求而趋于向某一区位集聚。随后于19世纪90年代，其在《经济学原理》中首次提出了产业集聚的概念。他认为"产业集聚"本质上是许多具有相同性质的中小型厂商在特定地点的集中，并由此对产品生产的各阶段进行专业化分工协作，以期实现各自厂商的规模经济。自马歇尔提出产业集聚概念以来，学界对该领域的研究日益丰富，回顾已有的研究文献，其研究内容大致可以从以下方面进行归纳总结。

第一，产业集聚的内涵界定。产业集聚作为一种空间集聚现象，国内外学者根据自身研究目的的不同，对产业集聚做出了多样化的内涵解读。但纵观已有文献资料，学界主要围绕产业特性和地理特性两大角度进行。一方面，在产业集聚的早期研究中，学者对其内涵的界定侧重于从产业生产分工和企业关联协作的相互作用进行阐述。这部分学者认为，产业集聚具有自身产业发展的基本表征，产业集聚内部企业之间、要素之间具有特殊的联结模式，这种联结模式主要依靠产业链条、生产技术链条、企业价值链条等形式表现出来。从产业链条视角来看，产业集聚应该是包含某一类产品生产的前后向企业在某一区域的集中，这种产业之间的相互联系主要体现在产品生产的投入产出之中。如里昂惕夫（1939）提出的投入产出分析法，正是对这一产业链条视角中产业集聚和关联关系的有效解释。从生产技术链条视角来看，产业集聚是指某一产业与其他相关产业在某一地域上建立起的较强关联、频繁交易的互动协作机制。这些集中的产业和企业之间，可以通过技术分享、人员交流等产生远超其他地区同一产业的市场竞争优势。从企业价值链条视角来看，产业集聚是企业对于生产成本、发展效益等多方面因素综合考虑的"自我选择"，企业一旦选定集聚区域，便能在集聚区域形成较强的协同效应，从而产生集聚效应。另一方面，从地理特性角度分析。学界普遍承认产业集聚均呈现出显著的地理空间集中度，他们认为企业集中所带来的外部经济性促使了产业在地理上的集中（Weber，1909），并将产业集聚界定为："在较小区域内高度集中的关联企业的集合"（Baptista&Swann，1998），是具有竞合关系的相互联系的企业与机构在地域空间上的集聚体（Porter，1990），是同一类型或不同类型的产业在一定地域范围内的集中与聚合（周文，1999）。

第二，产业集聚的成因与影响因素。一方面，早期研究中，对于集聚产生的原因，普遍认为源于自然禀赋的空间分布，如气候条件、交通条件、资源分布等（Marshall，1890）。但Ellison&Glaeser（1999）认为，仅基于自然禀赋对集聚经济影响的解释明显与现实经济运行不完全相符，对于集聚的产生更应该从经济、社会以及政治等多方面寻找原因（Fujita&Thisse，2002）。到20世纪90

年代,以克鲁格曼(Paul Krugman,1991)为代表的新经济地理学派将地理空间因素纳入经济分析范式之中,阐述了产业在地理空间集聚的成因。他们认为,产业集聚的产生是企业规模扩张带来的报酬递增、距离变化产生的运输成本大小以及市场机制作用引发的生产要素流动3个方面的综合结果。在此基础上,Fujita&Mori(2005)进一步将产业集聚归结为"经济关联"和"知识关联"的双重作用结果。另一方面,对于产业集聚的影响因素而言,众多学者根据各自研究需求和目的,形成了多样化的因素研究。其一是成本因素,包括地区生产成本(梁育填、樊杰等,2010;李新、苏兆国,2010)、运输成本(彭向、蒋传海,2009;金春雨、王伟强,2015;范剑勇、刘念等,2021)、交易成本(王可侠,2007;麻玉琦、任少波,2020)等多种成本因素的共同影响;其二是资源禀赋因素,包括自然资源分布(傅允生,2005;朱英明、杨连盛等,2012)、气候环境(刘树林、吴赐联,2006)、劳动力资源条件(苏华、刘升学,2022)等;其三是外部经济环境因素,包括生态建设(黄纪强、祁毓等,2023)、政策支持情况(吴乔一康、冯晓,2020)、营商环境(胡彬、王媛媛等,2023)等。

第三,产业集聚的效应分析与测算。企业和产业在地理区域上的集聚,必然因企业之间的交流协作、产业之间的关联互动,而逐渐降低集聚区域的生产、交易成本,也有利于企业和产业间技术、管理的相互共享,从而产生巨大的集聚效应(Marshall,1890;Weber,1909)。然而,随着城市规模的不断扩大,产业集聚程度越发加深,随之而来的劳动力过度集中,逐渐引发了诸如环境污染、生态破坏、城市拥挤等一系列大城市病,产业集聚的负外部效应逐渐显现。吴颖、蒲勇健(2008)运用空间经济理论,论证了产业过度集聚将导致的区域系统福利损失的存在。魏玮、张万里(2017)利用非期望产出数据包络法,分析了不同区域、不同类型制造业集聚对经济运行效率的不同影响,他们认为中国东部地区制造业已处于过度集聚阶段,不利于地区经济发展。另外,对于产业集聚程度的测算,经济学往往采用行业集中度(谢光华、郝颖等,2019;任江鸿、陈方等,2021)、区位熵、赫芬达尔-赫希曼指数(刘涛、刘均卫,2018)、空间基尼系数等多种指标。

2. 关于劳动力空间配置理论模型与测度的研究

从微观角度而言,劳动力流动和配置是人力资本投资的重要组成要素,是提高劳动者生产效率的重要途径(曾湘泉,2017)。从宏观角度看,劳动力流动和配置是提高资源配置效率的有效途径,是有效推进劳动、资本、技术等要素结构优化的重要手段,是缩小贫富差距,推动区域协调发展的有益方式(陈翔、唐聪聪,2021)。回顾学界对劳动力流动的研究,现有相关文献资料可以大致分为以下几类。

第一,劳动力流动和配置的理论模型。国内外学者对于劳动力流动和配置的理论解释,主要分为4种经典理论分析。一是新古典经济学派的劳动力流动和配置动因解析。该理论以完全竞争的劳动力市场为假设前提,认为劳动力资源在区域的不同分布和配置导致了劳动力工资水平的差异化,进而引起了劳动力的空间流动和配置。他们认为,农业部门生产效率极低且存在大量的剩余劳动力,在劳动力资源自由流动假设条件下,工业部门较高的生产效率和工资水平成为吸引农村剩余劳动力的主要动因(Lewis,1954),但同时城市工业部门失业率的上升也会对这种流动和配置产生阻碍作用(Ranis & Fei,1961)。然而随着20世纪60年代许多国家出现的城市劳动力流入和匹配规模扩大,以及高失业率的同时出现,学界对二元经济进行了扩展和修正,建立了包括农业部门、城市正规部门与非正规部门的三部门经济模型，从区域之间预期货币收入的差异入手，对城市高失业率背景下劳动力区域流动和空间配置进行了剖析（Todaro，1969；Harris & Todaro，1970）。二是劳动力流动和配置的人力资本理论。该理论最早由舒尔茨（Schultz，1961）提出，认为劳动力流动和配置是一种人力资本的投资过程，劳动者通过比较流动和迁移的成本与收益，理性地做出是否流动的决策（Becker，1962；Sjaastad，1962）。该理论一定程度上弥补了二元理论对劳动力流动和配置解释力不足的弊端，但也忽视了劳动力流动和配置中家庭因素的影响。三是劳动力流动和配置的家庭理论。该理论立足人力资本理论，以家庭作为劳动力流动和配置的核心影响因素进行分析（Stark O.&Taylor.J.E.，1986），以信息不对称、风险规避为假设，阐述了家庭成员做出迁移和流动的动机、决策（Stark O.，1991）。四是劳动力流动和配置的新经济地理学模型。该模型以垄断竞争市场与规模报酬递增作为基本假设（Krugman，1991），将劳动力的空间配置看作城市"向心力"和"离心力"共同作用的结果，从而提出了"中心-外围"模型（Fujita M.&Krugman P.，1999）。随后，异质性问题逐步引起学界关注，劳动力和企业的个体异质性所导致的劳动力空间配置与企业区域集散的空间行为被广泛关注，"新"新经济地理学理论应运而生。该理论与模型更关注市场潜能、劳动异质性等特征，进一步丰富了劳动力流动和配置理论。

第二，劳动力流动和配置的影响因素与测度。随着劳动力流动和配置理论与模型研究的变迁，对于劳动力流动和配置的影响因素研究也逐步展开。纵观劳动力空间配置研究现有文献，学界对于影响劳动力流动和配置的因素大致可分为以下几类。一是劳动者个人因素，包括年龄大小（Hatton & Williamson，2003；Mayda，2010）、教育水平、婚姻状况（Dahl & Sorenson，2010；Belot & Ederveen，1979）、家庭情况（Bouhga-Hagbe，2006；Zanker & Siegel，1999）等；二是市场因素，包括工资水平（Glaeser，2001；Biagi，2011）、供求关系（Chesire & Magrini，2006；Bonosia & Napolitano，2012）、失业率（Greenwood，2014）等；三是社会因素，包括制度因素（梁琦、陈强远，2013；刘军辉、张古，2016）、文化环境（Peck，2010；Diamond，2016）、公共服务（王有兴、杨晓妹，2018）等。针对不同的研究目的以及重点考虑的影响因素，学界对于劳动力流动和配置的测度，一般采取微观调研指标和宏观统计指标两种方式。其中，微观调研指标一般采用微观数据库中的调研数据进行，如家庭劳动力流动与迁移的人数（尹志超、刘泰星等，2021）、外出务工劳动力人数占家庭劳动力总数的比重（郭晨浩、李林霏等，2022）、以年为单位计算的家庭外出工作人数（尹志超、刘泰星等，2020）、劳动者的迁移就业意愿（赖俊明、徐保红，2019）等；而宏观统计指标则选取各地区、各省市各种统计年鉴与统计公报公布的宏观数据指标或对各指标进行相应计算获得，如人口迁入率（张红历、梁银鹤等，2016；樊士德、金童谣，2021）、劳动力就业人数（赵星、王林辉，2020；曹芳芳、程杰等，2020）、城市暂住人口数量（张莉娜、吕祥伟，2021）、区域常住人口与户籍人口之差（韩军、孔令丞，2020），又如基于引力模型的劳动力流动和迁移变动量（白俊红、蒋伏心，2015；白俊红、王钺等，2017）、基于重力模型的劳动力流动量（余运江、高向东，2017）等。

3. 关于经济高质量发展内涵与测度的研究

回顾已有文献发现，对经济发展的研究大致经历经济增长，到经济发展效率，再到经济高质量发展的历史研究脉络，且这三者之间存在层层递进关系。经济高质量发展作为新时期新背景下对经济发展的新提法，学界并未形成统一的定义。纵观现有文献，对经济高质量发展的研究内容大致可以从以下方面进行归纳总结。

第一，经济高质量发展的内涵界定。学界普遍认为经济发展是经济增长的延伸，所以经济高质量发展应该是满足社会全面协调可持续发展的经济增长（宋明顺、张霞、易荣华，2015），是遵循社会公平正义、改善人民生活水平、满足全面协调可持续特征的社会经济发展（许永兵，2016）。经济高质量发展不仅追求总量的增加，更注重效率的提高、结构的优化、方式的改善和质量的提升，同时还包括人与人、人与自然的和谐相处与和谐共建（张士杰、饶亚会，2016）。就内涵来看，经济高质量发展不仅指经济发展，还与环境保护、资源利用、社会服务等方面密切相关，不仅体现在经济发展结果方面，更注重经济发展的过程与方式（金碚，2018；任保平，2018）。这种发展应该按照创新、协调、绿色、开放、共享的新发展理念，更好地满足人们日益增长的美好生活必需的物质和精神需求（王永昌、尹江燕，2019）。从发展方式的重点领域来看，经济高质量发展应树立工业文明与生态文明共同发展的思想，应从要素驱动、投资驱动向创新驱动转变，应实现城际之间、产业之间、城乡之间的协调、持续、健康发展（邓子纲、贺培育，2019）。从发展的基本特征来看，经济高质量发展一方面具有系统平衡性特征，需要建立包含物质、政治、社会、生态各领域的平衡系统，须达到各子系统的均衡发展和全面提升；另一方面具有民生指向性特征，经济高质量发展的落脚点在于满足人民的美好生活需要，必须以人民为中心，重视人民的满意度和合意度（赵剑波、史丹等，2019）。

第二，经济高质量发展水平的测度。学者们对经济高质量发展内涵的深入解析，为其测度提供了丰富的理论依据。就目前学界的研究来看，对经济高质量发展水平的测度大致分为多指标测度和单指标测度两大类别。多指标测度主要是根据经济高质量发展的内涵，以创新、协调、绿色、开放、共享的新发展理念为5大子系统，构建评价和测度经济发展高质量水平的指标体系（王伟，2020）。也有学者对经济高质量发展的内涵进行了延伸，从经济结构优化、创新驱动发展、资源配置效率、市场机制完善、经济增长稳定、区域协调共享、产品服务优质、基础设施完善、生态文明建设、经济成果惠民等方面构建测度指标体系（魏敏、李书昊，2018；田鑫，2020）。同时，也有部分学者指出，经济高质量发展更应该注重资源利用效率和生产效率的提升，并认为应该从全要素生产率、科技创新能力、金融体系效率、市场资源配置效率等方面对其进行刻画（黄庆华、时培豪等，2020；江春、吴磊等，2010）。单指标测度主要考察经济发展的效率是否得到提升，通常采用全要素生产率进行衡量。其测度方法一般采用传统核算、DEA、SFA等方法（王竹君、任保平，2018）。

第三，经济高质量发展的影响因素。在对经济高质量发展水平进行测度研究的基础上，更多学者专注于对影响经济高质量发展的因素进行研究。程晨、张毅等（2020）从城市扩张所产生的极化效应、涓滴效应以及约束效应入手，研究了城市集聚对经济高质量发展的影响，同时认为由于城市规模不同，城市集聚对经济高质量发展的推动作用存在明显差异。李光龙、范贤贤（2019）从财政支出、科技创新两个方面对长江经济带经济高质量发展的影响进行了实证分析，认为财政支出和科技创新能显著推进经济高质量发展。黄文、张羽瑶（2019）通过对长江经济带111个城市进行分析，验证了区域一体化战略对中国城市经济高质量发展的影响，并认为区域一体化对经济高质量发展的影响因地区生产性服务业集聚程度的不同而有所差别，主要呈现出倒"U"形特征。

(二) 产业集聚与劳动力空间配置互动关系的文献梳理

如前所述,改革开放以来,中国产业空间布局经历了由"东部集中"分布向"多极化集聚"分布的转变。特别是进入21世纪以后,伴随着西部大开发、东北振兴、中部崛起等国家战略的实施,"新常态"和"三期叠加"时期的新发展时期,"长江经济带""一带一路""高质量发展"以及"新发展格局"的发展布局,中国产业发展从注重东部规模的集中向注重东部质量的提升,进而形成有计划、有规律地向中西部转移,逐渐形成多极化集聚的空间分异。这一过程也逐渐引起了中国各城市劳动力存量、流量以及质量的动态变化。樊士德、沈坤荣、朱克朋(2015)通过对中国沿海地区制造业逐渐向中西部多区域转移的研究,发现区域劳动力外流和空间配置的刚性显著地阻碍了产业的多极化集聚,同时形成了产业单一集聚区内低水平劳动密集生产模式;陈玲(2019)通过对京津冀地区产业空间分布和结构优化调整的现实观测,推断出该区域第一产业结构调整对劳动力空间分布将产生巨大的"挤出效应",而第二、三产业对劳动力资源空间分布产生了"虹吸效应";关爱萍(2020)遵循新经济地理学基本理论,采用核心-边缘垂直联系模型,对经济系统两区域之间农业部门与工业部门的劳动力资源空间配置状态长期均衡进行分析,认为产业多极化集聚产生的本地市场效益、价格指数效益与市场拥挤效应所构成的集聚与分散力,形成了劳动力资源空间配置的动态均衡;赵慧、张涛等(2023)采用高频全量企业大数据,对我国277个城市的产业多极化集聚进行了测度指标重构,深入研究了产业多极化集聚对南北地区企业创业活动和劳动力就业的影响,研究发现产业多极化集聚能够显著促进城市创业和就业;刘佳丽、荣垂青(2023)分析了制造业和服务业集聚对人口迁移的影响,指出制造业集聚能显著促进人口迁入,而服务业集聚对人口迁入的促进作用与迁入规模直接相关。

(三) 产业集聚对经济高质量发展影响作用的文献梳理

纵观已有文献,多数学者认为产业多极化集聚对经济高质量发展的影响主要表现在以下方面:一是产业多极化空间集聚对区域内部产业优化升级的有利影响,导致相关多区域生产方式的更新和改进,进而提升各区域经济高质量发展水平。郝汉舟、徐新创等(2022)运用中介效应和调节效应模型,探讨了要素多元集聚对产业升级的影响,认为要素多元化集聚能够正向促进产业升级。童磊、荣亚飞(2023)以制造业和生产性服务业集聚为研究出发点,将两者集聚外部性分为专业化外部性和多样化外部性;同时运用PVAR模型,分析了两种集聚外部性对产业升级的有效影响,研究认为专业化外部性能显著促进产业升级,但多样化外部性对产业升级短期内虽表现为促进作用,但随着时间推移,抑制作用会逐渐显现。另外,他们还指出,两者外部性对产业升级的影响因区域不同而产生不同作用。二是产业集聚对集聚区域所产生的巨大扩散效应,将带动集聚区域诸如生产和发展理念、技术和工艺溢出、竞争与合作模式、横向与纵向关联等方面的积极效应。刘新智等(2022)采用双固定效应模型考察了产业集聚、技术创新对经济高质量发展的影响,认为多区域多极化的产业集聚能通过技术创新的扩散作用对经济高质量发展产生中介效应。三是产业集聚有利于区域之间的有效沟通和合作,进而强化、提升区域之间要素流动程度和频率,提升区域之间要素配置效率,推动区域经济协调发展。张鹏飞、黎佩雨等(2023)采用个体固定效应、广义矩估计与门槛模型考察了产业的多极化空间集聚、城市劳动力流入对经济高质量发展的影响。他们认为产业的多极化空间集聚与劳动力流入均能显著提升经济高质量发展,且两者的相互作用能扩大这种促进作用。同时,他们通过门槛检验,认为产业的空间集聚对经济高质量发展的影响存在显著门槛效应。

（四）劳动力空间配置对经济高质量发展影响作用的文献梳理

生产要素在地域空间的自由流动和高效配置是决定不同地区要素生产效率差异和经济发展水平异同的重要变量（章元、刘修岩，2008）。而作为生产要素中最为重要的劳动力资源，则被看作是一切经济活动的主体和基本要素单元，其区位分布状况、流动强度大小、素质结构匹配度等都对区域生产效率、地区发展水平和质量产生重大影响（赵连阁、钟搏等，2014）。

第一，根据新古典经济学观点，在生产要素边际报酬递减规律的假设条件下，劳动力流动和配置使迁入区域和迁出区域要素报酬呈现下降、上升两种相反方向的变动趋势，有利于推动区域之间劳动要素报酬均等化发展，从而利于各区域之间经济效率的同步提升（Taylor & Williamson，1997；林毅夫、刘培林，2003；姚枝仲、周素芳，2003；王小鲁、樊纲，2004；蔡阳，2014），进而促进区域经济的高质量发展。

第二，劳动力资源流动和配置将在更大地域空间内形成大规模、多样化的劳动力市场。这种大型劳动力市场中大规模、多样化的劳动力资源不仅能有效降低企业搜寻成本，也能满足企业不同生产活动所需的劳动力需求，进而有利于提升企业生产要素的使用效率和生产效率（王莹莹，2018；吴青山、吴玉鸣等，2021），提升区域经济高质量发展水平。

第三，从产品市场的需求来看，劳动力流动和配置，必然导致城市总体产品消费需求数量的增加和需求结构的变化，这种消费需求的变化，必然引起城市产品市场均衡的变化，最终使消费水平增加和市场规模扩大，进而通过规模效应提升区域经济效率和促进区域经济高质量发展（邹璇，2011；黄大湖、丁士军等，2022）。

第四，由二元经济结构理论可知，劳动力资源流动，改变了劳动力的空间分布，特别是农村剩余劳动力向非农产业的转移和流动，不仅实现了劳动者增收，而且有利于贫困问题的缓解，进而改变了社会发展态势，促进了经济发展效率，提升了区域经济高质量发展水平（梅新想、刘渝琳，2016；呼倩、黄桂田，2019）。

第五，由推拉理论可知，劳动力流动和配置，特别是跨区域和跨行业的劳动力流入及匹配，是劳动生产效率和劳动报酬率的对比结果，必然有利于形成合理的人力资源分布，有利于劳动力资源的合理高效配置，提高各行业的劳动生产效率（曹芳芳、程杰等，2020），促进区域经济高质量发展。

第六，劳动力的流动，将会在更大地域范围内形成生产技术和工艺的扩散效应，利于区域的技术更新，进而提升经济效率，提升区域经济高质量发展水平（王永齐，2007；李浩，2012）。

（五）文献评述

综上，在已有的文献资料中，对于产业集聚、劳动力配置和经济高质量发展3类主题均有较为丰富和深入的研究，这也为本书的研究提供了较为广泛的研究思路。然而，系统梳理以往相关文献后发现，已有的研究成果还存在以下有待深入探讨的问题。

（1）现有文献对于产业集聚与劳动力空间配置的研究，更多将两者之间的相互关系割裂开来，关注于两者之间的单方向影响，而对于两者之间的相互作用和双向影响的探讨较少。一方面，以产业集聚为主题的研究中，以往文献认为产业区域转移和空间集聚的主要原因在于生产成本的动态变化，同时也认为产业集聚会带动劳动力资源的重新配置。然而，对于不同类别产业（特别是劳动密集型、资本密集型以及技术密集型）的集聚对劳动力空间配置产生的影响缺乏差异化分析。另一方面，在以劳动力区域流动和空间配置为主题的研究中，认为产业集聚和扩散是引起劳动力流动和配置的重要因素，但缺乏对两者之间动态变化进行分析，同时对劳动力流动和配置引起产业空间布局影响的研究也不多。

（2）以往文献更多考虑某一区域的产业集聚、劳动力配置和经济高质量发展的分析，但从全国全域针对产业的多区域、多核式、多极化的集聚态势，以及由此产生的对劳动力空间配置和经济高质量发展的分析并不多。究其原因一，方面是因为数据获取较为困难；另一方面是经济活动的范围往往具有一定的地理空间约束条件，特别是交通运输、要素流动渠道的不平衡性，导致经济活动的辐射范围有限，但进入高铁、数字经济、信息化、电商时代，生产要素的流动在全国各区域之间充分展开，产业空间布局和经济活动范围必然需要考虑更大领域和更广区域。

（3）诸多学者对产业集聚、劳动力流动和配置与经济高质量发展的相互关系的分析大多止步于两两之间关系的分析，将三者纳入统一框架的研究并不多见。已有研究中，在关注产业集聚与经济高质量发展之间相互关系的文献中，大多数认为产业集聚对经济高质量发展产生正向促进作用，其中的路径分析则研究较少；在着重分析劳动力流动和配置和经济高质量发展之间相互关系的文献中，缺乏系统考察劳动力流动方向和强度变化对区域经济高质量发展影响的差异性，对劳动力流动和配置引起的区域经济高质量发展变化的空间非均衡性与空间效益研究不足。

因此，本书将立足中国 31 省市（不含港澳台地区）共 289 个地级市样本，从产业多极化集聚和劳动力空间配置的时空演进与双向关系入手，并按照产业生产要素密集程度分别考察不同类别产业多极化空间集聚、劳动力空间配置状况对经济高质量发展的差异化影响，同时基于空间效应视角分析产业多极化集聚、劳动力流动和配置对经济高质量发展影响的空间效益，并通过构建相应的空间模型以解决本研究可能存在的空间相关性问题。

五、研究方法与创新

（一）研究方法

鉴于产业多极化集聚水平、城市劳动力空间配置情况测度的复杂性以及城市经济高质量发展的多元性和层次性，本研究通过理论阐释与实践归纳相结合，定性与定量研究相互补充，数理模型推导与实证分析相结合的方式，多视角、多层次剖析产业多极化集聚、城市劳动力空间配置对经济高质量发展的影响。具体方法和逻辑思路如下：

（1）定量分析法与定性分析法结合。通过对本书选取的 16 个行业生产总值相对变化以及利用引力模型对各城市劳动力空间配置的定量测算和 GIS 的可视化时空分析的基础上，对中国区域产业多极化集聚和城市劳动力空间配置可能造成的城市经济高质量发展变化进行定性研究。

（2）数理模型推导与计量分析法结合。本研究通过 DSGE 模型对中国区域产业多极化集聚和城市劳动力空间配置影响经济高质量发展进行数理模型推导，同时结合耦合协调函数、VAR 模型、Moran 指数、静态回归模型、动态面板模型与空间计量模型等分析方法，对中国区域产业多极化集聚和城市劳动力空间配置影响经济高质量发展进行实证研究。

（3）间接分析与直接调研相结合的方法。本研究需要的有关统计数据，可通过在图书馆和互联网查阅有关统计资料获取，同时收集国内外发表的研究资料和成果，进行间接综合分析。但有些数据需要研究者亲自去有关部门获取，以及深入实地进行调查，所以直接调研仍是本研究不可缺少的环节。

本书的研究逻辑思路如图 1-1 所示。

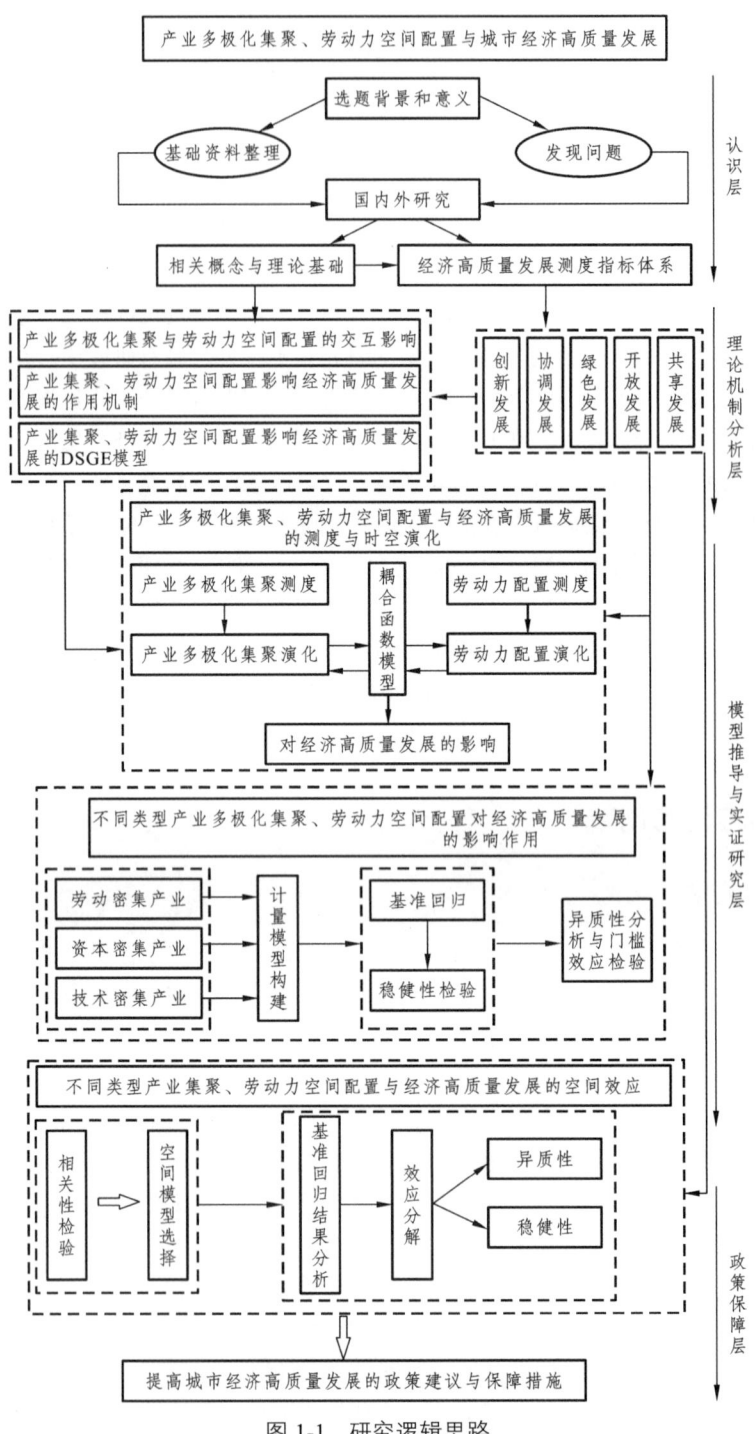

图 1-1　研究逻辑思路

(二)研究创新

本书在以往理论和实证研究的基础上,梳理了相关文献,并对中国区域产业多极化集聚和城市劳动力空间配置的时空演进进行了可视化分析,从理论模型与实证研究两个方面论证了上述两大因素对经济高质量发展的影响机制,为提升中国区域和城市经济高质量发展提供了有效的政策建议。从全书研究来看,创新之处在于以下两个方面:

1. 研究视角的创新

一方面,本书从区域产业多极化集聚、城市劳动力空间配置情况测度和时空演化入手,以产业多极化集聚与劳动力空间配置的交互影响、耦合协调为视角,论证其对城市经济高质量发展的影响。不同于已有研究仅以产业多极化集聚或劳动力空间配置等单一因素或单一视角,本书更注重产业多极化集聚与劳动力空间配置状况的交互协调关系,重点分析我国区域产业多极化集聚与劳动力空间配置两大经济现实之间的相互制约与促进作用,并以此为切入点,采用耦合协调模型分析其对区域经济高质量发展的影响。这种交叉互动、耦合协调关系的研究,是对以往研究视角的补充和完善。另一方面,与以往研究不同,本书在对区域产业多极化集聚进行测度、时空分析以及其对经济高质量发展的影响研究中,将产业集聚划分为劳动密集、资本密集和技术密集3大类型,以此剖析各自多极化集聚与劳动力空间配置之间不同的交互关系和耦合协调程度,进而分析不同类型产业多极化集聚对城市经济高质量发展影响的异质性。这种分析内容的划分,较以往研究更具有理论意义和现实意义。另外,本书在产业多极化集聚、劳动力空间配置对经济高质量发展影响的分析中,还着重剖析了两者及其耦合关系的空间溢出效应及门槛效应,相对于以往研究更加全面和科学。

2. 研究方法的创新

一方面,在研究中国区域产业多极化集聚、劳动力空间配置对经济高质量发展影响的过程中,采用DSGE模型,从构建产业集聚与劳动力空间配置约束函数入手,采用随机模拟方式分析了两大变量对经济高质量发展的影响。这一约束函数的构建,是对原有DSGE基本模型应用的更新和改进。同时,通过DSGE模型,本书将产业集聚、劳动力空间配置引起的劳动力供给劳动结构变动、部门生产效率变化、部门和社会投资、政府投资、家庭部门消费结构、工资水平等一系列具体微观要素变化全部纳入经济系统模型,从各微观要素引起的城市经济高质量发展进行数值模拟,是将DSGE模型从研究微观经济系统稳态向中观和宏观领域的延伸。另一方面,本书在对城市劳动力空间配置的测度中,采用各城市劳动力区位熵和劳动力流动因子的乘积进行度量。这种度量方式体现了存量与流量的相互结合,是对以往单纯依靠引力模型测度的改进。

第二章
产业多极化集聚与劳动力空间配置的相关概念与理论基础

产业多极化集聚与劳动力空间配置等相关概念和相应理论基础的总结与梳理无疑是研究两者对经济高质量发展作用机理的基础性工作。本章通过回顾已有研究，对产业多极化集聚、劳动力空间配置以及经济高质量发展三者的本质内涵进行界定，同时对本书中所涉及的产业多极化集聚相关理论、中心-外围、劳动力流动等理论，内生经济增长、动态随机一般均衡等模型进行阐述与梳理，以期为后续理论机制的模型构建和实证研究的数据选取奠定基础。

一、概念界定

（一）产业多极化集聚

以马歇尔立足古典经济学规模报酬不变和完全竞争基本假设对企业区位集聚现象的阐释为起点，逐渐引申出产业集聚的内涵解析和相关实证研究。学界普遍认为，产业集聚是指产业在地域空间上的集中分布过程（Marshall，1890；Weber，1909；王军，2021），是产业通过纵向相关与横向关联在地理空间上形成的网络状产业组织模式（Porter，1998），是产业分工与集聚经济在地域空间相互结合的必然产物（吴培培、朱小川，2016）。梳理已有文献可知，产业集聚的最初动因源自企业基于集聚区域与非集聚区域区位比较优势的对比（Marshall，1890；Weber，1909；Malcolm Dowling，2000；Terutomo Ozawa，2002）和生产成本的权衡，同时加之企业的资本积累、技术壁垒、知识产权（Chen J. H.，2015）、产品价格的动态变化，政府的税收政策和干预措施的不断调整，集聚区域的自然资源禀赋和地理区位优势，集聚区域市场的营商环境优化和发育程度（陈建军，2002）的强化等一系列因素，逐渐使企业生产的范围经济与规模经济效应出现动态变化，以至于生产企业只有将生产集中于特有的集聚区域内，才能获得更有优势的生产区位和更为有利的生产环境，从而形成企业自身更为高效的生产效率和更为丰厚的经济利润，而大规模、多层次生产企业的区位集中最终必然导致产业在地理空间的集聚。具体而言，从微观视域来看，产业集聚是产业内部多数企业在生产经营和自身发展过程中自发逐利行为的延伸，如自身竞争优势的保持、业务的拓展、规模经济的追求、范围经济的拉动等（彭永樟，2018），使企业需要通过向某一特定区域集聚，维持自身的优势和追求成本的优化，进而促进产业的区域集聚。而多极化的产业集聚，则是从更大范围、更多区域的中观和宏观进行界定，认为多极化的产业集聚是行业产品市场动态变化和行业发展条件变化在更广范围、更大领域、更多地域的空间维度上的多点分布、网络式联结的具体表现和自我选择，是国家或地区基于产业结构调整优化升级和地理功能区位划分所制定的一系列政策倾斜在产业部门空间布局的具体呈现。

为此，本书认为产业多极化集聚是自然禀赋、资源供给、市场需求、生产条件、营商环境等因素变化引起的产业在多元化要素获取、高利润空间追求、广范围地域空间的多点式集聚过程。这种多点式集聚伴随着产业生产功能在多个地理空间上的集聚，其主要特征和衡量指标在于城市区域产业集聚程度在地理空间和地区分布之间的相对变化。产业集聚同时还引起了生产要素（尤其是劳动力）在区域空间之间的配置和迁移，是一个具有时间和空间两个维度的动态经济变化过程。

（二）劳动力空间配置

劳动配置作为生产要素和生产资源在区域间流动和空间内配置的主要方式，始终伴随着社会经济发展的全过程，对发挥国家和地区劳动力资源优势、提高劳动力资源配置和生产效率、促进劳动力市场繁荣和地区经济发展有着极为重要的作用。改革开放以来，特别是伴随着社会主义市场经济体制的逐步建立和完善，中国经济发展水平不断提升，产业布局和产业结构不断调整和优化，劳动力多区域流动广领域配置制度性约束逐步破除，劳动者整体素质和结构不断提高与优化，区域性劳动力市场不断建立、发育和完善，这种多因素交织进一步促进了中国劳动力资源在空间范围内广领域、多渠道、多方向的空间配置和区域流动。就现阶段中国经济发展和产业布局而言，全国劳动力资源向较为发达地区流动的趋势依然存在（陈翔、唐聪聪，2021），但集中程度已然减轻，劳动力"单方向低水平"的东部发达城市集中已逐渐向"多中心高层次"多区域配置转变。随着生产条件和成本对比的进一步变化，产业空间布局变化和产业结构调整，劳动力市场需求和配置方向也将随之进一步变化。

从中国已有的劳动力配置现实来看，其路径主要包括两种：一是劳动力资源的跨区域流动和配置，如省与省之间、省份内部、城市之间、城市内部、城乡之间（王金波，2020）；二是将劳动力作为生产要素来看，研究其在不同企业、不同部门、不同行业之间的流动和配置，这类流动和配置更注重劳动力资源本身的利用效率和生产效率。结合研究的需要，本书以劳动力跨区域流动和多城市空间配置为主要研究对象，主要度量中国各地级城市之间劳动力流动和空间配置的现实情况。

为了准确把握本书中劳动力空间配置的含义，为后续研究的定量分析打好基础，本书对劳动力空间配置进行了定义，认为城市的劳动力空间配置是城市空间内劳动力人数的动态变化过程，是指城市内部劳动力资源出于经济性和非经济性目的，由原有城市空间向其他城市空间转移和重新配置的过程，其中经济性因素主要考虑更高的工资收入、更低的居住成本等，非经济因素主要在于流动距离。由于对于某一城市而言，其劳动力资源有流出和流入两种匹配形式、配置方向，本书着重强调的是城市劳动力空间配置状态变化对其经济高质量发展的影响。为此，结合可操作性原则，本书在后续定量研究中采用劳动力人数在城市空间的相对变化进行衡量。

（三）经济高质量发展

党的二十大报告明确提出"要坚持以推动高质量发展为主题""着力提高全要素生产率""推动经济实现质的有效提升和量的合理增长"。这是中国经济由强调速度向追求效率转变的重要论断，是中国经济由注重总量向注重质量转变的必然要求。回顾已有文献，学界均认为经济高质量发展的本质在于社会所需产品和服务的增加，同时更注重经济活动和产品服务使用价值与性能质量的高效性与合意性（金碚，2018）。对经济高质量发展的理解，应该以强调经济发展的创新协调、社会发展的开放共享、生态发展的绿色环保为基本原则，以经济发展方式和过程的效率与长期经济社会发展的协调相结合、经济社会发展水平提升与生态资源环境保护相结合为重要落脚点（孔群喜、孙爽，2019；陶静、胡雪萍，2019）。经济的高质量发展应该按照创新、协调、绿色、开放、共享的新发展理念（王永昌、尹江燕，2019），更好地满足人们日益增长的、美好生活必需的物质和精神需求。

综上，经济的高质量发展必然要求坚持质量第一、效益优先，以生产要素投入使用的充分性、有效性为基本前提，以生产方式的创新性、持续性为核心动力，以经济发展的协调性、稳定性为外在表现，以发展成果的开放性、共享性为价值导向。为此，结合本书选取的研究视角和研究目标，认为经济的高质量发展在追求经济增长速度和总量时，不仅强调经济发展效率的提升，更需要关注经济发展的创新、协调、绿色、开放、共享等一系列问题。基于上述分析，本书将经济高质量发展定义为：国民经济运行过程中，经济系统形成的具有经济增长稳定、要素使用开放高效、生产方式绿色创新、经济成果分配公平协调等一系列特征的运行态势和发展模式。对于这一定义的理解，要注意的是，本书的经济高质量发展描述的是一种经济发展模式和经济运行状态，这种状态不仅包含经济发展的创新性、协调性和开放性，还注重经济发展过程中的绿色环保，同时还强调了经济发展成果的共享等问题，因而难以从单一角度进行分析。为此，本书在对其进行分析时，将通过构建包含创新、协调、绿色、开放、共享5个维度的指标体系进行度量。

二、产业集聚、劳动力空间配置影响经济高质量发展的理论基础

（一）产业多极化集聚相关理论

1. 马歇尔外部规模经济理论

由前文所述，产业集聚是产业分工与集聚经济在地域空间相结合的必然产物。因此，从某种意义来说，产业集聚理论最早可追溯至亚当·斯密的分工理论，但真正意义上的直接理论来源，则是马歇尔的规模经济理论。他在其著作《经济学原理》中认为，规模经济可以分为内部规模经济和外部规模经济（Marshall，1890）。内部规模经济是指企业规模扩张所带来的生产经济、组织管理效率的提升，进而实现的成本降低和规模效应。而外部规模经济则认为，产业发展的规模与产业在特定区位的集中密切相关。马歇尔通过外部规模经济理论揭示了企业在特定区域集中生产和销售的内在动因，他认为存在相互关联的企业在区域的集中，能有效提升生产要素、人才资源、技术创新等的使用效率，从而使集中区域产生强大的发展优势，进而形成"外部经济"效应。他进一步分析认为，外部规模经济给集聚企业带来的好处大致分为3个方面：一是劳动力资源共享。由于外部经济的出现，企业的集中往往伴随劳动力资源的集中，从而在集聚区域形成规模较大、种类丰富、层次分明、结构多样的劳动力市场。集聚区域各类企业能根据所需寻求各类技能工人，从而有效降低了搜寻成本，同时也有效强化了技术工人工作的稳定性和持续性。这种较为稳定的劳动力供需关系又进一步强化和加固了集聚效应。二是交易成本的降低。相互关联企业的区域集中，将在集聚区域形成关联企业之间的互动网络，从而能为产业链条上各工艺部门和生产企业提供更为专业、高效的辅助服务，同时也因企业的频繁交流和沟通，进而形成较为稳固的纵横关系，有利于企业之间交易成本的降低。三是技术更新的外溢。马歇尔认为，信息的流动和技术的传播随着地理距离的增加而逐渐减弱，这也是马歇尔时代信息技术水平低下的必然结果。因此，本地知识、信息要素、技术更新的扩散和传播更依赖于企业之间的频繁往来、劳动者之间的紧密交流，而企业的集聚区域为这一系列的交易网络和社交平台提供了良好的客观条件，从而形成较大的技术溢出效应。虽然马歇尔对企业在特定区域的集中现象进行了较为全面客观的分析，但其理论没有关注企业自身的成长，也忽略了产业发展的空间结构，直至20世纪90年代克鲁格曼将空间因素纳入区域经济学研究框架，才完善了这一理论问题。

2. 韦伯集聚经济理论

继马歇尔的外部规模经济之后，韦伯（Weber，1909）在其论著《工业区位论》中进一步从工业区位角度分析了产业集聚，首次提出了"集聚经济"的概念。他从运输成本、劳动力成本和交通设施条件、自然资源分布方面分析了工业区位选择的主要因素，认为工业企业的选址应遵循"最小费用和成本"原则，从而系统论述了工业活动的空间布局与产业空间集聚的内在动因。类似于马歇尔的内部规模经济和外部规模经济，韦伯将产业集聚分为初级和高级两个阶段。初级阶段是指由企业自身规模扩大所形成的集聚态势；高级阶段则是由某一大企业在某一区域落址，并引起若干同类或关联企业向大企业周边集中，逐渐产生企业群落式集聚，从而形成区域显著的集聚优势。韦伯将这一集聚称为"社会性集聚"，其实质类似于马歇尔的"外部规模经济"，属于产业集聚的高级形式。随后为了完善这一理论，部分学者对其进行了有益补充，Hoover（1937）进一步将韦伯的两阶段划分为"内部规模经济""地方化经济"和"城市化经济"，他认为韦伯的产业集聚高级阶段可以分为企业规模扩大到同类产业集中的"地方化经济"阶段，以及同类产业集中到相关产业集聚的"城市化经济"阶段。韦伯的集聚经济理论从技术共享、劳动力流动、市场化因素、成本节约等方面分析了产业集聚的正向外部性。但这些研究因其单纯的资源能源视角，而脱离了现实经济发展所面临的制度、文化、历史等约束条件。

3. 波特竞争理论

波特基于竞争优势视角，从企业组织变革、生产价值链延伸、经济效益提升、产品生产柔性转变等方面对产业集聚形成的内在机理进行了重新定义（Porter，1990）。他在其著作《国家竞争优势》中认为，企业要获得竞争优势，不能以均匀广泛的方式进行生产布局，而应该是在特定的地理区域集中发展，才能产生更大的竞争条件和优势。同时他还认为企业之所以需要在地理区位上集中，正是因为产业集聚区域较其他区域而言具有层次更高的基础设施水平、规模更大的人力资本存量、更为和谐的文化环境氛围、更为宽松的制度包容程度等宏微观经济环境，这些环境因素对企业竞争力的产生和提升有着强烈的制约作用。因此，国家作为企业发展和产业布局的外部环境因素，各级政府的主要职责在于为国内企业和产业发展创设良好宽松的发展环境，便于企业的区域集中和产业的空间集聚，从而形成国内企业和产业的巨大竞争优势。波特竞争理论的理论逻辑在于国家和区域的竞争，关键在于产业竞争，而产业竞争优势的获得和提升，又关键在于具有竞争优势的企业集中和产业集聚。该理论认为产业集聚区域对于竞争优势形成的主要作用在于：一是企业生产的内部规模经济，也即产业集聚能有效提高集聚区域企业的生产效率；二是产业集聚有利于集聚区内企业和产业之间形成技术战略同盟，从而产生多元化创新活动和高效化创新实践，进而有效提升技术创新的成果转换率；三是在企业内部规模经济效益提升和创新同盟形成的背景下，集聚区域将对其他区域企业产生巨大的虹吸效应，同时更重要的是将更易促进新企业的建立，其原因在于集聚区域内部往往集聚大量有益信息，身处其中的劳动者更易获得有效信息，更易捕捉发展机会和创业商机，从而利于新企业的创建，进而强化区域产业集聚程度。波特竞争理论的最大特色在于用产业集聚解释了一个国家和城市竞争优势的产生与提升。部分学者认为该理论过分强调、过度夸大了国家和政府在产业竞争中的关键作用，但不可否认的是，该理论对于国内竞争环境、国家竞争优势的阐述和产业集聚的理论解释仍具有实践意义。

4. 熊比特创新产业集聚论

熊比特（Schumpeter，1912）将创新与产业集聚相互结合，一方面，认为技术创新是区域经济发展的原动力，在此基础上先后提出熊比特创新模型Ⅰ和创新模型Ⅱ。两种模型的主要区别在于，模型Ⅰ将技术创新视为经济发展的外生变量，模型Ⅱ则将其视为内生变量。熊比特认为，无论是模型Ⅰ还是模型Ⅱ，两者之间可以共存。他还指出，成功的技术创新必然为企业发展带来超额回报和垄断利润，从而使新产品不断替代旧产品、新工艺不断取代旧工艺、新组织不断淘汰旧组织，进而不断以技术创新的产生、扩散、再创新、再扩散螺旋式进程推进区域经济发展。另一方面，熊比特认为技术创新并非空间领域上独立分布的孤立事件，也不是时间维度上均匀分布的突发事件，而是在多个关联事件相互作用条件下突破技术发展临界值而产生的必然事件，因此技术创新更趋向于集群化发展，在经济运行和生产活动中表现为多个企业因在地域空间上的集聚，从而产生强烈而紧密的竞合关系。这种竞合关系一方面强化了企业进行技术创新的不竭动力，另一方面又提升了集聚区域技术创新的扩散速度，从而使技术创新行为在产业集聚区域内成簇发生。这种成簇的创新行为在给集聚区域内创新企业带来高额回报和利润的同时，对集聚区域内其他企业也产生了技术创新的正向刺激，也对其他区域的企业产生了较大的虹吸效应，进而强化了区域产业集聚程度。熊比特的创新产业集聚理论从创新视角论述了产业集聚现象，其主要特点是：其一，技术创新具有长期性和动态性，具有量变引起质变的时间爆发性和空间领域上的非均匀性；其二，成功的技术创新往往能给企业带来高额的利润回报，因此能激发更多创新活动的跟进者。正是创新这两个方面的特征，创新活动才需要依赖于企业间的竞争与合作，需要借助于产业的空间集聚。

（二）"中心-外围"理论

空间作为人类社会经济活动场所，会根据人类社会经济活动的不同态势表现出不同形态。区位因素影响下经济活动的集中与扩散，将推动区域经济的非均衡性发展，使经济区域呈现出基本的"中心-外围"二元结构趋势，而这种双层次结构又会使一定空间范围内各种社会经济活动呈现出动态、交互、渗透、竞合等一系列变化过程。区域经济的非均衡性发展和相互竞争所形成的"中心-外围"结构，制约和影响着一定空间领域上各经济主体的行为方式、交互模式与迁移过程（郝寿义、安虎森，2015）。从微观上看，这种二元结构影响着经济个体的区位选择，以及由此产生的资源配置和要素流动效果；从宏观上看，则直接影响着社会经济活动的集聚与扩散形态、市场的融合与分割状态、产业的结构调整与优化结果。

区域经济的非均衡增长现实表明，经济空间发展会呈现典型的"中心-外围"结构，这一结构从本质上提出了区域经济空间的最基本地域结构态势。纵观已有文献，众多学者从不同分析视角对"中心-外围"理论进行了论述，最早明确提出该理论的学者是阿根廷经济学家劳尔·普雷维什（Raúl Prebisch，1949）。他为了分析处于国际贸易体系对峙中发达国家与发展中国家的相互关系，将资本主义世界分为两个组成部分：一个是生产结构同质性和多样化的"中心"；另一个是生产结构异质性和专业化的"外围"（赵家悦，2017）。这两者之间相互联系、互为依存，是一个动态的、统一的整体体系，但同时在两者之间也充斥着差异性和不平等性。这一理论的提出，为研究地区之间均衡发展和协调发展奠定了现实基础,也为后续的经济研究拓宽了思路。其后,缪尔达尔(G. Myrdal,1957)和赫希曼(Hirshman,1957)在经济区域发展分析中也运用到了"中心-外围"区域划分思想。在此基础上,弗里德曼(Friedmann J.R.,1966)将这一理论加以总结和完善,在其著作《区域发展政策》中提出了"核心-边缘"理论,认为社会经济地域空间区域也可以分为中心区和外围区。其中,中心区处于统治地位,在区域发展过程中,中心区通过其区位优势,从外围区吸引生产要素,产生大量创新活动,这也是整个社会经济地域空间区域的发展核心动力。同时在中心区不断创新过程中,各种技术创新也逐步产生溢出效应,引起外围区经济活动、社会文化、市场发展、产业布局的系统性变化,从而促进整个空间区域的经济发展。弗里德曼关于"核心-边缘"理论的阐述,试图诠释地域空间结构如何从一个孤立、互不联系的离散型状态演变为彼此关联、主次分明、层级突出、互为依赖的非均衡型的有机整体,进而由此发展成为资源共享、产业互补、市场统一、企业关联的均衡协调发展区域。此后,这一理论作为区域经济中空间结构变化的解释模型被广泛应用。

20世纪70年代后,随着空间要素、区域科学在经济学中的广泛运用,以区位论为主要研究对象的区域经济学逐渐引起学界关注。但长期以来,经济学与地理学并不处于一个分析框架以内,以往的经济地理学科已处于停滞不前状态(顾朝林、王恩儒等,2002)。在此基础上,克鲁格曼(Krugman P.,1991)采用柯布-道格拉斯函数,对迪克西特-斯蒂格利茨垄断竞争模型(Dixit-Stiglitz模型)进行了改进,从而构建了一个包含不变报酬农业生产部门与报酬递增工业生产部门的两区域模型,且认为两区域经济发展最终会内化为以工业化生产为中心、农业化生产为外围的"中心-外围"二元结构,其形成的决定因素在于给定模型中的运输成本、规模经济与制造业的占比,而两区域发展过程中,经济活动与要素在空间上收敛与发散,则取决于两区域之间向心力(包括市场准入效应和生活成本效应)和离心力(市场挤出效应)的对比。克鲁格曼"中心-外围"模型作为新经济地理学的经典模型,揭示了经济活动和要素在地理空间聚集与分散的内在运行机制,为后续产业集聚、经济收敛等领域的研究提供了新的思路与方法借鉴。

(三)微观视域下的劳动力流动理论

1. 推-拉理论

劳动力流动的推-拉理论最早可追溯至莱文斯坦(E.Ravenstei,1889)关于劳动力流动影响因素的归纳,他认为流动距离、流动时间、流动成本、劳动力结构特征、城乡差异、交通信息与技术完善等因素是影响两地之间劳动力流动的主要因素。后来,Heberle(1938)进一步将以上因素概括为"拉力"和"推力",他认为地区之间劳动力的流动是迁出地与迁入地"推""拉"作用的合力结果。在此基础上,唐纳德·博格(D. J. Bogue,1955)明确、正式地对推-拉理论进行了系统阐述。他认为劳动力流动的产生是由迁出地与迁入地两种相反方向上力的对比结果:一是促使劳动力流动的力量,包括迁出地历史因素积淀、自然环境基础、资源禀赋条件、生产成本增加、劳动供给过剩、劳动收入过低等,也包括迁入地丰富的就业机会、较高的收入水平、较好的受教育机会、完善的基础设施、较好的生活条件等因素。二是阻碍劳动力流动的因素,包括迁出地熟悉的社会环境、成熟的社交网络、温馨的家庭氛围等,也包括迁入地陌生的生活环境、激烈的竞争氛围、家庭分类带来的巨大心理成本等。综合来看,迁入地的"拉"力与迁出地的"推"力作为主导，共同推进了劳动力在两地之间的流动。此后，到20世纪60年代，美国学者李（E.S.Lee，1966）在唐纳德·博格推拉理论的基础上，又补充了另一类影响劳动力流动的"中间障碍"因素，主要包括距离远近、语言文化差异、人文氛围以及劳动者自身对这些因素的价值取向。

2. Harris-Todaro 模型

20世纪70年代，在发展中国家城市失业问题严峻的情况下，依然存在大量农村剩余劳动力向城市流动。基于此现象，经济学家托达罗（Todaro，1969）和哈里斯（Harris，1970）提出了著名的人口城乡流动模型。其中，对农村劳动者来说，其对未来预期收入的现值可用下列数学公式表述：

$$R_0 = \int_0^\infty [p\omega_u - \omega_r]e^{-rt}dt - C = \frac{1}{r}[p\omega_u - \omega_r] - C$$

式中，ω_u 与 ω_r 分别表示城市正规部门与农业部门的平均工资，r 为贴现率，p 为城市就业概率，C 为流动成本。只有当 $R_0>0$ 时，人口才会流动。

托达罗和哈里斯认为，城乡预期收入差距是劳动者做出劳动流动决策的根本因素，并且指出劳动者对城乡预期收入差距的判断依赖于当前城市工资水平与城市部门就业率。因此，通过模型，他们强调农村劳动力在城市中流动的时间越长，就业机会越多，就业概率越大，所产生的预期收入也越高。另外，托达罗和哈里斯还将农村劳动力在城市内的就业部门分为正规部门和非正规部门，并指出农村转移的劳动力会先在城市非正规部门就业，之后再转入正规部门。Harris-Todaro 模型解释了在城市存在大量失业情况下依然有大量农村劳动力向城市转移和流动的原因，但该模型对于城市劳动力分布（城市劳动力分布于一个规模较小的相对部门和规模庞大的传统部门）的假设与当前中国经济发展过程中产业结构的升级和优化有所背离，需要在后续研究中不断补充和完善。

3. 人力资本理论

舒尔茨（Schultz，1961）首次从人力资本投资角度对劳动力流动的形成原因进行了解释，他认为劳动力在区域之间的流动是劳动者为期望获得更高效用水平和劳动力回报率而进行的一种自我投资，其流动过程所产生的各种费用即为投资额。人力资本理论认为，劳动力流动是劳动力资源在地理空间上的优化配置，劳动者根据自身期望，将自身劳动力资源配置到回报率和净收益更高的地区。劳动力的这种流动从微观来看是为了提高自身收入，但从宏观来看，更是劳动力资源在宏观领域配置的重塑和优化。在舒尔茨提出人力资本理论之后，沙斯特德（Sjaastad L. A.，1962）对该理论进行了进一步的研究，分析了劳动力流动的收益和成本，他指出劳动力流动过程中的收益与成本应该是多样化、全方位的，不仅要对个人层面、货币费用进行成本计算，更需要对社会层面、非货币成本进行总体衡量。其中，个人层面的货币费用仅指在流动过程中劳动者个人所付出的直接成本，而社会层面的非货币成本的范围更广，不仅包括劳动者个人在流动过程中产生的心理成本与机会成本，还应包括流动过程中给流出地和流入地所带来的一系列影响。因此，劳动者在进行劳动力流动决策时，应该充分、综合、全面地进行成本与收益的对比，进而做出更为合理、科学的流动决策。

4. 新经济地理学视角下的劳动力流动

如前所述，克鲁格曼（Krugman P., 1991）通过构建包含农业生产部门与工业生产部门的两区域模型，最终推导出了区域之间的"中心-外围"二元结构。这一结构从区域间经济活动集中和产业集聚的形成机制方面考察了劳动力要素的跨区域流动，对劳动力流动的内生机制进行了深入分析。在该理论背景下，劳动力流动被认为是区域之间集聚力、向心力（包括市场准入效应和生活成本效应）与分散力、离心力（市场挤出效应）相互对比的结果。当流入地的集聚力大于分散力时，能够高效、迅速吸引周边区域的劳动力流入；当集聚力小于分散力时，则表现为该区域劳动力的流出；当集聚力等于分散力时，区域之间劳动力流动处于稳定状态。另外，根据该理论的研究，市场潜能较大的地区，其潜在需求规模较大，意味着该地区企业的获利水平较高。在利润最大化驱使下，大量企业向该地区集聚，形成集聚效应，最终使该地区演化为核心区域。随后一方面，会使该地区产品呈现多样化特征，能够满足劳动者的各种消费需求；另一方面，企业的大量集聚使产品生产成本降低，形成价格优势，从而提高该地区劳动者工资的实际购买能力，进而引起劳动力的进一步流动。当然，随着劳动力的大量集中，并超过该地区市场潜能时，就会产生拥挤效应和挤出效应，使该地区的分散力大于集聚力，劳动力开始出现外流。

（四）内生经济增长理论

在内生经济增长理论提出之前，学界对于经济增长原因的探讨和动力的分析大多集中于资本和同质性的劳动力本身，较少研究将技术作为外生变量（Solow, 1956）引入增长模型，研究其对经济增长的影响，但一直以来的研究结果均不令人满意。到20世纪80年代后，罗默（Paul Romer, 1986）与卢卡斯（Robert Lucas, 1988）先后通过建立技术内生化的增长模型、人力资本积累前提下的最优增长模型，开创了以知识积累、技术进步、人力资本外溢性的内生增长理论。

内生经济增长的最基本模型假定经济系统仅存在生产产品的生产部门和积累知识存量的研发部门，全社会劳动力资源用于研发部门的占比 a_L，用于生产部门的占比 $1-a_L$；类似地，用于研发部门的资本要素占比 a_K，用于生产部门的资本要素占比 $1-a_K$；同时假定 a_L、a_K 均为外生且固定不变，知识存量 A 具有非竞用性，两部门均使用全部知识 A。在上述条件下，t 时刻生产部门的产量为：

$$Y(t) = [(1-a_K)K(t)]^\alpha [A(t)(1-a_L)L(t)]^{1-\alpha}, 0 < \alpha < 1$$

上式表明资本和劳动具有规模报酬不变的特征。类似地，在研发部门，新知识的生产取决于该部门的资本和劳动数量，以及该部门的技术水平。同样采用柯布-道格拉斯生产函数，可得：

$$\dot{A}(t) = B[a_K K(t)]^\beta [a_L L(t)]^\gamma A(t)^\theta, \ B > 0, \ \beta \geqslant 0, \ \gamma \geqslant 0$$

其中，B 为转换参数。同时假设储蓄率为 S，折旧率为 0，人口增长率 n 外生、为非负且固定，则有：

$$\dot{K}(t) = sY(t)$$

$$\dot{L}(t) = nL(t), \quad n \geq 0$$

在上述假设条件下，将生产部门产量函数代入资本积累函数可得：

$$\dot{K}(t) = s(1-a_K)^\alpha (1-a_L)^{1-\alpha} K(t)^\alpha A(t)^{1-\alpha} L(t)^{1-\alpha}$$

将上式两边同除以 $K(t)$，取对数且对时间求导，令 $c_K = s(1-a_K)^\alpha (1-a_L)^{1-\alpha}$，得到：

$$\frac{\dot{g}_K(t)}{g_K(t)} = (1-\alpha)[g_A(t)+n-g_K(t)], \quad 其中 g_K(t) = \frac{\dot{K}(t)}{K(t)}$$

同理可得：

$$\frac{\dot{g}_A(t)}{g_A(t)} = \beta g_K(t) + \gamma n + (\theta-1)g_A(t), \quad 其中 g_A(t) = \frac{\dot{A}(t)}{A(t)}$$

对上述模型求解可知，经济增长率最终取决于知识与资本的双动态变化，这种将知识技术与资本内生化的模型，即为内生经济增长的一般模型。该模型认为，技术进步、知识积累以及由此伴随的人力资本投资是推进经济增长的决定性因素。这一结论也从侧面论证了中国产业结构调整优化、发展方式转换升级、发展质量和效率提升的必要性及紧迫性，为中国创新驱动、人才驱动、新发展格局、高质量发展等一系列国家战略提供了理论基础。

（五）动态随机一般均衡（DSGE）理论

近年来，随着国际贸易逆全球化现象多发、科技革新浪潮涌起、资源能源危机严重等复杂的国际环境变化，全球经济发展的不确定性持续增加，以及中国国内宏观经济进入新常态时期，"三期叠加"的巨大压力、"高质量发展"的更高要求，加之由此产生的经济结构转型、新的经济增长点挖掘、产业布局的逐步科学化合理化等均将对国内宏观经济产生巨大影响。因此，中国如何把握并预测未来经济发展态势变得尤为重要，这也将成为中国政府制定宏观经济战略和政策的重要依据。然而一直以来，依据凯恩斯主义构建的经典 IS-LM 模型各种结论提出的政策和措施在许多领域出现失衡失灵状态，卢卡斯（Lucas, 1976）就此提出了著名的"Lucas Critique"。基于此，经济学者们提出了现代经济周期模型，其中动态随机一般均衡（DSGE）模型逐渐成为宏观经济研究的主要模型。

一般认为，DSGE 模型具有典型的 3 大特征，即动态性、随机性和均衡性。动态性是指经济主体最优选择的决策依据具有跨期效果，也即经济主体在决策过程中参考的不仅仅是以前行为习惯和当期经济形势，更会考虑未来经济发展态势；随机性是指宏观经济系统所受到的各种冲击均是随机产生的、无法预测的；而均衡性是指所有的经济主体行为的最优策略都要满足市场均衡状态。本部分以实际经济周期（RBC）模型为例，对 DSGE 模型的核心思想进行进一步阐述。

RBC 模型由基德兰德和普雷斯科特（Kyland&Prescott, 1982）提出，这一模型奠定了 DSGE 模型的研究基础。他们将经济系统简单地分为包括家庭、企业两个部门，每个部门按照市场出清状态做出最优化决策，最后通过对稳态的求解，得到各部门的最优选择。

首先，模型假设经济系统中存在永续代表性家庭，其家庭效用如下：

$$U[C_t, N_t] = E_t \sum_{t=0}^{\infty} \beta^t \left(\frac{C_t^{1-\sigma} - 1}{1-\sigma} - \theta \frac{N_t^{1+\phi}}{1+\phi} \right)$$

该效用最大化公式表示，家庭决策以一生效用的现值最大为决策依据。其中，随机贴现 $0<\beta<1$，$\sigma>0$ 是家庭的跨期消费替代弹性的倒数，$\phi>0$ 是劳动的供给弹性倒数，θ 为劳动的负效用系数。同时假定家庭的预算约束为：

$$C_t + I_t + B_{t+1} = \omega_t N_t + R_t K_t + (1+r_{t-1})B_t + \pi_t$$

表示家庭每一期收入由工资 $\omega_t N_t$、租金 $R_t K_t$、债券利息 $(1+r_{t-1})B_t$ 和利润分红 π_t 组成，支出包括消费 C_t、投资 I_t 和购买债券 B_{t+1}。同时资本积累方程为：

$$K_{t+1} = I_t + (1-\delta)K_t$$

其次，假定代表性企业的生产函数为：

$$Y_t = A_t K_t^{\alpha} N_t^{1-\alpha}$$

式中，$0<\alpha<1$ 是资本的产出弹性；同时，企业的支出包括劳动工资 $\omega_t N_t$、租金 $R_t K_t$、债券利息 $(1+r_{t-1})B_t$。企业在此假设前提下追求利润最大化。

最后，市场出清状态与生产率的冲击方程为：

$$Y_t = C_t + I_t$$

$$\ln A_t = \rho \ln A_{t-1} + \xi_t; \quad \xi_t \sim N(0, \sigma^2)$$

在上述假设条件的基础上，通过代表家庭对效用最大化和代表企业对利润最大化的追求下，可以求解出该经济系统的稳态解。当生产率发生变化时，其通过冲击方程将会对经济系统产生影响，并最终得到新的均衡，以此分析生产率对宏观经济运行的影响。在本书研究中，将产业转移和劳动力流动所形成的相关因素作为冲击变量加入 DSGE 模型，研究其对经济系统的冲击影响，进而形成本书的理论研究基础。

第三章
产业多极化集聚、劳动力空间配置对城市经济高质量发展的影响机制

在前文对产业多极化集聚、劳动力空间配置以及经济高质量发展内涵界定的基础上，本章重点论述产业多极化集聚、劳动力空间配置以及两者耦合协调发展对城市经济高质量发展影响的理论分析和作用机制，着重从产业多极化集聚、劳动力空间配置所产生的规模效应、扩散效应以及两者耦合协调所产生的涓滴效应3个方面论述其对城市经济高质量发展的影响作用。

一、产业多极化集聚、劳动力空间配置影响经济高质量发展理论分析

正如前文所述，产业在地理区域的多极化集聚和劳动力在空间的配置所形成的集聚区域规模效应、扩散效应和涓滴效应，最终带来的城市经济高质量发展水平提升，均离不开城市内部各经济元素的合理布局和优化配置，以及各元素之间的密切配合与协调发展，特别是作为城市经济活动重要载体的产业空间布局和核心要素的劳动力资源空间配置，以及两者之间的相互匹配程度，都将成为影响城市经济高质量发展的重要因素。另外，从产业多极化集聚与劳动力空间配置的内在联系来看，虽然产业多极化集聚会引起一定的劳动力多区域空间集中，而劳动力空间配置的变化也可能会在一定程度引发产业空间布局变动。但从理论根源来看，两者产生的原因有很大区别，首先，就产业集聚而言，产业的空间布局和企业的空间集中，更多的是源于利润最大化条件下对较低生产成本的理性追求。因此，劳动力资源空间配置状况虽然会成为产业集聚的影响因素，但城市区域的其他因素，如地理区位、资源禀赋、政策支撑、营商环境等一系列因素对其布局的影响同样巨大。其次，从劳动力空间配置来看，劳动力资源的配置决策更多基于劳动者自身能力基础上的关于成本收益的理性选择，其往往具有自身流动的独立特征。因此，本部分旨在对两者所呈现出的不同特征的理论根源进行深入剖析，进而探讨两者及其耦合匹配对城市经济高质量发展的影响机理。

（一）产业集聚相关理论下的产业多极化集聚与经济高质量发展

源于马歇尔的规模经济理论（Marshall，1890）和韦伯集聚经济理论（Weber，1909）的产业集聚经济认为，区域之间不同的要素禀赋、区位特征、技术发展、竞争优势、交通条件、交易成本等差异将导致区域间不同的产业发展水平。这种发展水平的差异决定了区域产业空间布局和区域集聚程度，也影响着区际之间的产业关联和产业互动。20世纪70年代末，国内学者逐渐将产业集聚理论的研究成果引入中国经济现实问题的研究中，同时普遍认为我国东、中、西部地区经济发展不平衡问题是导致区域产业集聚态势变化的基本依据。一方面，对于中国区域划分而言，在东、中、西以及东北部区域之间确实存在产业空间优势的"东强西弱"差距和发展水平的"东高西低"差异。然而，不可否认的是，从中观领域来看，城市与城市之间却可能存在着与宏观东中西部发展水平高低态势不一致的多方向、多层次、宽范围的产业空间优势起伏交错、水平高低起伏的错落分布。而且由于我国资源丰富、分布范围较广，一些原本总体经济实力较弱、产业水平偏低、技术发展滞后的城市，完全有可能因其某类资源极为丰富而在某一时期具备了区位优势和后发赶超优势，产生对资金、技术和劳动力的巨大虹吸效应，成为某些产业集聚发展的飞地，从而打破了产业集聚的原有固定方向，使之变成星罗棋布式的产业分布，而非东中西部连续、单调、递减的集聚方式，进而形成中国区域产业的多极化集聚状态。另一方面，中国经济随着改革开放伊始实施的东中西差异化政策倾斜，一定程度上形成了东中西部经济发展、产业水平、技术

创新等东中西不同发展势能和经济动能,正是这一巨大的势能和动能差距,在一定时期和一定程度上锁定了地区之间产业高低势能分布和空间集聚既有格局(李国平、许扬,2002)。但同时,现代交通网络、互联网技术水平、信息交互平台等基础设施的迅速搭建和逐步完善,各地区能源资源与生产要素低成本、快速化、便捷式流动方式逐步成为主流,从而导致区域产业空间布局、产业结构调整面临多种选择和多项机遇,相对落后的中西部地区不一定完全按照东中西高低势能的规则化式进行产业集聚政策安排。因此,正如前文所述,中国产业布局由"东部集聚"逐步向外扩散,这种扩散确实大方向采取从东向西的推进方式,但同样存在由西向东、由南北双向互动向多区域协调发展、"多极化集聚"式的、星罗棋布型多方向集聚。

经济高质量发展不仅包括区域的协调发展、生产方式的创新化转型,还需要综合考虑经济产出的环境、生态、开放、共享等各方面的社会问题。区域协调式、星罗棋布型"多极化产业集聚",必然使各区域各城市为了争取更多企业集中和产业集聚而相互竞争。这些竞争有可能是基于市场机制条件下的营商环境改善、基础设施建设完善、人才引进政策倾斜、金融融资结构的优化等一系列有效良性竞争,但也有可能造成城市之间罔顾地区经济发展可持续性的恶意竞争,从而采取重复的项目建设、盲目的产业引进、过度的资源开采、无序的城市规划。这些措施虽然可能在短期内形成一定经济发展高势能,但也有可能因其缺乏长期规划和经济发展可持续性而使区域经济发展效益受损。

(二)微观视域劳动力流动理论下的劳动力空间配置与经济高质量发展

微观视域下的劳动力流动理论认为,引起劳动力跨区流动的主要因素在于劳动者对区际之间劳动报酬的横向对比,劳动力流动过程本身即为劳动者对于自身劳动技能、区域经济发展水平、产业布局、资源回报等一系列因素的成本效益的总体判断过程。因此,在以往微观视域下劳动力流动理论的作用下,学界普遍认为劳动力一般由农村区域向城市区域配置,由经济欠发达地区向发达地区配置。自改革开放以来,我国东部地区在率先发展政策倾斜的驱动下,形成了巨大的虹吸效应,吸引了大量的农村剩余劳动力和中、西部地区劳动力。这一配置态势又进一步推进了东部地区经济发展,进而形成循环式互动关系。长期以来,中国劳动力配置方向和态势确实以此为主。然而不同的是,中国劳动力空间配置的决策者并不完全取决于劳动者个人,更多是以家庭为主的整体化决策单位。因此,中国式劳动力流动的目的可能并不追求劳动者个人收益或效用最大化,而是以家庭风险最小化或家庭生活便利化作为价值追求。与此相应的,劳动者选择的空间配置方向可能并不完全追求发达地区或东部城市,更有可能采取短距离短时期配置方式,也即可能向劳动力所在周边城市、经济发展水平较为领先的最近距离城市配置,从而使劳动力呈现多方向配置、零星式集中。同时,作为以家庭为单位做出的劳动力配置决策,必然在流出与留守的家庭成员之间形成隐性契约。一方面,这种契约要求家庭需要在早期承担劳动力配置成本,而作为回报,流出的劳动力在获得劳动报酬后,需要对家庭进行资金资助;另一方面,隐性契约也要求留守的家庭成员负责家庭的日常生产和家务劳动,而流出的家庭成员平时只需要正常务工,但遇到特殊情况,也需要及时帮扶家庭。在这种较为稳定的隐性契约约束下,劳动力的空间配置也可能不完全以东部地区为主。另外,中国浓厚的家族观念,对稳定和谐家庭发展的追求强于对经济利益的追求,因此中国式劳动力在空间配置过程中所产生的心理成本往往成为劳动力配置决策的重要影响因素,更多以家庭为单位做出的配置决策往往采取近距离配置方式。另外,对于发达城市而言，虽然其劳动报酬较高，但其生活成本往往也偏高，而且相对于劳动力自身所在的周边城市而言，东部发达地区城市教育、医疗、卫生等公共服务的获得难度更大，因此，更多劳动者偏向多中心、多方向空间配置。劳动力零星式分布、分散式集中、多方向配置，必然在区域之间形成频繁的劳动流动和交流，进而进一步扩大技术、工艺的扩散效应，提升城市经济高质量发展。但同时也可能会形成区域之间重复式企业生产和产业布局，进而导致区域之间的竞争加剧，并造成相邻城市之间独自发展，不能形成经济发展合力，进而不利于城市经济高质量发展水平的提升。

二、产业多极化集聚、劳动力空间配置对经济高质量发展的影响效应

（一）产业多极化集聚对经济高质量发展的影响效应

1. 产业多极化集聚影响城市经济高质量发展的规模效应

关于规模效应的论述，最早可追溯至亚当·斯密（1776），他认为国民财富增长的条件之一就是社会分工，而社会分工又"受到市场广狭的限制"（斯密，2009，中译本）。之后，马歇尔根据企业生产过程中分工与专业化程度，将规模经济分为内在经济和外在经济，他认为企业生产内在经济产生于企业内部分工和机械的使用，而外在经济则由地理区位选址、集中生产等因素导致。基于马歇尔关于外在经济理论，其一，产业的多极化集聚必然引起企业对地理区位的重新选择和产业在地域空间上的多区域集聚分布，将直接改变企业和产业集聚区域的经济发展势能，从而改变更多集聚区域对生产要素的吸引能力，改变经济资源流动方向，从而形成资源配置的帕累托改进（陈龙、魏诚一，2022），进而在更大范围内改变要素资源配置状况，形成更多集聚区域规模较大、种类丰富、层次分明、结构多样的生产要素和生产资源市场，继而产生巨大的生产要素规模效应，促进城市经济高质量发展。其二，伴随着产业在地理空间的多极化集聚，与产业相关的管理理念、知识体系、生产工艺、技术创新等要素也将在集聚区域爆发式增长，进而引起更多产业集聚区域劳动生产管理、技术、工艺的整体规模化更新和改进，形成规模效应（李春梅，2021）。其三，产业集聚的内在动因在于经济主体对于外部环境资源禀赋、生产条件、技术水平、成本优势的动态判断，特别是对运输成本和劳动力成本优势区位的选择。因此，产业在地理空间的多元化集聚，意味着企业主体和组织本身认为不同集聚区域劳动生产效率高于其他区域劳动生产率的动态判断。这种决策判断和做出的产业集聚决策，必将使集聚区域高效的生产效率得以实现，而企业主体和组织内部生产效率的提升，必然要求生产规模的扩张，从而实现企业组织内部的规模效应，进而促进城市经济高质量发展。

2. 产业多极化集聚影响城市经济高质量发展的扩散效应

区域经济学中的扩散效应最初是作为增长极理论极化效应的对应现象出现的，表示产业或空间增长极对其他产业或周边地区发展的带动作用（吴信值，2019）。在本书的研究中，随着产业多极化集聚所产生的巨大经济发展动能，引起了要素整合、资源共享、技术联动、产业关联等一系列经济发展驱动要素，使城市内部生产效率、资源配置效率以及经济发展效率大幅提升，这种效率提升又促使经济要素的快速集中和产业集聚，进而引发新一轮生产效率和经济效率的提升，

最终形成城市经济螺旋式发展模式。城市经济发展效率的提高，能通过产业关联产生巨大扩散效应。产业的前后关联和水平互动，往往能起到延长产业链条、提升生产工艺的直接效果；同时还因为产业之间的相互关联，使产业之间生产技术、管理理念等能显著提升经济高质量发展，在更大范围、更广领域扩散开来，从而提升扩散效应。具体而言，其一，产业在多范围地理空间的多极化集聚，将引起更多集聚区域产业政策的相应变化，使该地产业扶持政策倾向偏离，从而导致该区域人才需求状况、企业生产方式、行业合作模式等发生变化。这种与产业集聚相互匹配的政策支持，为集聚区域技术创新和技术进步营造出了良好环境，同时集聚区域产业政策的良好实施，必然需要周边区域配套产业的相继发展和配套机制的相应构建，从而逐渐形成由集聚区域经济发展带动周边区域发展的扩散效应。其二，产业的多极化空间集聚会引起生产要素在集聚空间范围内大规模集中和配置，进而提升集聚区域要素配置水平；同时也会使集聚区域与周边区域之间形成生产要素供需结构的动态变化，特别是创新要素供需的变动，将直接影响集聚区域与周边区域创新要素结构变迁，形成集聚区域与周边区域之间创新要素不同的替代效应和互补效应，从而在集聚区域与周边区域之间形成良好的互动和扩散效应。其三，产业的多极化空间集聚将引起集聚地产业布局的空间变动，势必引起集聚区域与周边区域要素整合、创新研发合作、生产模式共享，形成因经济效益而相互联动的空间关联效应，进而形成扩散效应，实现更大范围内经济的高质量发展。

（二）劳动力空间配置对经济高质量发展的影响效应

1. 劳动力空间配置影响城市经济高质量发展的规模效应

首先，伴随着工业化和城镇化进程，中国大范围大规模的劳动力流动和配置使在区域之间形成了大规模、多样化的劳动力市场。这种大型劳动力市场里大规模、多样化的劳动力资源不仅能有效降低企业搜寻成本，也能满足企业不同生产活动所需的劳动力需求，从而有利于提升企业劳动要素的使用效率，进而在集聚区域形成巨大的规模效应（王莹莹，2018）。其次，从产品市场的需求来看，劳动力的空间流动和配置，必然导致区域之间产品消费需求数量的增加和需求结构的变化。这种消费需求的变化，必然引起区域产品市场均衡的变化，最终导致消费水平的增加和市场规模的扩大，推动区域之间劳动要素使用规模效应的扩大。再次，由二元经济结构理论可知，劳动力地域流动和空间配置改变了劳动力的空间分布，特别是农村剩余劳动力向非农产业的流动和配置，不仅实现了劳动者增收，有利于贫困问题的解决，进而改变社会发展态势；同时还有利于劳动力从低效率生产部门向高效率生产部门转移，进而使高生产效率部门劳动力规模迅速扩大，继而形成巨大的规模效应（呼倩、黄桂田，2019）。最后，由推拉理论可知，劳动力流动和配置，特别是跨区域、跨行业的劳动力流动和配置，是劳动生产效率和劳动报酬率的对比结果（曹芳芳、程杰等，2020），必然有利于形成合理的人力资源分布，有利于劳动力资源的合理高效配置，提高各行业的劳动生产效率，从而推进城市经济高质量发展。

2. 劳动力空间配置影响城市经济高质量发展的扩散效应

其一，劳动力空间配置状态变化直接影响区域人力资本规模的大小和质量的优劣。一方面，劳动力空间配置状态变化扩大了集聚区域与周边区域之间人力资本市场的选择范围和选择领域，降低各企业搜寻成本，利于企业规模的扩大，为企业技术创新提供了有效支撑。另一方面，劳动力空间配置带来的人力资本量的积累将有效促进质的飞跃，劳动者的社会属性使劳动力在集聚区域与周边区域流动和配置过程中必然产生相应的交际网络，使劳动者之间的工艺、知识、技术在交际网络的连接中不断发酵整合，从而酝酿出新的工艺、知识和技术，形成集聚区域与周边区域良好的互动效应。其二，从劳动力流动理论来看，一方面，成本与收益的衡量是决定劳动力流动的根本原因，因此任意区域劳动力流动和配置是该区域与其他区域劳动力成本与收益对比的必然结果，劳动力的流向意味着市场竞争机制的决定性作用已然确立，必然形成以市场为基础，以资源配置效率和水平提升为目的的配置机制。另一方面，作为以家庭为单位的劳动力配置决策主体，隐性契约的存在使劳动力在流入地的收入变相流入劳动力流出地，成为劳动力流出地的生产资金，进而使劳动力收入以资本的形式扩散至劳动力流出地，形成良好的扩散效应，促进更大范围的经济高质量发展。

（三）产业集聚与劳动力空间配置耦合协调对经济高质量发展的影响效应

区域产业集聚与劳动力空间配置的高层次耦合协调发展，往往能在区域内形成强有力的经济发展势能高地，从而产生对周边城市的自上而下的涓滴效应。"涓滴"一词最早出现在尼赫鲁关于"霍布森—列宁"帝国主义理论的文献中。该文献描述了社会财富在不同阶级群体自上而下垂直的涓滴作用。随后，涓滴理论开始被用于解释社会经济不平等性与经济总量增长之间的关系。涓滴效应阐述了社会财富由高层级向低层级垂直流动的过程，其与扩散效应有许多相似之处，但涓滴效应更注重自上而下的路径选择（盖凯程、周永昇，2020）。城市产业多极化集聚与劳动力空间配置的耦合协调首先引起城市产业结构调整、劳动力资源结构优化、消费结构的升级，以及经济成果的流动和共享，必然使城市经济发展水平提升，引起经济发展动能的集聚、经济发展结构的优化、经济发展效率的提升，从而逐渐使城市经济呈现高质量发展。随后，在经济高质量发展的城市周边逐步因城市发展高效、绿色、环保、协调、共享的发展理念而使社会、生态、环境等各方面均衡可持续发展，由此使这种高质量发展态势逐渐由质量水平高地向次高地，再向更低一级质量水平区域不断推进，最终必然形成由高到低、自上而下式的涓滴式扩展，实现大范围的经济发展效益提升。

具体而言，首先，企业在空间上的集中，将在新地理空间上形成新的产业集聚和产业链条。这种相互合作的企业组织、相互关联的产业链条将会改变地区劳动力资源的配置方向和规模。同时，区域产业集聚与劳动力空间配置的高度协调发展，必然产生与地理空间劳动力资源禀赋相互契合的产业结构，形成新的经济势能极地，产生对高端劳动力的虹吸效应，从而改善区域劳动力资源禀赋和素质结构，提高区域经济发展势能，产生对周边区域的涓滴效应（陈龙、魏诚一，2022）。其次，劳动力空间配置状态的改变一定程度上将改变区域之间劳动力资源规模和结构，从而影响地区产品消费规模和结构、基础建设和服务水平、人才和知识结构、信息交互和网络平台建设，进而影响区域之间产品的生产、交换和流通，引起企业在区域之间的交流和转换，逐渐形成产业在地理区位的重新选址和空间上的多区域集聚。而这种因为劳动力空间配置状态变化引起的并通过市场竞争机制所推进的产业分布变化和空间集聚，必然形成满足市场竞争机制的产业合理化高级化发展，因此必然带来集聚区域经济高质量发展的涓滴效应（赵阳，2020）。再次，区域产业集聚与劳动空间配置的高度契合，能较大程度上调整区域内不尽合理的产业结构，优化当地政府和金融机构投资结构、完善当地居民消费结构、改善企业的融资结构,从而促进集聚区域经济发展结构优化升级,进而在集聚区域和周边区域之间形成经济发展结构的层次差异。由此,必然使周边区域争相模仿或者大力发展与之相匹配的配套产业,更好地形成与集聚区域的良好互补,从而强化集聚区域的经济结构涓滴效应。最后,产业的集聚和劳动力的空间配置,本质就在于企业和劳动力对于集聚区域、城市空间生产与生活成本-效益的动态正向评价,而区域和城市产业集聚与劳动空间配置的高度耦合协调与匹配发展,必然使产业和劳动力生产与生活成本-效益对比达到最大差额,从而产生对周边区域巨大的虹吸效应,进而形成对周边城市的涓滴效应,促进更大区域的经济高质量发展。

以上作用机制如图 3-1 所示。

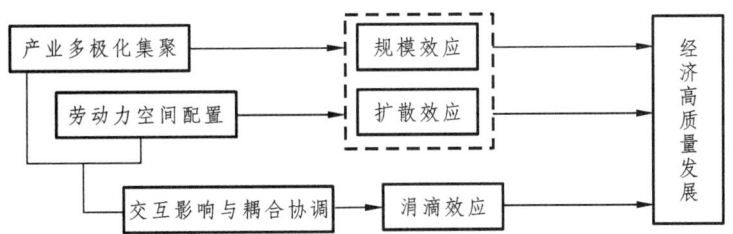

图 3-1 产业多极化集聚、劳动力空间配置对经济高质量发展的影响机理

三、产业多极化集聚、劳动力空间配置对经济高质量发展异质性影响

(一)不同类别产业多极化集聚对经济高质量发展的异质影响

不同产业从其产生初期到发展成熟、从准备过程到生产过程、从产品加工到市场销售均有着不同的宏观环境需求、不同的资源要素配置结构、不同的市场贸易方式。因此,各种不同产业类型所蕴含的劳动力资源、人力资本、金融资本、技术水平,所带来的产业结构、消费结构、投资结构均存在明显差异,从而使不同类型的产业多极化集聚所引起的经济高质量发展变化也不尽相同。本书将产业多极化集聚分为劳动密集型、资本密集型以及技术密集型产业集聚 3 种类别,3 类产业在资源配置方面存在明显差异,进而使城市经济发展变化也不尽相同。就劳动密集型产业多极化集聚而言,其必然在集聚区域和其他区域之间形成不同的劳动力资源市场供需变化,而劳动力资源供需数量的变化必然使城市基础设施建设、公共服务水平以及教育、医疗、卫生、文化等服务行业的空间布局和行业规划发生偏离,进而影响城市空间资源、生态资源、能源环境、生活和通勤成本、工资和房价等一系列城市发展要素,从而对城市经济高质量发展产生影响。而对于资本密集型产业而言,其对劳动力资源的需求相对较少,而对于资本水平的要求更高。这类产业的集聚必然引起集聚区域产业资本、社会投资、家庭消费的结构变化,而这些结构变化最终又会因产业自身的发展、产业相互间的关联而逐步扩散至整个城市产业,从而改变城市经济发展结构和动力源泉,进而对城市经济高质量发展产生深远影响。就技术密集型产业多极化集聚而言,由于该类产业对技术水平要求高,该类产业的多极化集聚必然需要大量高素质人才,同时这类产业的多极化集聚必然引起集聚区域生产效率的大幅提升、产品生产链条的不断柔性化、产业附加值的不断升高,从而使集聚区内产业竞争优势增强,进而有利于城市经济高质量发展。

（二）产业不同集聚态势对经济高质量发展的异质影响

在城市产业空间集聚过程中，往往存在单一空间的集聚和多元区域集聚分布两种态势，甚至是同一个城市不同产业均存在不同的空间分布状态。产业"单一化"集聚往往意味单一集聚区域新的技术、资本和相关经济利益体的集中，可能引发一系列相关反应。其一，产业"单一化"集聚可能通过产业间前后关联和水平互动而引致相关产业需求增加，进而有利于单一集聚区域产业结构调整和优化升级，从而提升单一区域经济自我发展能力（Markusen R.J.&Venables A.，1998），从而促进经济高质量发展；其二，从产业集聚理论来看，产业"单一化"集聚意味单一集聚区域本身在某一特殊资源或成本方面具有"比较优势"，"单一化"集聚更能将这种优势转化为经济发展势能（Terotomomo Ozawa，1993），再通过市场行为和贸易竞争达到提升区域经济高质量发展的目的；其三，产业"单一化"集聚能显著扩大集聚区域就业规模、提高生产要素的配置效率、促进技术创新水平、激发竞争意识、改善营商环境（陈刚、刘珊珊，2006）等，从而提升单一集聚区域经济高质量发展。

而对于产业"多极化"集聚区域而言，则可能因为不同的集聚规模、不同的区域发展水平和规划而产生不同的影响。一方面，发达地区产能偏低、价值不高产业的多极化分布，不仅能给这些区域其余高端产业留足空间，更能实现城市内资源要素的有机整合和配置效率，从而提高产业产品的市场竞争力，进而实现发达地区城市经济高质量发展提升；而对于欠发达地区，也可以通过将区域内发展层级较高且明显不符合区域现行要素配置和资源禀赋的产业多极化分布，集中要素和资源发展与自身发展水平、技术水平相对应的优势和特色产业（张辽，2013），从而提高区域资源和要素的整合与利用效率，进而提升区域经济高质量发展水平。另一方面，在产业"多极化"集聚发展过程中，当产业"多极化"集聚分布地区新兴产业集聚发展并不能完全填补外迁产业留下的空白，从而使大量资本、劳动力、技术创新等生产要素流失，则有可能在这些区域形成"产业空心化"情况（朱东波、常卉颉，2020），因此，产业"多极化"集聚分布对经济高质量发展的影响，可能会因地区经济发展具体情况的不同而不同。

（三）劳动力不同空间配置方向对经济高质量发展的异质影响

劳动力资源在不同城市的空间配置，将会引起城市之间劳动力市场的不同变化，进而引起城市经济高质量发展的不同变化，对于同一城市而言，劳动力的空间配置方向可分为劳动力资源的空间流入和空间流出。对于劳动力空间流入城市而言，其一，劳动力在城市空间的流入能弥补流入城市劳动力资源的缺乏，一定程度上补齐经济发展短板。对于劳动力空间流入城市而言，其较高的产业发展水平、较大规模的产业集聚、较完善的产业体系，往往需要较多的劳动力资源，特别是对于劳动密集型产业或制造业产业集聚地，对劳动力数量、结构和质量均有不同要求。因此，外部劳动力的城市空间流入，一定程度上缓解了这一问题，从而促进城市经济高质量发展。其二，劳动力空间流入能一定程度上优化产业结构，劳动力特别是高素质、高技能劳动力的大量流入，一定程度优化了流入城市的人才结构，进而使流入城市创新能力增强，从而使产业结构不断升级优化，提升经济高质量发展水平。其三，劳动力空间流入扩大了流入城市劳动力市场规模，改变了劳动力市场结构，甚至能在更大范围形成统一的、大规模的劳动力市场，从而降低企业与劳动者各自的搜寻成本，有效提升劳动力资源与企业职位的匹配效率和程度，进而提升经济高质量发展水平。其四，劳动力空间流入能加快流入城市的城市化进程。城市劳动力空间流入，本身就意味城市人口增加和城市规模的扩大，有利于城市化进程，进而在流入城市形成巨大的规模效应，促进城市经济高质量发展。对于劳动力空间流出城市而言，一方面，劳动力大规模空间流出将会改变流出城市的人口结构，特别是青壮年、高层次、高技能人才的流出，将导致流出城市人才流失，不利于城市经济高质量发展。同时，劳动力的空间流出，虽然留守家庭一定程度上能通过汇款等方式获得外部资金，但获得的这部分外部资金更多用于生活性、攀比性消费，而并非生产性消费，进而并未真正形成流出城市经济发展动能，不利于流出城市经济发展的可持续性。另一方面，富余劳动力的空间外流，也确实能缓解流出城市的就业压力，改善就业结构，利用城市社会结构稳定，同时外流的劳动力通过学习、交流不断提升自身素质，也能将流入地先进管理理念、技术工艺带回流出城市，进而引起技术扩散，有利于流出城市经济高质量发展。

四、本章小结

本章通过对改革开放以来中国城市产业多极化集聚与劳动力空间配置的基本态势进行深入剖析发现，中国西部、西南部、中部地区第二、三产业产值增长较东部地区更快，东部地区产业单一化集中向中部和西部"多极化集聚"的趋势明显；而全国劳动力空间配置和分布总体依然集中于东部沿海地区，但在东部地区内部，劳动力开始呈现出多极化、多核化变动趋势，西部地区也呈现多区域分化、多核极分散式配置和分布态势。同时从经济社会发展的演进历程、国家战略规划的政策变迁、区域经济地理的理论发展3个层面梳理出了中国产业多极化集聚与劳动力空间配置交互变化的多元逻辑，并利用2000—2021年各省市产业产值动态变化和劳动力人口动态流动数据，对两者的相关关系进行了分析，研究认为：中国各省市地区第二、三产业产值变化与劳动力人口数变动之间呈现明显的相同趋势变化，产业集聚与劳动力空间配置之间相关关系显著。另外，本章分别从产业多极化集聚、劳动力空间配置所引起的规模效应、扩散效应和涓滴效应3个方面阐释了产业多极化集聚、劳动力空间配置以及两者交互关系对社会经济高质量发展的影响作用。最后分别从不同类别产业多极化集聚、产业的不同空间分布情况以及不同方向劳动力空间配置方面，论述了产业多极化集聚、劳动力空间配置对城市经济高质量发展的异质性影响。

第四章
产业多极化集聚、劳动力空间配置影响经济高质量发展的数值模拟

在前文深入分析了城市产业多极化集聚、劳动力空间配置以及两者耦合协调对城市经济高质量发展的作用机理之后，本章以此为基础，通过构建带有由产业多极化集聚、劳动力空间配置引起经济运行要素变化的，包含家庭部门、创新型生产部门、一般生产部门以及政府当局4大经济主体的 DSGE 模型，考察产业集聚、劳动力空间配置带来的劳动力供给冲击、生产部门技术创新冲击、政府购买冲击、政府基建和创新投资冲击对城市经济运行及经济发展的影响，为本书后续的实证分析提供具有前瞻性的理论依据和微观基础。

一、基于 DSGE 的基本数理模型

（一）模型选择的内在机理

产业和劳动力作为城市经济和生产活动的重要主体及基本要素，其在地域上的多极化集聚与空间上的配置，必然引起城市经济运行的变化，对城市经济发展产生影响。其影响机理正如前文所述，主要表现在以下方面：首先，产业多极化集聚和劳动力空间配置状况变化必然带来相应地理区位劳动力供给的变化（张司飞、王琦，2020）。这种变化一方面表现为劳动力供给数量的增加，另一方面会因为不同产业类型的多极化集聚和不同类型劳动力空间配置而导致劳动力结构[①]发生变化（袁冬梅、信超辉等，2019）。同时，产业多极化集聚与劳动力空间配置的相互影响，也会引起相应城市空间房价的波动，进而改变当地居民消费偏好（赵敏、马周剑，2018），直接影响家庭部门的行为决策，最终引起经济系统运行轨迹的改变。其次，产业在城市空间的多极化集聚，劳动力在地理空间的配置，会形成集聚区域与周边区域内部多元化的分工协作，并通过溢出效应，实现生产工艺和技术创新的外溢，使产品的生产链条获得新的生产工艺和生产技术（姬志恒、于伟等，2020），提升区域的全要素生产效率，进而产生技术冲击，改变生产部门的经济决策，最终改变城市经济系统稳态。最后，伴随产业多极化集聚、劳动力空间配置产生的劳动力供给变化和技术创新外溢，将会倒逼城市基础设施建设水平的提升和公共服务水平的完善（韩峰、李玉双，2019），从而改变政府部门的经济干预决策，特别是政府购买决策、基建投资以及政府创新投资决策的变化，将直接对经济系统的稳态产生冲击，最终引起经济系统的波动起伏，改变经济发展态势。

为了更好地反映由产业多极化集聚与劳动力空间配置状态变化引起的经济运行要素变化对城市经济运行系统和城市经济发展态势产生的冲击，本部分通过构建一个带有由产业多极化集聚、劳动力空间配置引起经济运行要素变化的，包含家庭部门、创新型生产部门、一般生产部门以及政府当局4大经济主体的 DSGE 模型，并着重考察劳动力供给冲击、生产部门技术创新冲击、政府购买冲击、政府基建和创新投资冲击对城市经济运行、经济发展的影响。

[①] 为简化本节模型研究，本部分将劳动力结构划分为技术创新类劳动力与一般劳动力两大类别，同时由于两类劳动对劳动者所具备的知识和技术储备不同，假定其为劳动者带来的薪资报酬也存在差异。以上简化和假定不影响模型的最终结论。

（二）经济系统的方程设定

1. 劳动力市场

分析产业多极化集聚与劳动力空间配置引起的劳动力供给变化对经济系统运行和经济发展态势的影响，需对劳动力市场就业与失业情况进行分析，并纳入模型构建之中。参照以往研究，假定经济系统中存在连续无限生命的劳动力，并对其供给总量进行标准单位化处理，设定为1。这一设定意味经济系统中就业率与就业人数 L_t、失业率与失业人数 U_t 等同。对于劳动力市场就业与失业的动态变化，本部分借鉴邓红亮、陈乐一（2019）以及陈利锋（2016）的做法，同时假定劳动力市场需求方包括技术创新类生产部门和一般生产部门两类企业。因此，t 时期劳动力市场失业的动态方程为：

$$U_t = 1 - L_t = 1 - L_{A,t} - L_{B,t} \tag{4.1}$$

式中，L_t 表示两个部门的总就业率和就业数；$L_{A,t}$ 与 $L_{B,t}$ 分别表示技术创新类生产部门和一般生产部门的就业率和就业数，因此有 $L_t = L_{A,t} + L_{B,t}$；另外假设两类部门的离职率分别为 τ_A 与 τ_B，由此可得到市场 t 时期的总就业、两类生产部门就业以及正在寻找工作的劳动力数。公式如下：

$$L_t = (1-\tau)L_{t-1} + N_t \tag{4.2}$$

$$L_{A,t} = (1-\tau_A)L_{A,t-1} + N_{A,t} \tag{4.3}$$

$$L_{B,t} = (1-\tau_B)L_{B,t-1} + N_{B,t} \tag{4.4}$$

$$\begin{aligned} J_t &= U_{t-1} + \tau_A L_{A,t-1} + \tau_B L_{B,t-1} \\ &= 1 - [(1-\tau_A)L_{A,t-1} + (1-\tau_B)L_{B,t-1}] \end{aligned} \tag{4.5}$$

式中，$N_t = N_{A,t} + N_{B,t}$ 表示第 t 期两类企业新雇佣的劳动力之和；J_t 表示第 t 期正在寻找工作的劳动力。由此可知，$\kappa_t = N_t/J_t$ 表示第 t 期劳动力找到工作的概率，同时可将失业方程改写为 $U_t = (1-\kappa_t)J_t$。同理，劳动力在两类生产部门找到工作的概率如下：

$$\kappa_{A,t} = N_{A,t}/J_t \tag{4.6}$$

$$\kappa_{B,t} = N_{B,t}/J_t \tag{4.7}$$

2. 家庭部门的行为决策

假设经济系统中存在永续代表性家庭，一方面，其拥有的资金可以对技术创新类生产部门投资，也可以对一般生产部门投资，但两类生产部门所用资金的回报率与折旧率有所区别。另一方面，由上节分析可知，家庭劳动力在两类生产部门的薪资报酬因劳动者的知识和技术储备的不同而不尽相同。同时，考虑劳动所带来的效用与劳动者在劳动力市场寻找工作难易程度密切相关，因此，在效用函数中，应充分考虑劳动力找到工作的概率大小。另外，考虑到产业集聚引起劳动力空间配置状态变化，进而造成房价波动，最终对经济系统产生冲击，因此将对由产业集聚所引起的房价波动单独进行考虑。在此假设条件下，代表性家庭效用函数如下：

$$U[C_t, H_t, L_t] = E_t \sum_{t=0}^{\infty} \beta^t \left(\frac{C_t^{1-\sigma}-1}{1-\sigma} + \frac{H_t^{1-\eta}-1}{1-\eta} - \theta_{l,t}(\kappa_{A,t}\frac{L_{A,t}^{1+\phi_A}}{1+\phi_A} + \kappa_{B,t}\frac{L_{B,t}^{1+\phi_B}}{1+\phi_B}) \right) \quad (4.8)$$

家庭最大化效用是其一生效用的现值，C_t、H_t、L_t 分别表示代表性家庭第 t 期的普通消费、住房消费（设第零期为 0）与劳动供给；β 为随机贴现因子，满足条件 $0<\beta<1$。σ、$\eta>0$ 分别表示普通消费与住房消费偏好系数（也是两者跨期替代弹性的倒数），对于代表性家庭而言，住房消费往往是家庭的刚性需求，且其占据家庭消费的比重较大。因此，其跨期替代弹性较普通消费更小，也即 $\sigma<\eta$。ϕ_A、$\phi_B>0$ 是两类生产部门劳动供给弹性的倒数，$\theta_{l,t}$ 是家庭部门劳动力供给对两类生产部门的冲击。

在经济系统中，代表性家庭收入主要来源于工资、投资回报、债券利息、生产部门利润分红，其支出包括普通消费支出、增加的住房消费支出、债券和实体投资支出。因此，其预算约束式如下：

$$C_t + \Delta H_t + (I_{A,t}^s + I_{B,t}^s) + B_t = \omega_{A,t}L_{A,t} + \omega_{B,t}L_{B,t} + R_{A,t}K_{A,t-1}^s + R_{B,t}K_{B,t-1}^s + (1+r_{t-1})B_{t-1} + \prod_t - T_t \quad (4.9)$$

式中，B_t 表示家庭第 t 期的债券投资（本书主要考虑对政府债券的购买）；$\Delta H_t = H_t - H_{t-1}$ 表示家庭第 t 期增加的住房消费支出；$I_{A,t}^s$、$I_{B,t}^s$ 表示家庭第 t 期分别在技术创新类生产部门和一般生产部门的实体投资；$K_{A,t-1}^s$、$K_{B,t-1}^s$ 表示家庭第 $t-1$ 期分别在技术创新类生产部门与一般生产部门的实体投资存量；$\omega_{A,t}$、$\omega_{B,t}$、$R_{A,t}$、$R_{B,t}$ 分别表示第 t 期的两类生产部门的工资水平和社会资本实体投资回报率；r_{t-1} 表示第 $t-1$ 期债券回报率；$\prod_t$ 表示第 t 期生产部门利润分红；T_t 表示第 t 期应缴税费。

另外，不同生产部门的资本折旧不同，因此家庭部门实体投资存量的积累方程如下：

$$K_{A,t}^s = I_{A,t}^s + (1-\delta_A^s)K_{A,t-1}^s \quad (4.10)$$

$$K_{B,t}^s = I_{B,t}^s + (1-\delta_B^s)K_{B,t-1}^s \quad (4.11)$$

式中，δ_A^s、δ_B^s 分别表示社会资本在技术创新类生产部门和一般生产部门的折旧率。由以上假设，家庭部门效用最大化的拉格朗日函数如下：

$$\Im = E_t \sum_{t=0}^{\infty} \beta^t \left\{ \frac{C_t^{1-\sigma}-1}{1-\sigma} + \frac{H_t^{1-\eta}-1}{1-\eta} - \theta_{l,t}(\kappa_{A,t}\frac{L_{A,t}^{1+\phi_A}}{1+\phi_A} + \kappa_{B,t}\frac{L_{B,t}^{1+\phi_B}}{1+\phi_B}) + \lambda_t[\omega_{A,t}L_{A,t} + \omega_{B,t}L_{B,t} + R_{A,t}K_{A,t-1}^s + R_{B,t}K_{B,t-1}^s + (1+r_{t-1})B_{t-1} + \prod_t - T_t - C_t - H_t + H_{t-1} - (K_{A,t}^s - (1-\delta_A^s)K_{A,t-1}^s + K_{B,t}^s - (1-\delta_B^s)K_{B,t-1}^s) - B_t] \right\} \quad (4.12)$$

由此可得家庭部门跨期效用最大化的一阶条件。

（1）最优住房消费支出一阶条件满足：

$$H_t^{-\eta} = C_t^{-\sigma} - \beta E_t C_{t+1}^{-\sigma} \tag{4.13}$$

（2）两类生产部门劳动力与消费的优化配置，也即劳动供给方程：

$$\theta_{l,t} \kappa_{A,t} L_{A,t}^{\phi_A} = C_t^{-\sigma} \omega_{A,t} \tag{4.14}$$

$$\theta_{l,t} \kappa_{B,t} L_{B,t}^{\phi_B} = C_t^{-\sigma} \omega_{B,t} \tag{4.15}$$

（3）两类生产部门社会资本的欧拉方程，也即社会资本供给方程：

$$E_t C_{t+1}^{\sigma} = \beta C_t^{\sigma} (E_t R_{A,t+1} + 1 - \delta_A^s) \tag{4.16}$$

$$E_t C_{t+1}^{\sigma} = \beta C_t^{\sigma} (E_t R_{B,t+1} + 1 - \delta_B^s) \tag{4.17}$$

（4）债券的欧拉方程：

$$E_t C_{t+1}^{\sigma} = \beta C_t^{\sigma} (1 + r_t) \tag{4.18}$$

3. 企业部门的行为决策

一般而言，由于产业集聚与劳动力空间配置，产业集聚区域内对于技术创新投入将会不断增加，区域创新水平将不断提升。因此，为了能更好地反映这种变化，在本部分的研究中，将企业部门分为两大部类进行分析，一是技术创新类生产部门，二是一般生产部门，同时假定两部门产出共同构成了社会总产出。

对技术创新类生产部门而言，其资本的投入不仅来源于家庭部门的资金投入，更重要的是需要当地政府部门的大力支持，特别是政府创新资本的投入力度，将直接影响当地区域创新企业生产水平和能力。另外，政府基建资本投入对于技术创新类生产部门同样具有重要作用。基于此，在引入柯布-道格拉斯生产函数的基础上，构建其生产函数：

$$Y_{A,t} = A_{A,t} (K_{A,t-1}^s)^{\gamma_s} (K_{A,t-1}^g)^{\gamma_g} (K_{BA,t-1}^g)^{\gamma_{BAg}} (L_{A,t})^{1-\gamma_s-\gamma_g-\gamma_{BAg}} \tag{4.19}$$

式中，$Y_{A,t}$ 表示技术创新类生产部门第 t 期的总产量；$A_{A,t}$ 表示该部门第 t 期的全要素生产率；$K_{A,t-1}^s$，$K_{A,t-1}^g$，$K_{BA,t-1}^g$，$L_{A,t}$ 分别表示该部门第 $t-1$ 期社会的技术创新资本存量、政府的技术创新资本存量、政府基建资本存量，以及第 t 期劳动就业量（因受家庭劳动力技术和知识储备量，以及现存生产技术水平所限，技术创新类生产部门所能获得的劳动就业量必然存在一定极限值，因此假定其在劳动人口中占比为 μ_A）；γ_s，γ_g，γ_{BAg}，（$1-\gamma_s-\gamma_g-\gamma_{BAg}$）分别表示社会资本、政府创新资本、政府基建资本以及劳动投入的产出份额。

另外，对于技术创新类生产部门而言，其生产过程中由政府投入的创新资本和基建资本一般不需要直接支付费用，而是通过其产品消费税收的形式付费，而消费税最终的支付方为消费家庭，由前文所述，包含在代表性家庭的 T_t 里，因此在该部门中不做反映。因此，由企业利润最大化原则，可得：

$$\max_{K^s_{A,t-1},L_{A,t}} \prod\nolimits_{A,t} = Y_{A,t} - \omega_{A,t}L_{A,t} - R_{A,t}K^s_{A,t-1} \tag{4.20}$$

另外，政府技术创新资本和基建资本在技术创新生产部门的资本积累方程为：

$$K^g_{A,t} = I^g_{A,t} + (1-\delta^g_A)K^g_{A,t-1} \tag{4.21}$$

$$K^g_{BA,t} = I^g_{BA,t} + (1-\delta^g_A)K^g_{BA,t-1} \tag{4.22}$$

式中，$I^g_{A,t}$，$I^g_{BA,t}$ 表示政府第 t 期在技术创新类生产部门的技术创新补贴和基建投资；δ^g_A 表示政府资本在技术创新类生产部门的资本折旧率。①

由以上假设，根据拉格朗日函数，可得技术创新类生产部门的最优化生产条件：

$$R_{A,t} = \gamma_s \frac{Y_{A,t}}{K^s_{A,t-1}} = \gamma_s A_{A,t}(K^s_{A,t-1})^{\gamma_s-1}(K^g_{A,t-1})^{\gamma_g}(K^g_{BA,t-1})^{\gamma_{BAg}}(L_{A,t})^{1-\gamma_s-\gamma_g-\gamma_{BAg}} \tag{4.23}$$

$$\omega_{A,t} = (1-\gamma_s-\gamma_g-\gamma_{BAg})\frac{Y_{A,t}}{L_{A,t}}$$
$$= (1-\gamma_s-\gamma_g-\gamma_{BAg})A_{A,t}(K^s_{A,t-1})^{\gamma_s}(K^g_{A,t-1})^{\gamma_g}(K^g_{BA,t-1})^{\gamma_{BAg}}(L_{A,t})^{-\gamma_s-\gamma_g-\gamma_{BAg}} \tag{4.24}$$

对于一般生产部门而言，其劳动要素与部分资本要素依然来源于经济系统中代表性家庭，但与技术创新类生产部门不同的是，对于产业集聚地区，政府必将投入大量的基建资金进行基础设施和相关平台建设，因此，该类部门的生产函数可以表示为：

$$Y_{B,t} = A_{B,t}(K^s_{B,t-1})^{\nu_s}(K^g_{BB,t-1})^{\nu_{BBg}}(L_{B,t})^{1-\nu_s-\nu_{BBg}} \tag{4.25}$$

式中，$Y_{B,t}$ 表示一般生产部门第 t 期的总产量；$A_{B,t}$ 表示该部门第 t 期的全要素生产率；$K^s_{B,t-1}$，$K^g_{BB,t-1}$，$L_{B,t}$ 分别表示该部门第 $t-1$ 期社会和政府在一般生产部门的资本存量基建资本存量，以及第 t 期劳动投入量；ν_s，ν_{BBg}，$(1-\nu_s-\nu_{BBg})$ 分别表示社会资本、政府基建资本与劳动投入的产出份额。

同样地，与技术创新部门假设相同，其政府基建资本投入部分不需要支付费用，而是由家庭部门最终以税收形式支付。因此，该部门利润最大化公式如下：

$$\max_{K^s_{B,t-1},L_{B,t}} \prod\nolimits_{B,t} = Y_{B,t} - \omega_{B,t}L_{B,t} - R_{B,t}K^s_{B,t-1} \tag{4.26}$$

另外，政府对于基础建设的资本积累方程为：

$$K^g_{BB,t} = I^g_{BB,t} + (1-\delta^g_B)K^g_{BB,t-1} \tag{4.27}$$

式中，$I^g_{BB,t}$ 表示政府第 t 期在一般生产部门的基建投资；δ^g_B 表示政府基建投资在一般生产部门的折旧率。

---

① 本书在不影响最终结论的前提下，为简化分析，假定同一生产部门的资本折旧率只与部门类别有关，与资本的类别无关。

由以上假设，根据拉格朗日函数，可得一般生产部门的最优化生产条件：

$$R_{B,t} = v_s \frac{Y_{B,t}}{K^s_{B,t-1}} = v_s A_{B,t} (K^s_{B,t-1})^{v_s-1} (K^g_{BB,t-1})^{v_{BBg}} (L_{B,t})^{1-v_s-v_{BBg}} \quad (4.28)$$

$$\omega_{B,t} = (1-v_s-v_{BBg}) \frac{Y_{B,t}}{L_{B,t}} \quad (4.29)$$

$$= (1-v_s-v_{BBg}) A_{B,t} (K^s_{B,t-1})^{v_s} (K^g_{BB,t-1})^{v_{BBg}} (L_{B,t})^{-v_s-v_{BBg}}$$

最后，从前文假设可知，技术创新类生产部门产出与一般性生产部门产出共同构成了社会总产出，因此有 $Y_t = Y_{A,t} + Y_{B,t}$。

4. 政府部门的行为决策

从上述分析可知，政府收入主要包括当期税收收入和债券收入，其支出包括政府购买、上一期债券利息支付、技术创新投资与基建投资，其预算平衡式如下：

$$G_t + (1+r_{t-1})B_{t-1} + I^g_{A,t} + I^g_{BA,t} + I^g_{BB,t} = T_t + B_t \quad (4.30)$$

式中，G_t 表示政府第 t 期其他购买；其他变量如前所述。

5. 冲击变量

由于城市产业集聚与劳动力空间配置必然引起家庭部门劳动力供给、政府购买、基建投资和创新投资的变化，同时必将引起各生产部门生产效率的变动。因此，本部分假设产业集聚与劳动力空间配置引起的劳动力供给、政府购买、基建投资、创新投资以及由此产生的全要素生产率作为外生冲击，其冲击方程如下：

$$\ln \theta_{l,t} = (1-\rho_{\theta_l}) \ln(\mu_{\theta_l} L_t) + \rho_{\theta_l} \ln \theta_{l,t-1} + \xi_{\theta_l,t}; \quad \xi_{\theta_l,t} \sim N(0, \sigma^2_{\xi_{\theta_l}}) \quad (4.31)$$

$$\ln A_{A,t} = \rho_A \ln A_{A,t-1} + \xi_{A,t}; \quad \xi_{A,t} \sim N(0, \sigma^2_{\xi_A}) \quad (4.32)$$

$$\ln A_{B,t} = \rho_B \ln A_{B,t-1} + \xi_{B,t}; \quad \xi_{B,t} \sim N(0, \sigma^2_{\xi_B}) \quad (4.33)$$

$$\ln G_t = (1-\rho_g) \ln(\alpha_g Y_t) + \rho_g \ln G_{t-1} + \xi_{g,t}; \quad \xi_{g,t} \sim N(0, \sigma^2_{\xi_g}) \quad (4.34)$$

$$\ln I^g_{A,t} = (1-\rho^g_A) \ln(\alpha^g_A Y_{A,t}) + \rho^g_A \ln I^g_{A,t-1} + \xi^g_{A,t}; \quad \xi^g_{A,t} \sim N(0, \sigma^2_{\xi^g_A}) \quad (4.35)$$

$$\ln I^g_{BA,t} = (1-\rho^g_{BA}) \ln(\alpha^g_{BA} Y_{A,t}) + \rho^g_{BA} \ln I^g_{BA,t-1} + \xi^g_{BA,t}; \quad \xi^g_{BA,t} \sim N(0, \sigma^2_{\xi^g_{BA}}) \quad (4.36)$$

$$\ln I^g_{BB,t} = (1-\rho^g_{BB}) \ln(\alpha^g_{BB} Y_{B,t}) + \rho^g_{BB} \ln I^g_{BB,t-1} + \xi^g_{BB,t}; \quad \xi^g_{BB,t} \sim N(0, \sigma^2_{\xi^g_{BB}}) \quad (4.37)$$

式中，ρ_{θ_l} 表示家庭劳动力供给在两类生产部门的冲击自回归系数，μ_{θ_l} 表示劳动力冲击受各生产部门就业数的影响系数；ρ_g 表示政府购买支出冲击自回归系数，α_g、α_A^g、α_{BA}^g、α_{BB}^g 分别表示政府购买、技术创新类生产部门的创新投资和基建投资，以及一般生产部门的基建投资占各生产部门生产总值的比重，这一设定表明政府在考虑增加政府购买、创新投资和基建投资时，往往依据技术创新类生产部门和一般生产部门的产出情况做出决策；ρ_A、ρ_B 分别表示技术创新类生产部门与一般类生产部门的全要素生产率自回归系数；ρ_A^g、ρ_{BA}^g、ρ_{BB}^g 分别表示政府技术创新补贴与基建补贴两种冲击的持续系数；$\sigma_{\xi_{\theta_l}}$、σ_{ξ_g}、σ_{ξ_A}、$\sigma_{\xi B}$、$\sigma_{\xi_A^g}$、$\sigma_{\xi_{BA}^g}$、$\sigma_{\xi_{BB}^g}$ 分别表示相应的标准差。

6. 经济系统的一般均衡

综上，根据以上分析包含技术创新类生产部门的四部门经济系统的市场出清条件为：

$$Y_{A,t} + Y_{B,t} = C_t + \Delta H_t + I_{A,t}^s + I_{B,t}^s + G_t + I_{A,t}^g + I_{BA,t}^g + I_{BB,t}^g \tag{4.38}$$

综上，本部分模型考察的经济系统所涉及的变量包括：①由式（4.31）~（4.37）给定的劳动力供给、政府购买、创新投资、基建投资以及由此产生的全要素生产率冲击 $\{\theta_{l,t}, I_{A,t}^g, I_{BA,t}^g, I_{BB,t}^g, A_{A,t}, A_{B,t}, G_t\}$；②由经济系统各部门目标最大化的最优条件（4.13）~（4.18）、（4.19）、（4.23）~（4.24）、（4.25）、（4.28）~（4.29），资本积累方程（4.10）~（4.11）、（4.21）~（4.22）、（4.27），劳动力市场就业动态变化方程（4.3）~（4.7），以及市场出清方程（4.38）所给出的 $\{C_t, H_t, L_{A,t}, L_{B,t}, L_t, \omega_{A,t}, \omega_{B,t}, R_{A,t}, R_{B,t}, r_t, K_{A,t}^s, K_{B,t}^s, I_{A,t}^s, I_{B,t}^s, Y_{A,t}, K_{A,t}^g, Y_{B,t}, Y_t, K_{BA,t}^g, K_{BB,t}^g, N_{A,t}, N_{B,t}, J_t, \kappa_{A,t}, \kappa_{B,t}\}$；共同构成了经济系统均衡方程，共计32个方程、32个变量。

二、模型对数线性化与参数确定

（一）模型方程的对数线性化

根据以上包含劳动力市场、家庭部门、两类生产部门以及政府部门所构成的经济系统，共计30个方程，本部分设定 N_A、N_B、J、L_A、L_B、K_A^s、K_B^s、I_A^s、I_B^s、R_A、R_B、K_A^g、K_{BA}^g、I_A^g、I_{BA}^g、K_{BB}^g、I_{BB}^g、C、H、G、Y_A、Y_B 为相应变量的稳态水平值，并假定 $\tilde{x}_t = \ln X_t - \ln X$ 表示变量对其稳态水平的偏离程度。

1. 劳动力就业情况方程的对数线性化

根据以上假设，按照对数化原则，劳动力市场两类生产部门就业方程（4.3）和（4.4），以及正在寻找工作的劳动力方程（4.5）的对数线性化方程如下：

$$N_A \tilde{n}_{A,t} = L_A \tilde{l}_{A,t} - (1 - \tau_A) l_A \tilde{l}_{A,t-1} \tag{4.39}$$

$$N_B \tilde{n}_{B,t} = L_B \tilde{l}_{B,t} - (1 - \tau_B) l_B \tilde{l}_{B,t-1} \tag{4.40}$$

$$\tilde{J}\tilde{j}_t = (\tau_A - 1)L_A \tilde{l}_{A,t-1} + (\tau_B - 1)L_B \tilde{l}_{B,t-1} \qquad (4.41)$$

另外，对于劳动力在两类生产部门找到工作的概率方程的对数线性化如下：

$$\tilde{\kappa}_{A,t} = \tilde{n}_{A,t} - \tilde{j}_t \qquad (4.42)$$

$$\tilde{\kappa}_{B,t} = \tilde{n}_{B,t} - \tilde{j}_t \qquad (4.43)$$

2. 家庭部门行为决策方程的对数线性化

家庭部门行为决策方程主要包括效用最大化的一阶条件方程（4.13）~（4.18），以及家庭投资形成的资本积累方程（4.10）和（4.11）。按照前文稳态水平值的假定，家庭部门行为决策方程的对数线性化方程分别如下：

将最优住房消费支出一阶条件在稳态处对数线性化可得：

$$(1-\beta)\eta \tilde{h}_t = \sigma \tilde{c}_t - \sigma \beta E_t \tilde{c}_{t+1} \qquad (4.44)$$

将两类生产部门劳动供给方程对数线性化得：

$$\tilde{\theta}_{l,t} + \tilde{\kappa}_{A,t} + \varphi_A \tilde{l}_{A,t} + \sigma \tilde{c}_t = \tilde{\omega}_{A,t} \qquad (4.45)$$

$$\tilde{\theta}_{l,t} + \tilde{\kappa}_{B,t} + \varphi_B \tilde{l}_{B,t} + \sigma \tilde{c}_t = \tilde{\omega}_{B,t} \qquad (4.46)$$

将两类生产部门社会资本供给方程在稳态处对数线性化可得：

$$\sigma \tilde{c}_t = \beta(R_A + 1 - \delta_A^s) E_t \sigma \tilde{c}_{t+1} - \beta R_A E_t \tilde{R}_{A,t+1} \qquad (4.47)$$

$$\sigma \tilde{c}_t = \beta(R_B + 1 - \delta_B^s) E_t \sigma \tilde{c}_{t+1} - \beta R_B E_t \tilde{R}_{B,t+1} \qquad (4.48)$$

将债券的欧拉方程在稳态处对数线性化可得：

$$\sigma \tilde{c}_t = \sigma E_t \tilde{c}_{t+1} - \beta \tilde{r}_t \qquad (4.49)$$

对于家庭部门在两类生产部门投资的资本积累方程，其稳态处的对数线性化为：

$$K_A^s \tilde{k}_{A,t}^s = I_A^s \tilde{i}_{A,t}^s + (1-\delta_A^s) K_A^s \tilde{k}_{A,t-1}^s \qquad (4.50)$$

$$K_B^s \tilde{k}_{B,t}^s = I_B^s \tilde{i}_{B,t}^s + (1-\delta_B^s) K_B^s \tilde{k}_{B,t-1}^s \qquad (4.51)$$

3. 企业部门的行为决策方程的对数线性化

技术创新型生产部门的决策方程主要包括生产函数（4.19）、政府在该部门投资的资本积累方程（4.21）~（4.22），以及该部门对于劳动和社会资本的需求方程（4.23）~（4.24）。根据对数化原则可得：

技术创新类生产部门生产函数的对数线性化方程为：

$$\tilde{y}_{A,t} = \tilde{a}_{A,t} + \gamma_s \tilde{k}^s_{A,t-1} + \gamma_g \tilde{k}^g_{A,t-1} + \gamma_{BAg} \tilde{k}^g_{BA,t-1} + (1-\gamma_s - \gamma_g - \gamma_{BAg})\tilde{l}_{A,t} \quad (4.52)$$

政府在技术创新类生产部门创新投资和基建投资的资本积累方程对数线性化为：

$$K^g_A \tilde{k}^g_{A,t} = I^g_A \tilde{i}^g_{A,t} + (1-\delta^g_A) K^g_A \tilde{k}^g_{A,t-1} \quad (4.53)$$

$$K^g_{BA} \tilde{k}^g_{BA,t} = I^g_{BA} \tilde{i}^g_{BA,t} + (1-\delta^g_A) K^g_{BA} \tilde{k}^g_{BA,t-1} \quad (4.54)$$

该部门社会资本与劳动需求方程的对数线性化为：

$$\tilde{R}_{A,t} = \tilde{a}_{A,t} + \gamma_g \tilde{k}^g_{A,t-1} + \gamma_{BAg} \tilde{k}^g_{BA,t-1} + (\gamma_s - 1)\tilde{k}^s_{A,t-1} + (1-\gamma_s - \gamma_g - \gamma_{BAg})\tilde{l}_{A,t} \quad (4.55)$$

$$\tilde{\omega}_{A,t} = \tilde{a}_{A,t} + \gamma_g \tilde{k}^g_{A,t-1} + \gamma_s \tilde{k}^s_{A,t-1} + \gamma_{BAg} \tilde{k}^g_{BA,t-1} - (\gamma_s + \gamma_g + \gamma_{BAg})\tilde{l}_{A,t} \quad (4.56)$$

同理，对于一般生产部门而言，其行为决策方程主要包括其生产函数（4.25）、政府基建投资的资本积累方程（4.27），以及该部门对于社会资本与劳动力的需求方程（4.28）和（4.29）。根据对数化原则可得：

一般类生产部门生产函数的对数线性化方程为：

$$\tilde{y}_{B,t} = \tilde{a}_{B,t} + \nu_s \tilde{k}^s_{B,t-1} + \nu_{BBg} \tilde{k}^g_{BB,t-1} + (1-\nu_s - \nu_{BBg})\tilde{l}_{B,t} \quad (4.57)$$

政府在一般类生产部门的基建投资的资本积累方程对数线性化为：

$$K^g_{BB} \tilde{k}^g_{BB,t} = I^g_{BB} \tilde{i}^g_{BB,t} + (1-\delta^g_B) K^g_{BB} \tilde{k}^g_{BB,t-1} \quad (4.58)$$

该部门社会资本与劳动需求方程的对数线性化为：

$$\tilde{R}_{B,t} = \tilde{a}_{B,t} + \nu_{BBg} \tilde{k}^g_{BB,t-1} + (\nu_s - 1)\tilde{k}^s_{B,t-1} + (1-\nu_s - \nu_{BBg})\tilde{l}_{B,t} \quad (4.59)$$

$$\tilde{\omega}_{B,t} = \tilde{a}_{B,t} + \nu_{BBg} \tilde{k}^g_{BB,t-1} + \nu_s \tilde{k}^s_{B,t-1} - (\nu_s + \nu_{BBg})\tilde{l}_{B,t} \quad (4.60)$$

4. 冲击方程与均衡方程的对数线性化

根据相应变量稳态值假设以及对数化原则，将冲击方程和均衡方程在稳态水平值进行对数线性化展开，可得：

劳动力供给冲击方程的对数线性化为：

$$\tilde{\theta}_{l,t} = (1-\rho_{\theta_l})\tilde{l}_t + \rho_{\theta_l}\tilde{\theta}_{l,t-1} + \xi_{\theta_l,t} \quad (4.61)$$

两类生产部门全要素生产效率冲击的对数线性化为：

$$\tilde{a}_{A,t} = \rho_A \tilde{a}_{A,t-1} + \xi_{A,t} \quad (4.62)$$

$$\tilde{a}_{B,t} = \rho_B \tilde{a}_{B,t-1} + \xi_{B,t} \tag{4.63}$$

政府部门的购买冲击的对数线性化为：

$$\tilde{g}_t = (1-\rho_g)\tilde{y}_t + \rho_g \tilde{g}_{t-1} + \xi_{g,t} \tag{4.64}$$

政府对技术创新类生产部门的创新投资冲击，以及在两类生产部门基建投资冲击的对数线性化为：

$$\tilde{i}_{A,t}^g = (1-\rho_A^g)\tilde{y}_{A,t} + \rho_A^g \tilde{i}_{A,t-1}^g + \xi_{A,t}^g \tag{4.65}$$

$$\tilde{i}_{BA,t}^g = (1-\rho_{BA}^g)\tilde{y}_{A,t} + \rho_{BA}^g \tilde{i}_{BA,t-1}^g + \xi_{BA,t}^g \tag{4.66}$$

$$\tilde{i}_{BB,t}^g = (1-\rho_{BB}^g)\tilde{y}_{B,t} + \rho_{BB}^g \tilde{i}_{BB,t-1}^g + \xi_{BB,t}^g \tag{4.67}$$

经济系统均衡方程的对数线性化为：

$$Y_A \tilde{y}_{A,t} + Y_B \tilde{y}_{B,t} = C\tilde{c}_t + H(\tilde{h}_t - \tilde{h}_{t-1}) + I_A^s \tilde{i}_{A,t}^s + I_B^s \tilde{i}_{B,t}^s + G\tilde{g}_t + I_A^g \tilde{i}_{A,t}^g + I_{BA}^g \tilde{i}_{BA,t}^g + I_{BB}^g \tilde{i}_{BB,t}^g \tag{4.68}$$

$$L\tilde{l}_t = L_A \tilde{l}_{A,t} + L_B \tilde{l}_{B,t} \tag{4.69}$$

$$Y\tilde{y}_t = Y_A \tilde{y}_{A,t} + Y_B \tilde{y}_{B,t} \tag{4.70}$$

（二）模型参数的确定

1. 方法说明与数据选取

从上节模型设定来看，本部分针对需要估计的模型参数采取校准和估计两种方法，具体包括3种途径：一是经济系统达到稳态值时所需的基本行为参数，这类参数可参考已有研究文献中的基本参数值并进行校准加以确定；二是经济系统运行过程中，需要充分考虑中国经济实际的经验性参数，这类参数需要对中国实际经济数据进行统计回归分析进行确定；三是表征经济系统各要素均衡关系动态变化的结构参数，对于这一类参数，参考以往文献做法，采用贝叶斯估计方法进行确定。

根据以上对所需估计参数的分类，本部分选取的观测数据包括各地区产出、高技术产业当年新产品销售收入、R&D人员数、地方政府科学技术支出、政府基建投资、城镇劳动力人口数、高技术产业从业人数、每年增加城镇就业人数、政府支出等。以上数据来源于《中国高技术产业统计年鉴》《中国科技统计年鉴》《中国城市统计年鉴》《中国统计年鉴》《中国区域经济统计年鉴》《中国城市建设统计年鉴》，各省市年鉴以及各省市统计局发布的统计公报，以及中国研究数据服务平台。鉴于数据的可得性和完整性，本部分选取时间区间为2004—2019年[①]，其中部分

[①] 对于中国各区域现有统计数据，若以年为单位进行数值模拟，一方面时间和数据之间跨度较大，数据之间连续性和平稳性难以保证；另一方面数据时间周期偏短，对于发展趋势特征的把控不足。因此，本书采用学界普遍的做法，将年度数据转化为季度数据，从而进行长期性数值模拟。

缺失数据采用线性插值法进行预测和估算。另外，为了剔除所选数据的时间趋势，对所有变量进行 H-P 滤波处理。

2. 基本参数校准

对于经济系统中基本行为参数，本部分参考巴曙松、田磊（2015），郭豫媚等（2016）的研究设定，选取家庭随机贴现因子 β=0.98；借鉴汪川（2020）的做法，并充分考虑住房消费的刚性特征，其偏好较普通消费更大，假定家庭普通消费偏好系数 σ=1，住房消费偏好系数 η=2。参考邓红亮、陈乐一（2019）的做法，同时考虑家庭部门技术类劳动形成周期较长[①]，且技术创新类生产部门所需劳动的替代性较一般劳动力小，工资波动引起的这种劳动力供给变化较小，因此假定代表性家庭在一般类生产部门的劳动供给弹性倒数 ϕ_B=1，在技术创新类生产部门的劳动供给弹性倒数 ϕ_A=2。另外，对于社会资本和政府资本在两类生产部门折旧率的假定，对现有文献进行整理，发现大部分研究对折旧率 δ 的一致取值为[0.02,0.15]，如刘宗明等（2013）设定为 0.025，吴穹（2018）设定为 0.06，黄赜琳（2015）设定为 0.1，王增文（2016）设定为 0.15。考虑到模型假定政府投资不需要支付使用费用，技术创新类生产所消耗资本较一般生产更大，基建投资的消耗较一般投资小，这样必然使 $\delta_A^g > \delta_A^s > \delta_B^s > \delta_B^g$ 成立。为此，本部分假定 δ_A^g=0.15，δ_A^s=0.1，δ_B^s=0.05，δ_B^g=0.02。同时，针对家庭劳动供给在两类生产部门劳动力市场的离职率假定，借鉴邓红亮、陈乐一（2019）的做法，考虑技术创新类劳动力的长周期性和低替代性，假定 τ_B=0.16，τ_A=0.11。[②] 最后，对于冲击方程中劳动力冲击、政府创新投资冲击以及两类部门全要素生产率冲击的持续系数和相应随机变量标准差的确定，参考崔百胜、朱麟（2019），汪川（2020），邓红亮、陈乐一（2019）的做法，假定 ρ_{θ_l}=0.6，ρ_A=0.94，ρ_B=0.92，ρ_A^g=0.55；$\sigma_{\xi_{\theta_l}}$=0.05，σ_{ξ_A}=0.01，σ_{ξ_B}=0.01，$\sigma_{\xi_A^g}$=0.01。

3. 参数的经验估计

对于技术创新和一般类生产部门的基本参数 γ_s、γ_g、γ_{BAg} 与 ν_s、ν_{BBg} 而言，本部分参考崔百胜、朱麟（2019）的做法，采用中国各地区[③]实际经济运行数据对模型中生产函数进行拟合的方法，对以上参数进行估计。

一方面，对技术创新类生产部门生产函数两边取对数可得：

$$\ln Y_{A,t} = \ln A_{A,t} + \gamma_s \ln K_{A,t-1}^s + \gamma_g \ln K_{A,t-1}^g + \gamma_{BAg} \ln K_{BA,t-1}^g + (1-\gamma_s-\gamma_g-\gamma_{BAg}) \ln L_{A,t} \quad (4.71)$$

因此，实证模型可设为：

$$\ln Y_{A,t} = \gamma_s \ln K_{A,t-1}^s + \gamma_g \ln K_{A,t-1}^g + \gamma_{BAg} \ln K_{BA,t-1}^g + (1-\gamma_s-\gamma_g-\gamma_{BAg}) \ln L_{A,t} + a_{A,t} \quad (4.72)$$

在上述模型中，技术创新类生产的总产出 $Y_{A,t}$ 用高技术产业的新产品销售收入表示，政府的技

[①] 任意技术劳动的形成需要长时间学习或接受培训，因此较一般劳动而言，其形成周期更长。
[②] 邓红亮、陈乐一认为，中国劳动力市场上劳动力与岗位的总分离率为 0.16，其中内生分离率约为 0.11，外生分离率为 0.06。在本书中，一般类生产部门劳动力的离职率不仅与劳动力的产出效率相关，更受到地域、政策约束等的限制，因此可以认为其值与总分离率相当。而对于技术创新类生产部门的劳动力而言，其离职率更多与自身的产出效率相关，因此本书假定其与内生分离率相当。
[③] 本部分以全国 31 个省区（不含港澳台地区）为观测样本，其中由于西藏地区相关数据严重缺失，故将其剔除。

术创新资本投入 $K_{A,t-1}^g$ 用高技术产业R&D活动经费内部支出的政府资金表示，基建资本投入 $K_{BA,t-1}^g$ 用高技术产业固定投资额表示，社会资本 $K_{A,t}^s$ 用高技术产业R&D活动经费内部支出的企业资金表示，在该生产部门投入的劳动力 $L_{A,t}$ 用R&D人员折合全时当量表示。数据来源于《中国高技术产业统计年鉴》《中国科技统计年鉴》《中国劳动统计年鉴》《中国人口和就业统计年鉴》《中国统计年鉴》，以及各省市《统计年鉴》。为了提高实证模型的估计准确率，本部分将2005—2020年的年度数据进行线性插值，变为季度数据，最终得到时间序列共61期①，同时进行H-P滤波处理。考虑该数据为长面板数据，因此对各变量进行了组间异方差、组内自相关以及组间同期相关进行了检验，均显示P=0.000。因此，该回归采用全面FGLS模型②，回归结果如表4-1所示，各变量系数显著。根据回归结果，技术创新类生产部门各要素的产出份额之和为1.09③，大于1。因此，在确定技术创新类生产部门各参数时，借鉴邓红亮、陈乐一（2019）对社会资本产出份额取值范围为[0.30，0.80]、均值为0.5的设定，对回归结果进行调整，同时充分考虑社会资本与家庭劳动力供给的替代作用，本部分设定社会资本、政府创新资本、政府基建资本以及劳动投入的产出份额分别为 γ_s =0.55、γ_g =0.02、γ_{BAg} =0.34、$(1-\gamma_s-\gamma_g-\gamma_{BAg})$ =0.09。

表4-1 技术创新类生产部门相关系数回归结果

解释变量	系数	P值
社会资本 K_A^s	0.69	0.000
政府的技术创新资本 K_A^g	0.02	0.000
政府的基建资本 K_{BA}^g	0.34	0.000
劳动力 L_A	0.04	0.000

另一方面，同样地，对一般类生产部门生产函数两边取对数可得：

$$\ln Y_{B,t} = \ln A_{B,t} + \nu_s \ln K_{B,t-1}^s + \nu_{BBg} \ln K_{BB,t-1}^g + (1-\nu_s-\nu_{BBg}) \ln L_{B,t} \quad (4.73)$$

相应的实证模型为：

$$\ln Y_{B,t} = \nu_s \ln K_{B,t-1}^s + \nu_{BBg} \ln K_{BB,t-1}^g + (1-\nu_s-\nu_{BBg}) \ln L_{B,t} + a_{B,t} \quad (4.74)$$

由于在实际经济运行中，技术创新几乎涵盖了所有行业和产业生产，且各行业和产业中技术创新投入与产出难以明确区分，也缺乏相关统计数据和资料。因此，本部分确定一般类生产部门的参数时，参考崔百胜、朱麟（2019）的做法，依然采用高技术产业内相关数据进行参数估计。其中，该部门产出 $Y_{B,t}$ 用高技术产业的主营业务收入扣除新产品销售收入表示，社会资本投入 $K_{B,t-1}^s$ 用扣除了R&D总支出和高技术产业固定投资的剩余高技术产业资产总值表示，政府的基建投资总额 $K_{BB,t-1}^g$ 用扣除了高技术产业固定投资的各地区固定投资额乘以高技术产业产值份额数表示④，投入的劳动力 $L_{B,t}$ 用高技术产业从业总人数减去R&D人员数和科研人员数表示。数据来源与处理与

---

① 由于各统计年鉴的数据大多为年度数据，所以本部分在对选取的2004—2019年数据进行线性插值法变成季度数据之后，数据的时间跨度变为2004Q4—2019Q4。
② 考虑同时存在组间异方差、组内自相关以及组间同期相关的可行广义最小二乘法。
③ 考虑各变量所选数据的误差，其值不影响最终结果，在可接受范围。
④ 政府在一般类生产部门的基建投资=（各地区固定投资额-高技术产业固定投资额）×高技术产业产值占比。

技术创新类生产部门一致，采用线性差值变为季度数据，同时进行 H-P 滤波处理。

与技术创新类生产部门类似，考虑长面板数据特征，采用全面 FGLS 模型。回归结果如表 4-2 所示，各变量系数显著。根据回归结果，一般类生产部门各要素的产出份额之和为 1.29，大于 1。因此，在确定一般类生产部门各参数时，参考吴穹、仲伟周等（2018）对劳动力产出份额取值范围为[0.65，0.75]的设定，对回归结果进行调整，同时充分考虑社会资本与家庭劳动力供给的替代作用。本部分设定社会资本、政府基建资本以及劳动投入的产出份额分别为 v_s=0.1、v_{BBg}=0.25、$(1-v_s-v_{BBg})$=0.65。

表 4-2 一般类生产部门相关系数回归结果

解释变量	系数	P 值
社会资本 K_B^s	0.07	0.000
政府的基建资本 K_{BB}^g	0.25	0.000
劳动力 L_B	0.97	0.000

4. 待估参数的贝叶斯估计

对于本部分模型中的其他参数，参考已有文献，采用贝叶斯方法进行估计。这些参数包括 $\{\mu_A, \mu_{\theta_l}, \alpha_g, \alpha_A^g, \alpha_{BA}^g, \alpha_{BB}^g\}$ 和 $\{\rho_g, \rho_{BA}^g, \rho_{BB}^g, \sigma_{\xi_g}, \sigma_{\xi_{BA}^g}, \sigma_{\xi_{BB}^g}\}$。对于前一类参数，本节采用前文中所选的 61 期高技术产业、各地区产出、财政支出、劳动力数量等相关数据，计算各期历史参数，并通过直方分布图，①得出各参数平滑分散的先验分布。其中，技术创新劳动占比 μ_A 服从先验均值为 0.2、标准差为 0.1 的伽马分布；劳动力冲击系数 μ_{θ_l} 服从先验均值为 0.5、标准差为 0.2 的正态分布；政府购买占比 α_g 服从先验均值为 0.3、标准差为 0.1 的伽马分布；政府创新投资占比 α_A^g 服从先验均值为 0.1、标准差为 0.1 的伽马分布；技术创新部门基建投资占比 α_{BA}^g 服从先验均值为 0.2、标准差为 0.2 的伽马分布；一般生产部门基建投资占比 α_{BB}^g 服从先验均值为 0.3、标准差为 0.1 的正态分布。贝叶斯参数估计结果如表 4-3 所示。

表 4-3 相关参数贝叶斯估计结果

参数	参数描述	先验分布			后验分布	
		分布类型	均值	标准差	均值	95%置信区间
μ_A	技术创新劳动占比	G	0.2	0.1	0.210 2	[0.200 9，0.220 5]
μ_{θ_l}	劳动力冲击系数	N	0.5	0.2	0.487 3	[0.466 5，0.510 1]
α_g	政府购买占比	G	0.3	0.1	0.260 4	[0.248 2，0.272 7]

---

① 由于篇幅有限，该类所有参数先验直方图与后验密度图见附录一。

续表

参数	参数描述	先验分布			后验分布	
		分布类型	均值	标准差	均值	95%置信区间
α_A^g	政府创新投资占比	G	0.1	0.1	0.062 5	[0.059 7, 0.065 6]
α_{BA}^g	技术创新部门基建投资占比	G	0.2	0.2	0.183 4	[0.175 1, 0.192 4]
α_{BB}^g	一般生产部门基建投资占比	N	0.3	0.1	0.307 5	[0.293 6, 0.322 2]

注：G 代表伽马（GAMMA）分布，N 代表正态（NORMAL）分布。

对于冲击方程中其他持续系数和相应随机变量标准差 $\{\rho_g, \rho_{BA}^g, \rho_{BB}^g, \sigma_{\xi_g}, \sigma_{\xi_{BA}^g}, \sigma_{\xi_{BB}^g}\}$ 等重要参数，本部分参考杨兵等（2021）、汪川（2020）、邓红亮、陈乐一（2019）的研究方法，对冲击方程中的持续系数和冲击标准差的先验分布进行确定。其中，假设政府购买①冲击持续系数 ρ_g 服从均值为 0.5、标准差为 0.1 的贝塔分布，技术创新部门基建投资、一般部门基建投资的持续系数 ρ_{BA}^g 与 ρ_{BB}^g 服从均值为 0.8、标准差为 0.1 的贝塔分布，同时假定相应的冲击标准差 σ_{ξ_g}、$\sigma_{\xi_{BA}^g}$ 与 $\sigma_{\xi_{BB}^g}$ 均服从均值为 1、标准差为 0.01 的逆伽马分布。本部分采用前文中所选的高技术产业相关数据、各地区产出、财政支出等作为观测数据，对以上参数进行贝叶斯估计，其估计结果如表 4-4 所示。

表 4-4　持续系数和相应随机变量标准差等参数贝叶斯估计结果

参数	参数描述	先验分布			后验分布	
		分布类型	均值	标准差	均值	95%置信区间
ρ_g	政府购买冲击持续系数	B	0.5	0.1	0.989 7	[0.943 7, 0.999 9]
ρ_{BA}^g	技术创新部门基建投资持续系数	B	0.8	0.1	0.773 4	[0.733 0, 0.813 6]
ρ_{BB}^g	一般生产部门基建投资持续系数	B	0.8	0.1	0.838 8	[0.797 1, 0.882 2]
σ_{ξ_g}	政府购买冲击标准差	IG	0.01	1	0.006 5	[0.006 2, 0.006 8]
$\sigma_{\xi_{BA}^g}$	技术创新部门基建投资标准差	IG	0.01	1	0.012 6	[0.012 1, 0.013 2]
$\sigma_{\xi_{BB}^g}$	一般生产部门基建投资标准差	IG	0.01	1	0.003 0	[0.002 9, 0.003 2]

注：B 代表贝塔（BETA）分布，IG 代表逆伽马（INV GAMMA）分布。

三、产业多极化集聚、劳动力空间配置对经济发展的脉冲响应分析

通过运用 Dynare 对包含劳动力市场、家庭部门、技术创新部门和一般生产部门的经济系统进行 DSGE 模型求解，得到各冲击对经济系统的影响程度。本节通过模型的脉冲响应，分析产业多

---
① 由于政府购买数据无法直接获得，所以本书采用政府支出作为其观测值进行估计。

极化集聚与劳动力空间配置对城市经济发展的影响,并分别从劳动力供给冲击、两部门全要素生产率冲击、政府创新投资冲击、政府对技术创新的基建投资冲击以及对一般生产部门的基建冲击等方面梳理影响机制。

(一)产业多极化集聚、劳动力空间配置对经济高质量发展的总体影响

为了分析产业多极化集聚与劳动力空间配置所引起的劳动力供给增加、生产部门技术创新、政府创新投资与基建投资水平提升等变化对城市经济发展所产生的影响,本部分将综合考虑前文模型中各项冲击对经济高质量发展的不同影响,从总体上分析产业多极化集聚与劳动力空间配置对经济高质量发展的促进作用。

通过模型给定冲击方程各自单位标准差的冲击,产业多极化集聚与劳动力空间配置对经济系统的投资水平、消费水平、政府购买等方面产生了不同影响,最终促进了城市经济发展水平的提升,如图4-1所示。产业在地域上的多极化集聚,劳动力在空间上的配置,引起了当期政府和家庭部门投资水平的稳态偏离。产业多极化集聚和劳动力空间配置引起的人口规模变化,必然要求政府增加相应配套设施的建设和健全。因此,政府部门当期技术创新投资和基建投资均出现正向偏离,且呈逐渐减小趋势,由此必然带来投资总量增长的规模效应,以及由创新投资增加而使城市生产效率提升,再通过产业多极化集聚和劳动力空间配置引起的扩散效应。随后,政府部门投资的增加对当期家庭部门资本投资产生了巨大的挤出效应。这种效应随着区域配套设施的不断完善,以及对劳动力的不断吸纳而逐渐减弱。以上变化反映在图4-1中,即为当期家庭部门投资总额形成了最大负向偏离(偏离程度0.37),在第4期恢复至稳态,其后出现了正向偏离。同时伴随着劳动力流动,家庭消费水平必然会有所变化,如图4-1中所示,家庭部门普通消费与总消费水平当期产生正向稳态偏离,且呈现明显的滞后性。这种家庭消费水平的增加,必然导致经济发展结构的变化,从而引起城市经济高质量发展水平提升,进而引发城市经济发展的涓滴效应,促进城市经济高质量发展水平提升。对于家庭的住房消费水平而言,在短期出现负向偏离,在第10期回至稳态,其后呈现正向偏离。其原因在于,产业集聚和劳动力空间流入,导致集聚地和流入区域房价的急剧上涨,必然引起消费的减少。另外,对于政府购买而言,产业集聚和劳动力空间流入也拉动了当前政府购买的增加,且呈现逐渐扩大趋势。

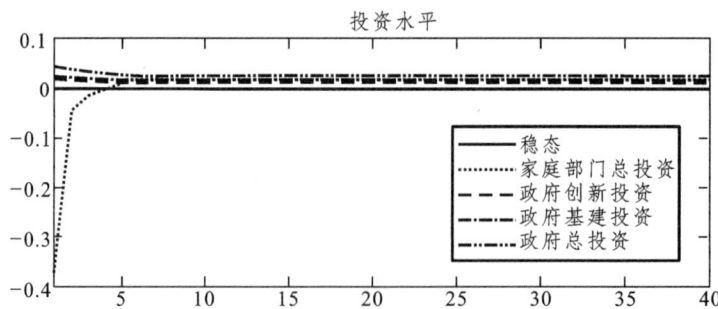

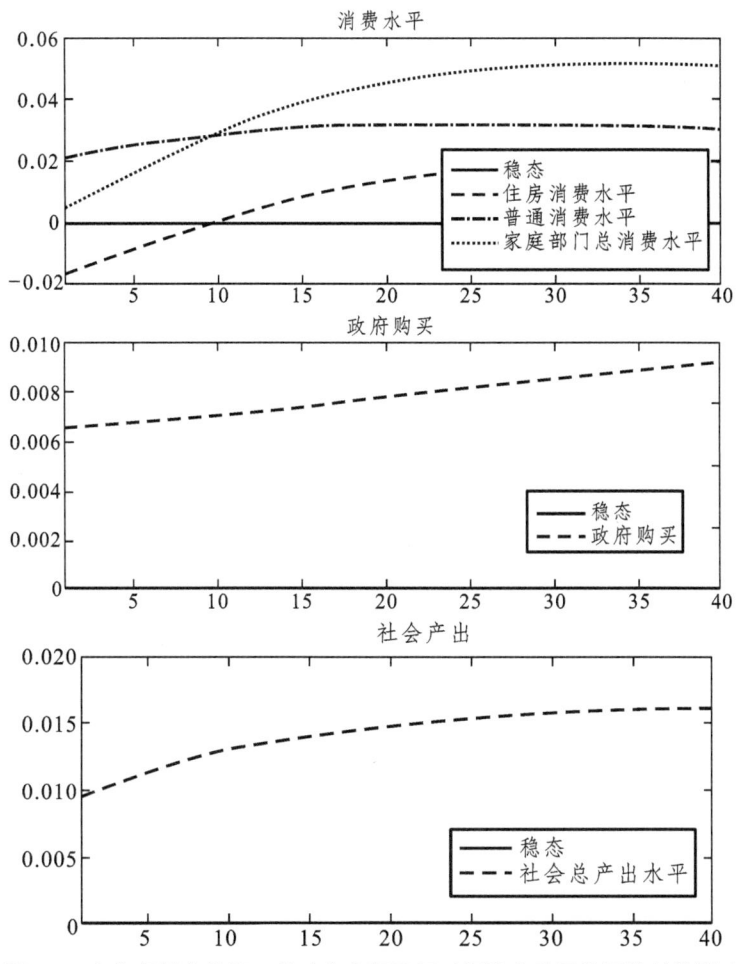

图 4-1 产业多极化集聚、劳动力空间配置对经济高质量发展的总体影响

综上分析，如图 4-1 所示，产业集聚与劳动力空间配置在当期引起了社会人均总产出增加 0.96%，随后各期逐渐增加，在本书所参考的 40 期后，社会人均总产出增加了 1.6%。长期来看，产业集聚与劳动力空间配置推动了集聚地和流入区投资的增加，提升了区域家庭消费水平，增加了政府购买能力。在众多因素和变量的综合作用下，该区域社会总生产水平、城市经济发展效率以及由消费结构、投资结构等引起的经济高质量发展水平均得到了显著提升。

（二）产业多极化集聚、劳动力空间配置对经济高质量发展的脉冲机制分析

1. 产业集聚、劳动力空间配置引起劳动供给增加对高质量发展的影响

由前文模型参数确定可知，在给定的 0.05 个单位标准差的当期劳动力供给正向冲击下，劳动力市场就业、工资水平、家庭消费、投资以及产出水平变化如图 4-2 所示。从图 4-2 中可知，首先，产业集聚、劳动力空间配置形成的劳动力供给数量增加的冲击，使技术创新类生产部门与一般生产部门就业率在即期就产生了巨大缺口，并表现出明显时滞性，即在当期偏离稳态之后，偏离程度逐渐扩大，在第 3 期达到最小值。其原因在于，劳动力供给的急剧上升，必然导致劳动力市场

供过于求,其市场就业率必然降低。同时就两部门比较而言,技术创新生产部门的就业率偏离程度低于一般生产部门。其原因在于,劳动力供给增加过程中,由技术类劳动较小的替代性决定了技术类劳动力流动程度低于非技术类劳动力。其次,从投资变化来看,产业集聚、劳动力空间配置引起的劳动力供给增加,引起了各项投资水平的下降,这说明劳动力供给增加一定程度上替代了两生产部门原有资本,从而改变了两类生产部门要素的投入结构,进而引起经济发展态势变化。根据上述劳动力市场非技术类劳动力增加快于技术类劳动力的结论,可知一般生产部门投资的减少速度和程度将高于技术创新类生产部门。这一点可从图中一般生产部门的社会资本投资和政府的基建投资产生的巨大偏离情况得以验证。同时,通过对比一般生产部门的社会资本投资和政府基建投资的偏离趋势,可知两种投资在第 5 期时达到各自峰值,也反映出两种投资的相互替代关系。最后,就家庭部门工资水平与消费水平而言,由产业集聚、劳动力空间配置引起的劳动力数量在特定区域的增加,必然导致该区域住房需求增加,形成住房消费的激增。对于家庭部门而言,住房消费的激增必然以减少其他消费为代价,因此造成了家庭普通消费的减少,这一变化从图中得以验证。在劳动力供给冲击下,当期住房消费水平偏离稳态值且达到最大,普通消费水平也产生较大缺口且低于稳态水平。家庭部门消费水平的长期变化会随着当地政府对相关公共产品与服务的供给水平以及家庭劳动力工资水平的变化而变化。在图 4-2 中,由于家庭劳动力工资水平在当期偏离稳态值且逐渐增加到最大,家庭消费水平占比逐渐减小;同时加之政府对于公共产品和服务供给的增加,该区域消费水平进一步减小。

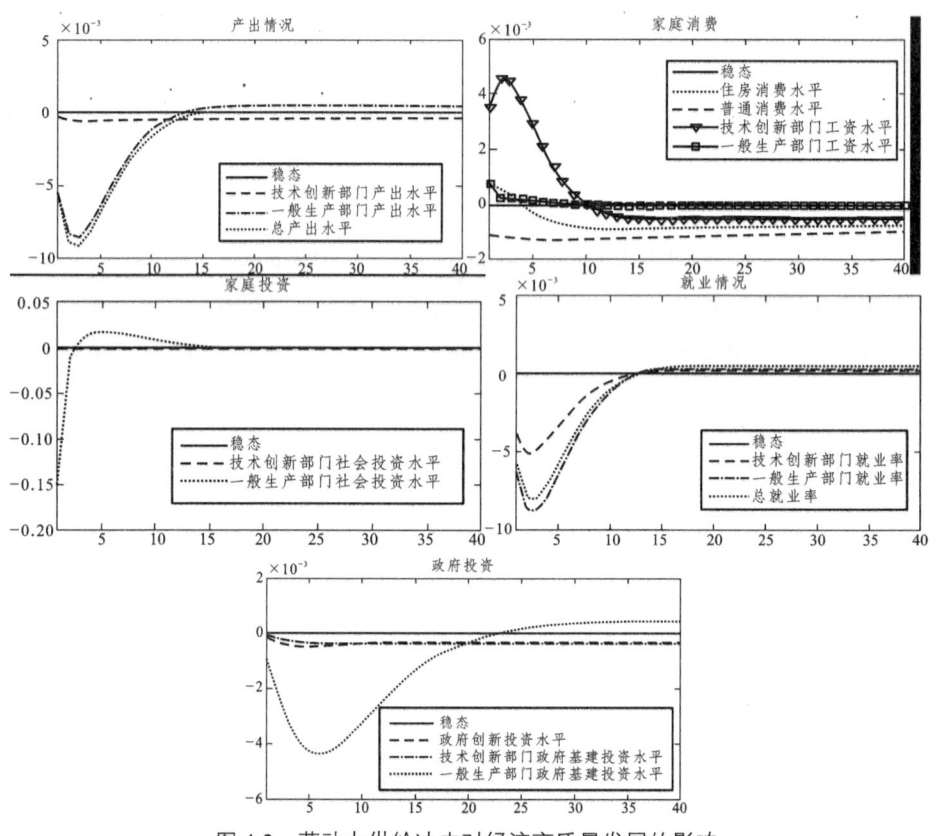

图 4-2 劳动力供给冲击对经济高质量发展的影响

综上所述,从图中可以看出,产业集聚、劳动力空间配置引起的劳动力供给冲击在当期就导致社会人均总产出水平的急剧减少,并在第 3 期达到最小值。随着政府对公共产品供给和服务水平的增加与提升,人均产出水平将逐渐提升,最终于第 15 期高于原有稳态值。因此,对于产业集聚、劳动力空间配置引起的劳动力供给冲击而言,其大量劳动力的涌入,尤其是非技术类劳动力的激增,改变了原有生产系统的要素投入结构,特别是对资本的替代,将不利于当地经济总量增长;同时人口的激增,也引起了城市区域消费水平的变化,特别是对公共服务水平带来的巨大压力,也不利于城市经济高质量发展。

2. 产业集聚、劳动力空间配置引起技术创新对经济高质量发展的影响

在分别给定的 0.01 个单位标准差的当期两部门全要素生产率正向冲击下,经济系统变化如图 4-3 所示。一方面,技术创新生产与一般生产两部门就业率均在当期偏离稳态值,且表现出时滞性,分别在第 10 期和第 25 期降到最小值,其后开始缓步上升。对生产部门而言,技术的创新和进步,意味着其机械化和自动化程度增加,将在一定程度上减少劳动力投入,造成就业率的下降。通过对比两类部门就业率变化情况,技术创新生产部门就业率的下降程度明显低于一般生产部门,这主要由技术创新生产部门劳动力较小的替代性所决定。另一方面,就家庭消费与工资水平变化来看,两部门技术的创新和进步所导致的生产效率的提升,显著提升了家庭的工资收入,特别是技术创新部门劳动者的工资收入,进而刺激了家庭消费,特别是占比小于较小的普通消费的提升,一定程度上改善和提升了家庭部门的生活水平,因此带来了经济发展效率提升的扩散效应,提升了城市经济发展效益。同时由图 4-3 可知,生产技术的创新和进步对两类生产部门投资水平存在明显不同的影响,对于技术创新类生产部门而言,技术的创新和进步进一步提升了该部门的投资水平。其原因在于,技术进步所带来的生产效率提升,提高了该部门的投资回报率,使其部门资本具有明显的"收入效应",进而刺激了家庭和政府的进一步投资。而对于一般生产部门而言,技术创新和进步对其社会资本的投资在当期就产生巨大的负向冲击。其原因在于,技术创新和进步对该部门社会投资产生的"替代效应"大于其"收入效应",导致社会资本投资水平的降低。同时技术创新和进步对该部门政府资本投资水平的影响则由开始阶段的"收入效应"逐渐因为技术的不断扩散和普及而转变为"替代效应",在图中表现为冲击的前几期为正向影响,而后逐渐变为负向冲击。

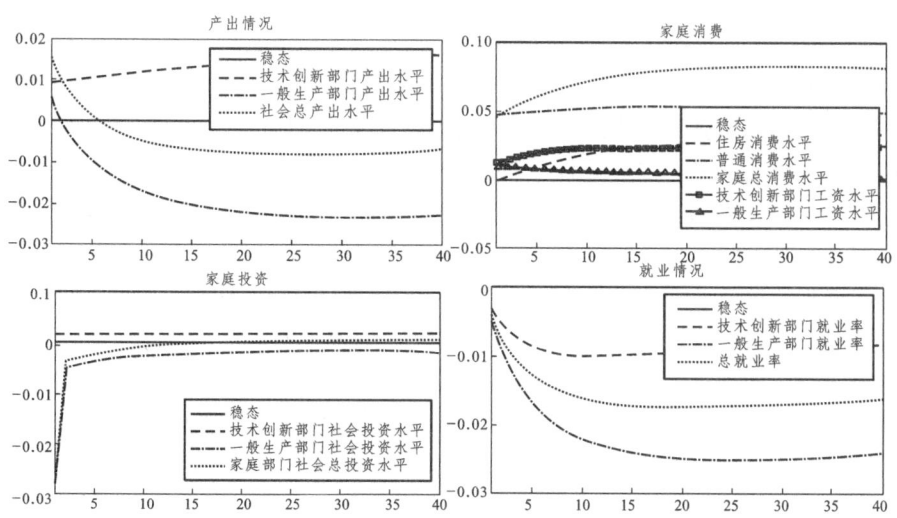

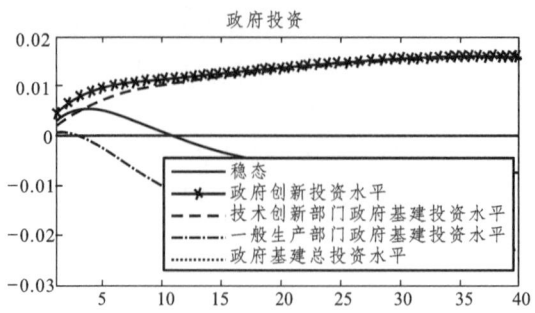

图 4-3　两部门全要素生产率冲击对经济高质量发展的影响

综上所述,产业集聚和劳动力空间配置,将引起生产部门创新投资的增加,从而使城市经济发展总量增长和发展效率提升。但由于技术创新和进步在单次冲击之后,在生产部门的投资出现先增加后减小的变化趋势,所以经济系统出现总产量先增加后减小的态势,这也必然引起经济发展效率提高和质量提升的持续性不强,最终使城市经济高质量发展水平提升呈现短期提升之后逐渐趋于平稳的态势。基于此,对于经济系统而言,产业集聚和劳动力空间流入引起的技术创新投入、改进应该保持其持久和连续性,从而有效持续推进经济高质量发展。

3. 产业集聚、劳动力空间配置引起政府创新投资对高质量发展的影响

通过给定 0.01 个单位标准差的当期政府创新投资正向冲击,经济系统稳态变化情况如图 4-4 所示。首先,在政府创新投资正向冲击下,两类生产部门就业率当期产生了正向偏离,且出现明显时滞性,在第 5 期和第 7 期达到最大偏离程度。就社会总生产而言,政府创新投资的增加,使两类生产部门的产生了对劳动力需求的拉动作用,且这种拉动作用随着政府创新投资的逐渐使用而逐渐增加,从而促使劳动就业率逐渐增加,最终在第 7 期达到最大值后逐渐减弱,同时技术类劳动力形成周期较长,因此政府创新投资引起的技术类劳动力就业率低于非技术类劳动。这一态势无疑将会削弱经济发展效率的扩散效应,进而不利于经济发展效益提升。其次,对于技术创新生产部门来说,政府创新投资水平的增加对该部门社会投资(当期影响最大)和政府基建投资(具有时滞性)均产生了明显的挤出效应。正是由于挤出效应以及该部门劳动需求的增加,技术创新生产部门的工资水平出现逐渐降低态势(当期即出现负向偏离,到第 5 期达到最大偏离)。这一态势也引起部分劳动力在两类生产部门的流动,进而使一般生产部门劳动力供给增加,其工资水平也出现下降趋势(在技术创新生产部门工资负向偏离的拉动下,一般生产部门的工资水平具有明显的时滞性,第 5 期达到最小值,且负向偏离小于技术创新部门工资偏离程度)。进一步地,两部门工资水平的降低,必然使家庭部门消费水平负向偏离稳态。再次,就一般生产部门而言,由于政府创新投资对技术创新生产部门其他投资产生的挤出效应,部门被挤出的社会投资和政府基建资本从技术创新部门流入一般生产部门,使该部门社会投资和基建资本投资逐渐增加,其中社会投资在第 7 期达到最大值,政府基建投资在第 18 期达到峰值,而社会投资的总体增加态势,将逐步改变和优化城市经济投资结构,从而利于城市经济高质量发展水平提升。最后,对于一般生产部门而言,由于各项资本投资的正向偏离稳态,以及非技术类劳动力的增加,该部门产出水平必然显著正向偏离稳态。对于技术创新类生产部门而言,虽然技术类劳动人员与政府创新投资产生了正向偏离,但由此引起的社会投资与政府基建投资挤出效应对其产出水平的负向作用远大

于两者正向偏离形成的推进作用,所以该部门的产出水平出现明显负向偏离。然而,从总体来看,在政府创新投资的冲击下,经济总量水平在当期产生正向偏离,且表现出明显时滞性,在第 7 期达到峰值。因此,政府创新投资的增加,推进了经济总量的增长,进而有利于城市经济高质量发展水平提升。

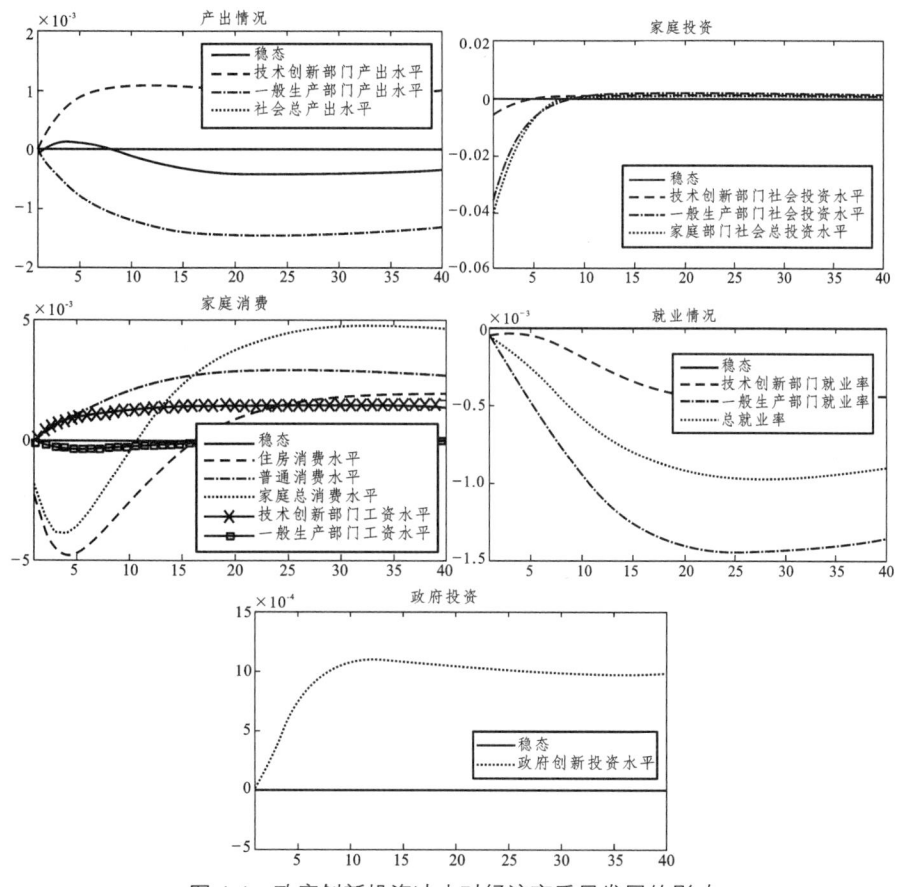

图 4-4 政府创新投资冲击对经济高质量发展的影响

4. 产业集聚、劳动力空间配置引起政府基建投资对高质量发展的影响

在分别给定的 0.012 6 与 0.003 0 个单位标准差的当期,政府对两生产部门基建投资正向冲击下,经济系统变化如图 4-5 所示。一方面,由于政府基建投资的增加提高了市场利率,对当期家庭总投资(政府创新投资不支付使用费用,因此基建投资的增加对其具有更大的拉动作用)和总消费产生了较大的挤出效应,特别是对于家庭在一般生产部门的投资和住房消费。这是由于技术创新部门的投资回报率比一般生产部门高,其受市场利率的影响较一般生产部门较小,同时由于基建设施的不断建设和健全,降低了通勤成本,完善了市场建设,家庭对于住房和普通消费水平出现了相反方向的稳态偏离(其中住房消费水平呈现短期负向偏离,第 15 期之后正向偏离,普通消费呈正向偏离稳态)。另一方面,由于政府基建投资所产生的挤出效应,两类生产部门的就业率出现即期负向偏离,且在第 25 期左右达到最大偏离程度,随后就业水平开始逐渐增加。就两部门相比而言,一般生产部门就业率变化程度和速度均快于技术创新生产部门。其原因在于,两种

劳动力有不同的特性决定。这些特性也决定了两类生产部门工资水平的变化趋势。

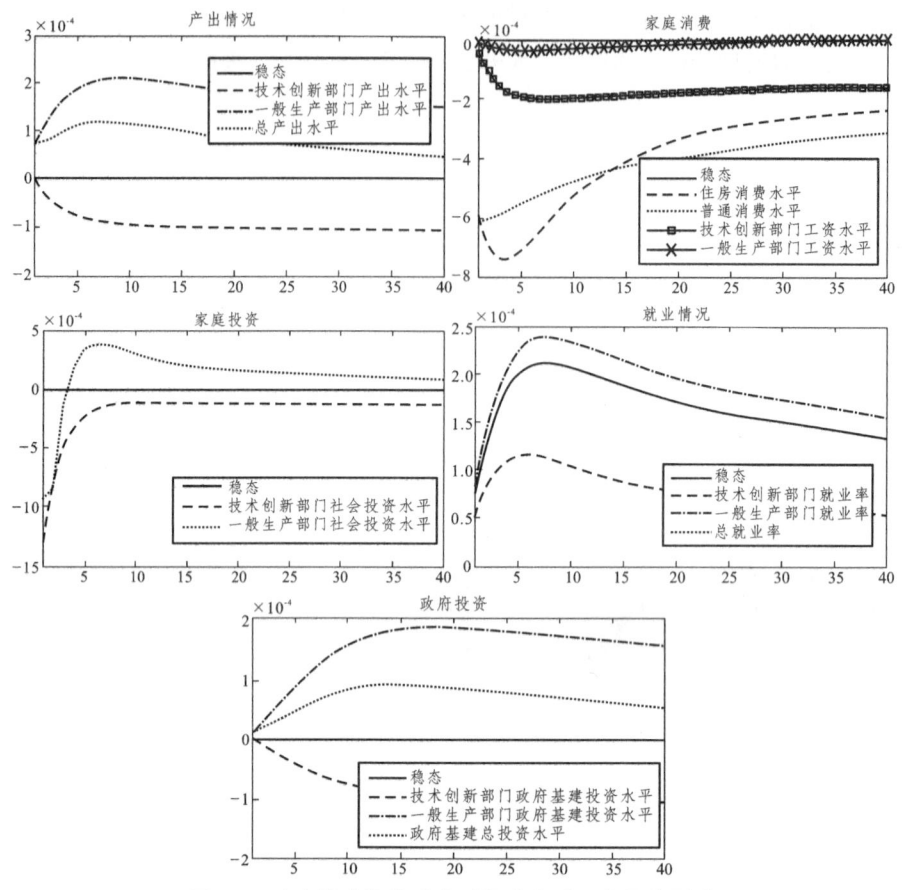

图 4-5　政府基建投资冲击对经济高质量发展的影响

因此，政府基建投资的增加，引起了两类生产部门产出水平不同方向的变动，一是对技术创新部门产出水平的拉动作用，二是对一般生产部门的阻碍作用，反映在图中即为两个方向的稳态偏离。从总体来看，政府基建投资的脉冲响应表现出正反两种作用：一方面，基建投资的增加通过形成基建资本，加大了对政府创新资本的拉动作用，同时也刺激了社会总需求，对经济增长和经济发展起到了显著促进作用；另一方面，基建投资所带来的挤出效应，也极大地降低了社会资本和劳动力的使用，进而引起了经济总量的下降。在两种作用下，经济总量表现出先增加后下降的变动趋势，也将进一步引起城市经济高质量发展的短期提升并逐渐趋于平稳的变化态势。

四、本章小结

本章通过构建由产业多极化集聚、劳动力空间配置引起经济运行要素变化的，包含家庭部门、创新型生产部门、一般生产部门以及政府当局四大经济主体的 DSGE 模型，考察产业多极化集聚、劳动力空间配置带来的劳动力供给冲击、生产部门技术创新冲击、政府购买冲击、政府基建和创新投资冲击对城市经济运行和经济高质量发展的影响。结论如下：①城市产业多极化集聚、劳动力空间配置显著地促进了城市经济高质量发展，且促进作用逐步增大，最终给城市带来 1.6% 的经济发展；②城市产业多极化集聚和劳动力空间配置引起的大量非技术类劳动力集中改变了生产要素的投入结构，在短期内不利于经济高质量发展，但长期内具有显著拉动作用；③城市产业多极化集聚和劳动力空间配置所带来的技术创新短期内能有效促进经济高质量发展，但不具有持续性；④城市产业多极化集聚、劳动力空间配置引起的政府创新投资增加能较好地带动就业，拉动社会资本投资，对社会经济高质量发展具有较大的促进作用；⑤城市多极化产业集聚和劳动力空间配置引起的区域基建投资的增加，使经济高质量发展表现出短期提升然后逐渐趋于平稳的变动趋势。

CHAPTER 5

第五章
产业多极化集聚、劳动力空间配置对经济高质量发展的测度与时空演化

为更好地把握各省市产业多极化集聚具体现实和时空趋势，更全面地剖析劳动力空间配置的时空演化，以及两者对城市经济高质量发展的影响作用，本章首先从产业结构变迁和发展水平、产业要素的空间分布与专业化优势对中国各省市产业发展现状进行分析，同时对改革开放以来中国产业多区域转移和空间结构布局、劳动力空间分布的基本发展态势进行一般性总结，并阐述两者之间的多元逻辑关系。在此基础上采用熵值法对中国包含劳动密集、资本密集和技术密集型共计 16 个产业 2005—2020 年绝对产值区位熵的相对变化情况进行统计分析，进而对中国各省市不同类型产业多极化集聚情况进行度量，同时以城市职工平均工资和商品房均价作为重要因素，对各城市劳动力空间配置状况进行测度，并以此对中国劳动力空间配置和流动状况的时空演化进行可视化分析。最后利用耦合协调函数模型对产业多极化集聚与劳动力空间配置的互动关系和耦合关系进行分析，为后续研究奠定基础。

一、产业空间布局与劳动力空间分布态势的多元逻辑

新中国成立以来，与产业布局先后经历的由"相对均衡"到"东部集中"，再到多区域协调发展和"多极化集聚"3 个时期相对应，中国产业发展历程总体可分为 4 个阶段：第一阶段为产业体系逐步形成阶段（1949—1978 年）。这一阶段在全国范围内逐步形成了相对完整的、以第二产业为主导的产业结构。第二阶段为产业结构调整阶段（1979—2000 年）。这一阶段在全国范围内进行了产业布局的调整、发展方向的调节、产业结构的重组，东部地区迎来了产业发展的最优时期，同时也导致东中西部产业发展差距扩大。第三阶段为中西部地区产业发展时期（2001—2013 年）。这一阶段借助国家西部大开发、中西部崛起等一系列政策倾斜，中西部产业发展明显，产业结构合理化与高度化取得一定程度推进，然而产业趋同、内部发展不均衡、产业竞争低下等问题依然存在。第四阶段为产业优化升级、梯度转移阶段（2013 年至今）。随着长江经济带建设规划、"一带一路"倡议的提出，中国产业发展迎来了新的契机，产业自身结构的调整、产业链条价值的提升、产业竞争能力的优化、产业要素的自由流动均面临新的挑战。新的背景和时期，对中国产业发展现实的考量，将有利于把握中国产业布局的长期规划、产业发展的未来方向和产业转移的有效路径。

（一）区域产业结构和发展水平

1. 中国区域三次产业结构构成

为反映中国各地区三次产业结构现状，本节按照东、中、西部与东北部的经济区域划分[①]对中国 31 个省区市（不含港澳台地区）2000—2021 年三次产业发展数据[②]进行了统计分析（见表 5-1）。总体而言，2000—2021 年，中国东中西以及东北四大区域各产业均有了较大发展，产业增加值成倍增加（其中，东部地区第一二三产业分别增长了 4.5 倍、9.2 倍和 16.6 倍，中部地区三次产业分别增长 5.4、11.7 和 18 倍，西部地区分别增长了 7.4、13.4 和 19.8 倍，东北部地区分别为 5.9、3.9

---

① 划分标准及划分方法依据国家统计局 2011 年 6 月官网颁布的《东西中部和东北地区划分方法》，http://www.stats.gov.cn/ztjc/zthd/sjtjr/dejtjkfx/tjkp/201106/t20110613_71947.htm。
② 数据来源于 2000—2022 年《中国统计年鉴》。

和 8.2 倍），特别是东部地区第三产业、中西部地区第二、三产业的快速发展，为 21 世纪以后中国经济的高速发展提供了巨大动力。同时由表可知，虽然 21 世纪中国各区域产业均有了巨大发展，但东部地区第二、三产业在全国产业的占比均超过了 50%，说明该地区在第二三产业发展方面依然存在巨大优势，区域之间产业发展的不平衡性依然存在。具体来看，首先，对于东部地区而言，各产业增加值总量均逐年增加，但第一产业占全国的比重却逐年减小（从 2000 年的 39.56%减至 2021 年的 31.99%），第二、三产业的占比则呈现出先增加后减小的变化趋势；其次，对于中部地区而言，第一产业占比存在上下波动趋势，但总体维持在 26.3%左右，第二、三产业占比分别在 2006 年与 2009 年降至最低，之后呈现增加态势，说明由 2004 年首次提出的中部崛起等相应对策效应得以显现；再次，对于西部地区而言，第一、二、三产业均获得巨大发展，各产业占比均有了巨大提升（2000—2021 年，第一产业占比增加 8.1 个百分点，第二、三产业占比分别增加了 5.6 和 3.2 个百分点），侧面反映 21 世纪前夕所提出的西部大开发等政策倾斜有了实质效果；最后，就东北部地区产业发展来看，除了第一产业占全国比重变动不大（基本维持在 9.7%左右），第二、三产业比重明显下降，究其原因在于东北部地区产业产能落后的被动改造和外迁，导致该区域第二、三产业逐渐向邻近省市转移和集中。

表 5-1 四大经济区域 2000—2021 年三次产业增加值统计表

（单位：亿元、%）

地区		指标	2000 年	2003 年	2006 年	2009 年	2012 年	2015 年	2018 年	2021 年
东部地区	第一产业	增加值	5 872.35	6 690.08	9 343.33	12 875.08	18 339.64	21 014.70	22 004.39	26 583.30
		占全国比重	39.56	38.95	37.77	36.55	35.02	34.53	33.99	31.99
	第二产业	增加值	25 033.44	37 680.99	66 798.10	97 050.12	141 448.81	162 420.93	196 449.48	231 411.90
		占全国比重	54.68	56.73	57.76	53.95	49.52	50.63	52.20	51.77
	第三产业	增加值	20 114.73	28 909.79	52 451.63	86 749.21	136 103.59	189 547.04	262 541.97	334 146.60
		占全国比重	54.99	55.65	57.85	57.76	57.06	55.57	55.43	55.00
中部地区	第一产业	增加值	4 005.99	4 432.52	6 614.13	9 606.34	14 019.80	15 863.85	16 176.46	21 587.20
		占全国比重	26.99	25.81	26.73	27.27	26.77	26.07	24.99	25.98
	第二产业	增加值	8 824.00	12 324.04	20 958.59	35 554.24	61 450.71	68 784.42	84 758.81	103 420.10
		占全国比重	19.27	18.56	18.12	19.76	21.51	21.44	22.52	23.14
	第三产业	增加值	6 960.98	9 591.90	15 645.26	25 416.98	40 807.24	62 302.19	91 722.63	125 125.20
		占全国比重	19.03	18.46	17.26	16.92	17.11	18.26	19.36	20.59
西部地区	第一产业	增加值	3 706.78	4 450.37	6 396.07	9 198.33	14 332.55	17 362.24	20 358.30	27 437.20
		占全国比重	24.97	25.91	25.85	26.11	27.37	28.53	31.45	33.02
	第二产业	增加值	6 913.24	9 836.13	17 879.62	31 782.86	57 104.21	64 735.90	74 645.54	92 570.50
		占全国比重	15.10	14.81	15.46	17.67	19.99	20.18	19.84	20.71
	第三产业	增加值	6 034.60	8 668.17	15 251.44	25 992.29	42 468.04	62 920.78	89 298.29	119 693.80
		占全国比重	16.50	16.69	16.82	17.31	17.80	18.45	18.85	19.70

续表

地区	指标		2000年	2003年	2006年	2009年	2012年	2015年	2018年	2021年
东北部地区	第一产业	增加值	1 259.17	1 603.50	2 386.72	3 549.80	5 681.59	6 613.81	6 195.01	7 478.60
		占全国比重	8.48	9.34	9.65	10.08	10.85	10.87	9.57	9.00
	第二产业	增加值	5 013.23	6 574.73	10 010.10	15 508.98	25 644.87	24 845.76	20 466.89	19 618.80
		占全国比重	10.95	9.90	8.66	8.62	8.98	7.75	5.44	4.39
	第三产业	增加值	3 470.85	4 776.93	7 318.35	12 019.46	19 150.79	26 356.25	30 089.69	28 601.40
		占全国比重	9.49	9.20	8.07	8.00	8.03	7.73	6.35	4.71

2. 中国区域三次产业结构优化情况

21世纪以来，随着中国东中西部和东北部四大区域产业发展的巨大进步，各区域产业结构的发展趋势和优化程度也呈现不同态势和特征。本节以1999年四大经济区域各产业比重为产业结构的基期数据，衡量2000—2021年各区域产业结构的变动程度，同时以各区域三产与二产占比的比值作为衡量区域产业结构优化的主要指标，对中国四大经济区域产业结构优化程度进行分析[①]，见表5-2和表5-3。首先，对于东部地区而言，第一、二产业的比重较1999年基期而言，呈现减小趋势，而第三产业占比均有所增加；同时从表5-3可以看出，东部地区第三产业占比与第二产业占比的比值基本都大于100，意味着进入21世纪之后，东部地区更偏向第三产业发展，有选择性、合理科学地对产业结构进行了调整完善和优化升级。其次，对于中部地区而言，第一产业变动度为负值，表明该区域第一产业的比重较1999年逐年减少，而第二、三产业产值表现出逐渐增加的整体趋势，说明该区域在21世纪之后有意识地逐步加快了第二、三产业的发展步伐。但从表5-3中三产与二产比重比值来看，中部地区该值均小于100，且总体呈现下降趋势，证明该区域第二产业发展快于第三产业，产业结构有待进一步调整和优化。再次，就西部地区来看，无论是第一产业，还是第二、三产业，其比重与1999年基期相比均有了显著增加，其中第一产业增加最多，第二产业次之，意味着该区域在21世纪之后，在国家各项战略和政策支持下，产业的发展势头良好，产业结构调整稳步进行。但从表5-3中第三产业与第二产业的比重比值来看，该区域第三产业在2009年之后的发展落后于第二产业的发展水平，在未来的产业发展和布局中需要进一步加快第三产业发展，优化现有产业结构。最后，就东北部地区而言，与1999年相比，第一产业占比变化不大，基本维持不变，但第二、三产业变动度均为负值，且数值逐渐增大，说明该区域第二、三产业占比逐年降低，加之表5-3中三产与二产比重比值逐年增加且超过100，可以认为该区域选择性地将部分产业分散转出，且有意识地对原有产业结构进行了有效调整和优化。

① 数据来源于2000—2022年《中国统计年鉴》。

表 5-2　四大经济区域 2000—2021 年三次产业变动度统计表

（单位：%）

地区	指标	2000年	2003年	2006年	2009年	2012年	2015年	2018年	2021年
东部地区	第一产业变动度	0.39	-0.22	-1.40	-2.62	-4.15	-4.64	-5.18	-7.17
	第二产业变动度	0.34	2.40	3.43	-0.39	-4.81	-3.70	-2.13	-2.57
	第三产业变动度	0.59	1.25	3.45	3.36	2.66	1.16	1.03	0.60
	三产总变动度	1.32	3.43	5.47	0.35	-6.31	-7.17	-6.28	-9.14
中部地区	第一产业变动度	0.17	-1.01	-0.08	0.45	-0.05	-0.75	-1.83	-0.83
	第二产业变动度	-0.49	-1.21	-1.64	0.00	1.75	1.68	2.76	3.37
	第三产业变动度	-0.06	-0.62	-1.83	-2.16	-1.98	-0.82	0.28	1.51
	三产总变动度	-0.38	-2.84	-3.55	-1.71	-0.28	0.11	1.21	4.05
西部地区	第一产业变动度	-0.01	0.93	0.87	1.13	2.39	3.55	6.47	8.04
	第二产业变动度	-0.35	-0.64	0.01	2.22	4.54	4.73	4.39	5.26
	第三产业变动度	-0.24	-0.05	0.08	0.57	1.07	1.71	2.12	2.96
	三产总变动度	-0.60	0.24	0.97	3.92	8.00	9.99	12.97	16.27
东北部地区	第一产业变动度	-0.56	0.30	0.61	1.04	1.81	1.83	0.53	-0.04
	第二产业变动度	0.50	-0.56	-1.80	-1.83	-1.48	-2.71	-5.02	-6.07
	第三产业变动度	-0.29	-0.58	-1.70	-1.77	-1.75	-2.05	-3.42	-5.07
	三产总变动度	-0.35	-0.84	-2.89	-2.57	-1.41	-2.93	-7.90	-11.17

表 5-3　四大经济区域 2000—2021 年三产与二产比重比值表

（单位：%）

地区	2000年	2003年	2006年	2009年	2012年	2015年	2018年	2021年
东部地区	100.57	98.09	100.16	107.07	115.23	109.74	106.18	106.24
中部地区	98.73	99.51	95.21	85.63	79.52	85.18	85.98	89.02
西部地区	109.25	112.67	108.80	97.96	89.06	91.40	95.05	95.13
东北部地区	86.65	92.89	93.25	92.84	89.43	99.75	116.81	107.26

3. 区域产业发展的专业化优势

产业发展的核心目标旨在提高区域产业的核心竞争力，而产业竞争力的提升很大程度依赖于产业的专业化优势，因此，在中国四大经济区域一二三产业快速发展过程中，如何发挥产业专业化优势，提升产业的市场竞争力，将成为研究产业发展的重要议题。本节将在前文的基础上，综合考虑产业发展的基础性、经济重要性以及数据可得性，选取农副食品加工业，食品制造业，纺织业，纺织服装、服饰业、皮革、毛皮、羽毛及其制品和制鞋业，通用设备制造业，煤炭开采和洗选业，石油和天然气开采业，专用设备制造业，电气机械和器材制造业，电力、热力生产和供应业，汽车、铁路、船舶、航空航天和其他运输设备制造，医药制造业，电子及通信设备制造业，计算机及办公设备制造业，医疗仪器设备及仪器仪表制造业，信息化学品制造业等共计 16 个行业，并采用衡量产业专业化优势的常见指标——区位熵（Location Quotient，LQ）进行测度，以期完全把握中国四大经济区域产业发展的专业化优势。区位熵又被称作专门化率，其数学表达式为：

$$LQ_{ij} = \frac{Q_{ij} \big/ \sum_{i=1}^{n} Q_{ij}}{\sum_{j=1}^{m} Q_{ij} \big/ \sum_{i=1}^{n}\sum_{j=1}^{m} Q_{ij}} \tag{5.1}$$

式中，Q_{ij} 表示 j（$j=1$，2，3，……，m）地区的 i 产业（$i=1$，2，3，……，n）产值[①]。某产业区位熵 $LQ_{ij}>1$，可以认为该产业是该地区的专业化部门，LQ_{ij} 越大，意味考察区域该产业越具有专业化优势。本节利用 2020 年中国各省区市工业产值和主营业收入数据[②]，对中国四大经济区域 16 个行业区位熵进行测算，结果见表 5-4。

表 5-4 四大经济区域 2020 年各行业区位熵

产业类别	东部地区	中部地区	西部地区	东北部地区
农副食品加工业	0.73	1.44	1.20	1.96
食品制造业	0.80	1.22	1.51	1.04
纺织业	1.17	1.13	0.44	0.10
纺织服装、服饰业、皮革、毛皮、羽毛及其制品和制鞋业	1.18	1.18	0.26	0.23
通用设备制造业	1.16	0.92	0.57	0.68
煤炭开采和洗选业	0.13	2.33	2.81	0.63
石油和天然气开采业	0.49	0.19	3.35	3.53
专用设备制造业	1.03	1.29	0.60	0.72
电气机械和器材制造业	1.19	0.91	0.57	0.30
电力、热力生产和供应业	0.87	0.86	1.62	1.30
汽车、铁路、船舶、航空航天和其他运输设备制造	0.92	0.88	0.96	2.62
医药制造业	0.95	1.14	1.01	0.99
电子及通信设备制造业	1.22	0.79	0.69	0.15
计算机及办公设备制造业	1.06	0.43	1.83	0.04
医疗仪器设备及仪器仪表制造业	1.24	0.78	0.53	0.43
信息化学品制造业	1.00	1.12	1.04	0.35

① 基于数据可得性和完整性，本书采用各产业主营业收入代替。
② 数据来源于 2021 年《高技术统计年鉴》《中国科技统计年鉴》《中国工业统计年鉴》。

从测算结果可知，对于东部地区而言，其中电子及通信设备制造业、医疗仪器设备及仪器仪表制造业等高技术产业的专业化程度明显高于其他区域，其他行业如纺织业、纺织服装、服饰业、皮革、毛皮、羽毛及其制品和制鞋业，通/专用设备制造业，电气机械和器材制造业等行业虽然其$LQ_{ij}>1$，但总体而言专业化优势并不明显；对于中、西部地区而言，虽然也有医药制造、计算机及办公设备制造业、信息化学品制造业等高技术产业专业化的逐步形成，但总体而言，这两大区域产业专业化发展更依赖于区域自身的资源禀赋，如煤炭开采和洗选、石油和天然气开采、电热力生产和供应、农副食品加工、食品制造等产业的专业化发展明显高于其他区域。另外，对于东北部地区而言，其专业化优势产业较少，主要集中于石油和天然气开采、运输设备制造、农副食品加工、电热力生产和供应等少数几个产业部门，其市场竞争优势薄弱，区域产业结构调整和专业化发展任重道远。

（二）产业空间布局与劳动力空间分布的基本态势

1. 产业空间布局的基本态势

自实施东部率先发展战略以来，借助政策倾斜、市场规模、地理区位等优势，东部地区吸引了大规模的产业集聚，推动了其经济的快速发展，促进了中国经济的迅速崛起，但随之也拉大了东、中、西部地区之间的区域差距。到1999年，东部GDP占全国的份额已达52.67%，各省域间人均GDP相对差距最高已达10倍之多[①]。同时，加之长期以来东部地区经济集聚造成刘易斯拐点的出现，该区域生产成本持续增加，并于2004年前后，东部地区开始出现用工荒、用电荒、土地紧张等典型大城市问题。为此，21世纪伊始，中国政府逐步启动了区域协调发展战略，实施了西部大开发、东北振兴和中部崛起等战略，旨在希望通过加快基础设施建设，加大生态环境保护力度，大力发展科技、文化、教育、卫生事业，改善和优化营商环境等一系列措施，引导产业向东北、中、西部地区多区域多极化集聚发展。在市场与政府的双重驱动作用下，中国产业空间分布从21世纪开始呈现了明显的多区域多极化集聚态势。一方面，就各省区市[②]各产业[③]产值增长率来看，2000—2021年，第二产业产值年平均增长率增加最快的省区市包括西藏（17.4%）、陕西（15.5%）、内蒙古（15.4%）、宁夏（14.9%）、贵州（14.8%）、重庆（14.6%）、江西（14.3%）等地（见图5-1）；第三产业产值年平均增长率最高的省区市包括贵州（18.4%）、北京（17.6%）、宁夏（16.8%）、内蒙古（16.7%）、重庆（16.7%）、安徽（16.6%）、西藏（16.6%）等地（见图5-2）。另一方面，通过对比各省区市2000—2021年第二、三产业在全国各产业产值的份额可知，在第二产业方面，各省区市份额增加的有江苏（1.9%）、陕西（1.5%）、江西（1.4%）、福建（1.4%）、安徽（1.1%）、重庆（1.1%）等，而东部地区如北京（-0.4%）、天津（-0.5%）、河北（-1.9%）、辽宁（-2.7%）、黑龙江（-3.2%）、上海（-2.2%）、山东（-1.8%）等第二产业份额明显减少（见图5-3）；从第三产业占全国份额来看，北京（1.5%）、江苏（1.3%）、广东（1%）、四川（0.9%）、安徽（0.9%）、贵州（0.7%）、重庆（0.7%）等地增额较为明显，而东部地区的河北（-1.4%）、辽宁（-2.6%）、黑龙江（-1.6%）、上海（-1.1%）、山东（-1.1%）等

---

① 本节数据来源于2000—2022年《中国统计年鉴》。
② 因台湾、香港、澳门三地的数据无法获取，因此在本书分析中，排除对三地的分析。
③ 因第一产业的大部分生产与地理区位紧密相连，其转移水平变化较小，因此本部分仅比较第二、三产业。

地第三产业份额明显降低（见图5-3）。因此，无论是从各省区市第二、三产业产值增长率来看，还是从各省区市第二、三产业产值份额变化来看，西部、西南部、中部地区增长更快，东部地区产业向中部和西部多区域空间转移和分布的趋势明显。

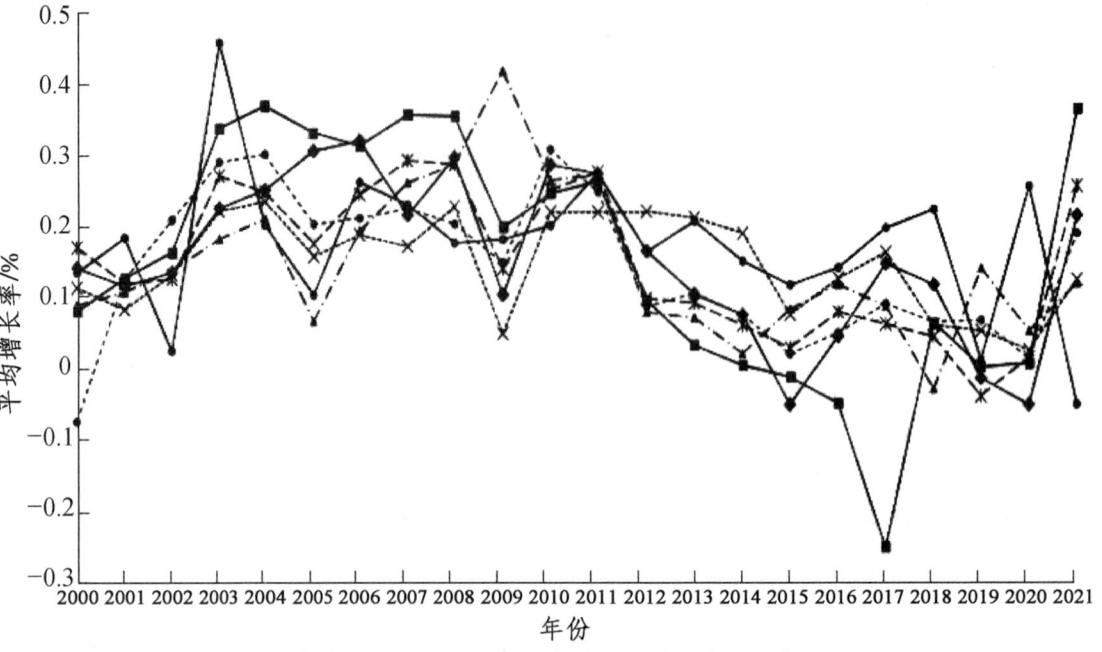

图 5-1　第二产业平均增长率最高省市

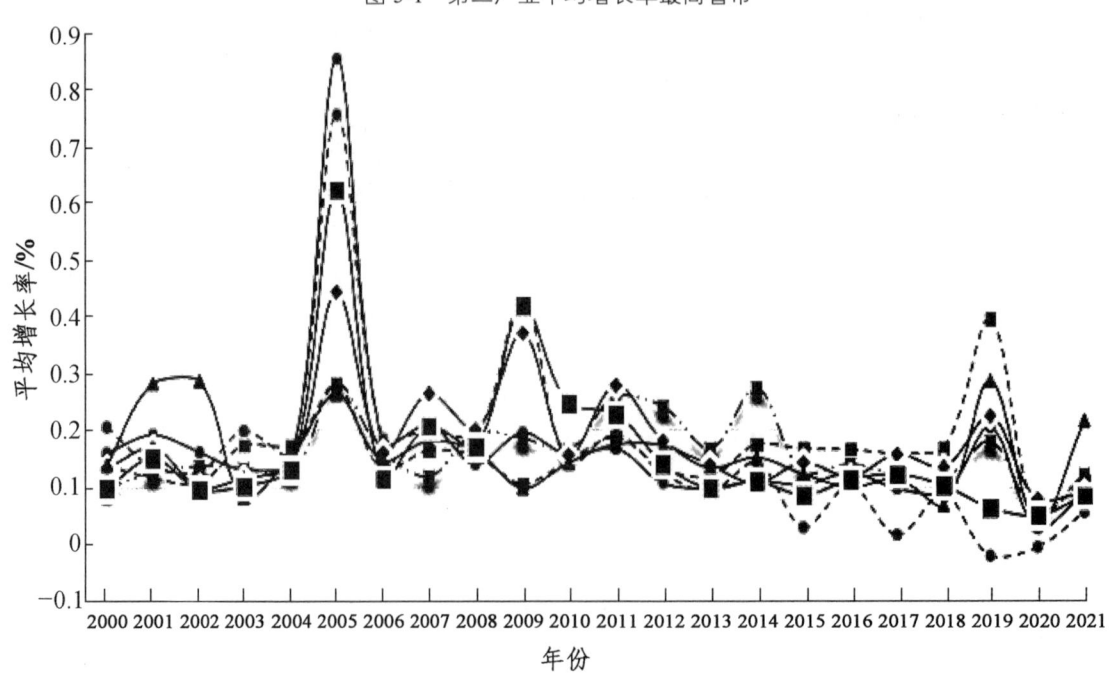

图 5-2　第三产业平均增长率最高省市

第五章 产业多极化集聚、劳动力空间配置对经济高质量发展的测度与时空演化 | 071

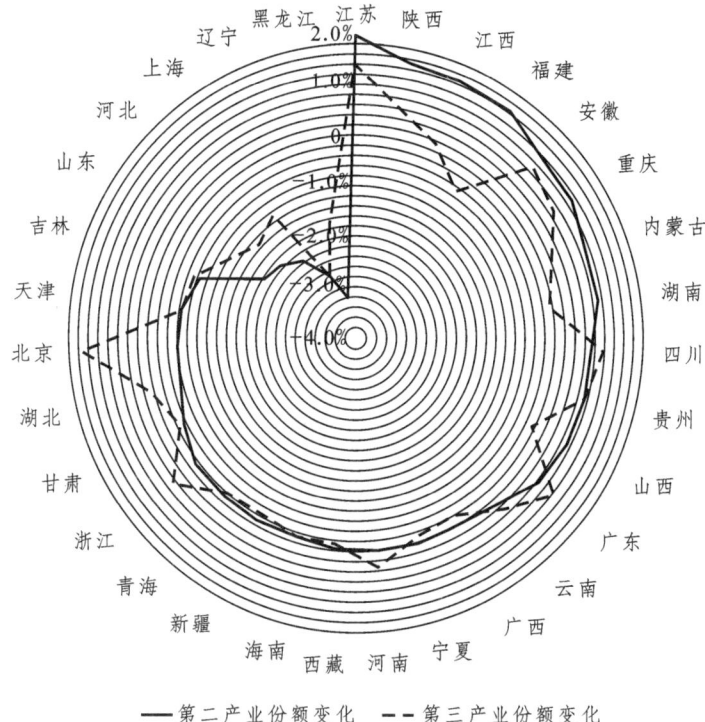

——第二产业份额变化   - - 第三产业份额变化

图 5-3 2000—2021 年全国第二产业、第三产业份额变化

2. 劳动力空间分布的基本态势

改革开放以来，伴随着东部率先发展战略的实施、社会主义市场经济的确立、户籍制度的逐渐放开以及中国城镇化进程的加快，劳动力大规模从农村向城镇、从欠发达地区向发达地区、从中西部内陆区域向东部沿海区域、从中小城镇向中心特大城市配置成为中国劳动力空间分布变化的主要规律，也成为推动中国经济高速发展的核心动力。但进入 21 世纪以后，随着中国经济发展方式的逐步转型、产业结构和布局的逐步调整及优化、"新常态"和"三期叠加"经济发展时期的到来、产业由东部集中向中西部多区域空间转移和分布态势的逐步显现。为此，国家区域发展政策逐步向中小城市和西部地区倾斜，实施了"大中小城市和小城镇协调发展"的区域发展战略①，随后中华人民共和国住房和城乡建设部在《全国城镇体系规划纲要（2005—2020 年）》中提出了 3 大都市连绵区和 13 个城镇群建设构想，以及中国社会科学院发布《2006 年城市竞争力蓝皮书》指出的 15 个城市群的建设蓝图，意味着中国未来劳动力空间分布将必定呈现出明显的"多核驱动""多极引领""多区域高层次集聚"等重要特征。一方面，就全国各省区市劳动力人口分布情况来看，通过对比 2000—2021 年各省区市劳动力人口分布的柱状图可知（见图 5-4），全国劳动力空间分布总体依然集中于东部沿海地区，但在东部地区内部，劳动力开始呈现出多极化、多核化变动趋势，如在广东省内出现多城市空间配置和集聚，多区域极化状态，同时湖北、湖南、陕西、山西、四川、重庆等地劳动力也呈现集聚状态。另外，就新疆而言，劳动力分布也呈现多极化态

---

① "十一五"规划提出要"坚持大中小城市和小城镇协调发展，积极稳妥地推进城镇化"；"十二五"规划提出"促进大中小城市和小城镇协调发展"。

势。另一方面，就各省区市劳动力人口[①]年均增长率来看，2000—2021 年，广东以 3.9%位列第一，北京和上海次之，均为 3.0%，西藏以 2.7%居于第三，海南、浙江、天津、新疆、宁夏均有较高增长（见图 5-5）。由此可以看出，中国各省区市劳动力人口分布逐渐呈现多极化态势分布。另外，就各省市劳动力人口占全国劳动力人口比重来看，2000—2021 年，全国大部分省区市劳动力占比均有所下降，仅广东、浙江、北京、上海、新疆、天津、江苏、福建、宁夏、云南、海南、西藏、青海、山西等地有明显上升（见图 5-6）。这些比重增加的省区市不仅包括东部地区的省区市，也包括部分西部地区和边疆地区的省区市。由此可以看出，中国劳动力空间分布和空间配置逐渐呈现多区域分化、多核极分散式分布态势。

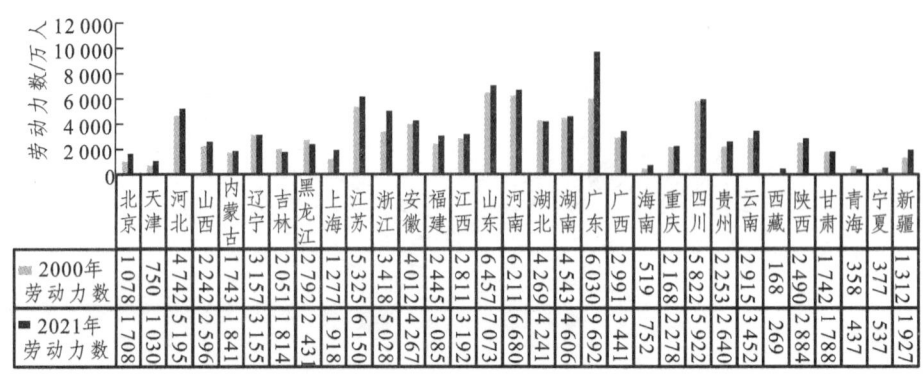

图 5-4　2000 与 2021 年全国劳动力人口分布柱状图

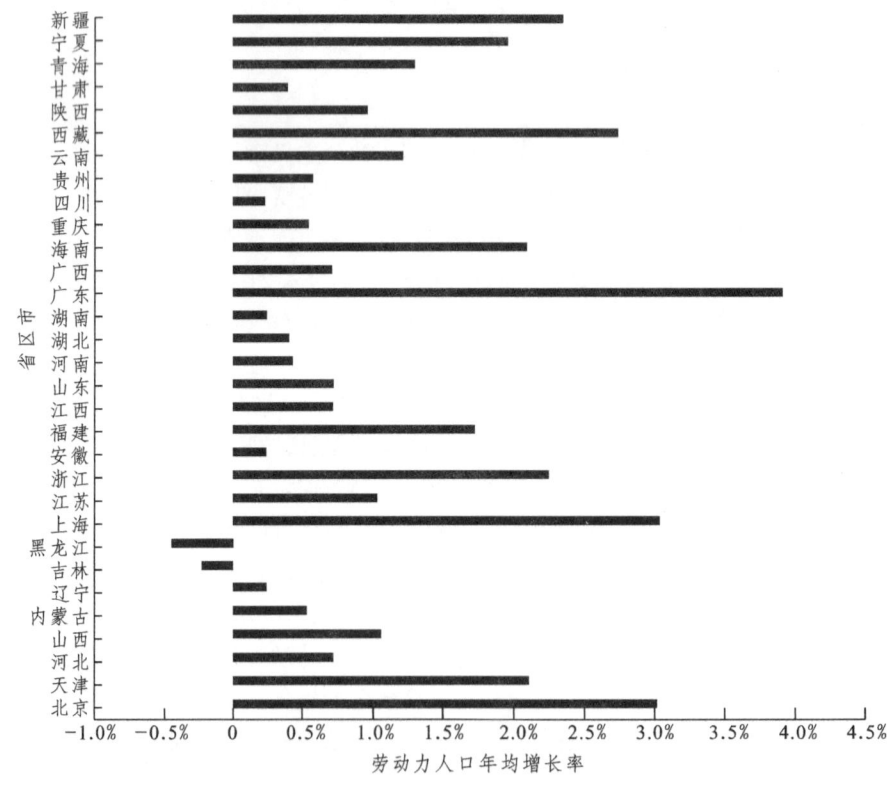

图 5-5　2000—2021 年全国各省区市劳动力人口年均增长率

① 采用 15~64 周岁人口数衡量，数据来源 2001—2022 年《中国统计年鉴》。

第五章　产业多极化集聚、劳动力空间配置对经济高质量发展的测度与时空演化

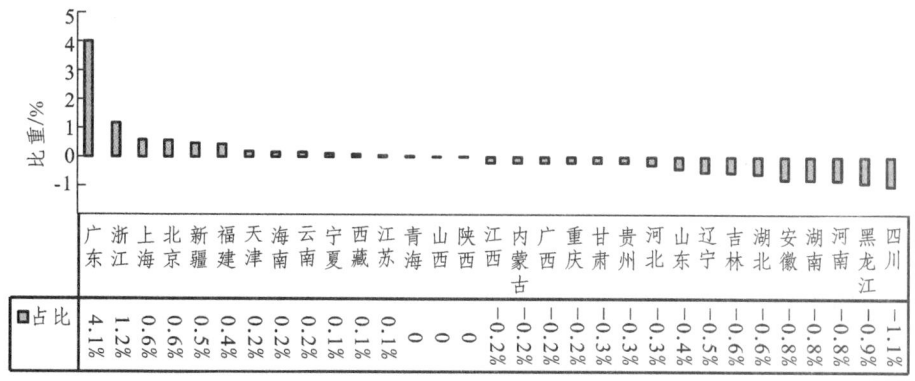

图 5-6　2000—2021 年全国各省区市劳动力占全劳动力比重变化

（三）产业空间布局与劳动力空间分布的内在逻辑关系

综上所述，进入 21 世纪以来，中国的产业空间分布逐步呈现由东部单方向集中向中西部多区域多极化集聚趋势，而全国劳动力资源空间配置和布局也随之发生了相应变化，呈现出由东部单极化、单一化集聚向东部地区内部多极化、东中西部地区区域多核分散化空间配置的变动趋势。纵观中国产业布局的空间变化与劳动力空间配置的总体变化趋势，可以认为，中国产业多极化集聚与劳动力空间配置之间存在相互关联变动、互为条件、互为支撑、互为制约、互为因果的相互关系。由表 5-5 和图 5-7 可知，2000—2021 年各地区第二、三产业产值变化与劳动力资源空间配置情况变动之间呈现明显的相同趋势变化，表明产业多极化集聚情况与劳动力空间配置之间的相关关系显著。

表 5-5　各省区市第二、三产业产值变化与劳动力人口变化相关系数

产值变化	第二产业产值变化	第三产业产值变化	劳动力人口变化
第二产业产值变化	1.000	—	—
第三产业产值变化	0.924***	1.000	—
劳动力人口变化	0.700***	0.552***	1.000

第一，从经济社会发展的演进逻辑来看，自中国改革开放伊始，中国劳动力的东部迁移和集聚，促进了中国产业的东部集群化发展，推动了中国制造业的迅速发展和中国经济的迅速崛起。一方面，20 世纪 70 年代，立足于中国现实经济运行、人民生活需求的现实考虑而实施的改革开放，解放了农村剩余劳动力，促进了其向城市非农产业配置，加之沿海经济特区的开放，经济政策、资源要素大的虹吸效应，进而引起与制造业密切相关的仓储、运输、服务等各产业的东部集群和集聚；另一方面，随着经济的进一步发展和社会生活水平的进一步提升，中、西部劳动力逐渐向东部配置和集聚，由此使东部地区具备了强劳动力资源的区域性工资优势不断被东部地区过高的生活成本稀释，劳动力的配置速度、规模以及结构均由向东部的单极化和单一化集聚向中西部多元化、多核化分散集中和配置，同时伴随着中西部地区的技术进步，东部地区部分产业在市场竞争机制中逐步向中西部集聚，形成了与中西部地区劳动力结构和素质相互匹配的产业结构。

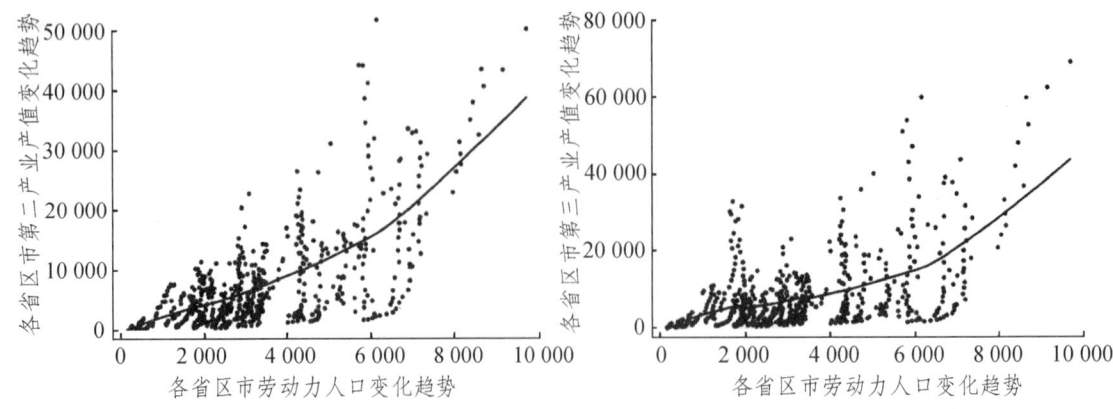

图 5-7　2000—2021 年各省区市第二、三产业与劳动力人口相关关系图

第二，从国家战略规划的政策逻辑来看，一方面，自 20 世纪 90 年代，社会主义市场经济制度逐步确立和完善，企业更加自主地以利润最大化和成本最小化进行区位选择，更有力地使企业在空间上集聚化发展，形成了产业的空间集聚，从而改变了产业的空间布局，形成了产业集聚，这种产业的空间集聚又进一步促进了劳动力资源在区域之间的流动和集中；另一方面，进入 21 世纪后，为缩小东中西部的发展差距，国家先后实施了一系列能显著推进区域协调发展的国家战略，这标志着中国经济和产业布局向"多区域集中"和"多极化集聚"转变。加之中国经济发展面临的"新常态"和"三期叠加"新背景，节能减排、集约式发展方式成为产业发展和区域产业布局首要考虑因素。这种区域选择性的产业结构调整和优化，必然对劳动力流动的方向、规模、结构产生巨大影响。

第三，从区域经济地理的理论逻辑来看，一方面，依据新经济地理理论，产业集聚的根本动因在于经济主体对于外部环境成本优势的动态判断，以此做出的利润最大化决策，其中最为重要的成本之一即劳动力成本。因此，从这一角度来说，劳动力资源存量的大小、流量的多少、素质的高低以及结构的优劣将对产业集聚规模产生巨大影响。另一方面，依据人口迁移理论，劳动力空间配置与迁移的根本动因在于劳动者对于迁移过程的成本与收益对比。而这种成本和收益不仅包括经济方面的考量，更在于劳动者自身心理因素的权衡，而区域产业发展、产业结构调整以及由此引起的产业在空间上的集聚，将会直接影响劳动力迁入迁出两地之间经济发展的横向对比，由此引发劳动者对其自身流动的深入思考，从而影响区域之间劳动力资源配置的结构变化。

二、产业多极化集聚水平测度与时空演化

（一）产业多极化集聚水平测量方法和数据来源

对产业集聚水平的衡量，学术界多根据研究目的导向，构建不同指标，并采用多种指标进行测度，如行业集中度（谢光华、郝颖等，2019；任江鸿、陈方等，2021）、区位熵、赫芬达尔-赫希曼指数（张公嵬，2010；刘涛、刘均卫，2018）、空间基尼系数等指标。依据前文认为产业多极化集聚"是一个具有时间和空间两个维度的动态经济变化过程"，它往往"伴随着产业生产功能在多个地理空间上的集聚，其主要特征和衡量指标在于城市区域产业集聚程度在地理空间和地区分布之间的相对变化"这一主要特性的界定。同时，本书充分借鉴产业发展水平相对份额比重

（冯根福、刘志勇等，2010；刘友金、曾小明，2018；李健、赖文杰，2021；李春梅，2021）变化的思想，认为产业区位熵"相对份额"变动是衡量各省区市区域之间产业多极化集聚水平动态变化更加科学合理的测度原则。基于此，本书定义各区域各产业多极化集聚水平变动的计算公式如下：

$$IND_{c,i,t} = \frac{b_{c,i,t_0}}{\sum_{i=1}^{n} b_{c,i,t_0}} \bigg/ \frac{\sum_{c=1}^{m} b_{c,i,t_0}}{\sum_{c=1}^{m}\sum_{i=1}^{n} b_{c,i,t_0}} - \frac{b_{c,i,t}}{\sum_{i=1}^{n} b_{c,i,t}} \bigg/ \frac{\sum_{c=1}^{m} b_{c,i,t}}{\sum_{c=1}^{m}\sum_{i=1}^{n} b_{c,i,t}} \quad (5.2)$$

式中，$IND_{c,i,t}$ 代表 i 区域 c 行业第 t 年的多极化集聚水平[①]；b_{c,i,t_0}，$b_{c,i,t}$ 分别表示表 i 区域 c 行业基数 t_0 年和第 t 年的生产总值；$\sum_{i=1}^{n} b_{c,i,t}$ 表示 c 行业第 t 年的全国产值；$\sum_{c=1}^{m} b_{c,i,t}$ 表示 i 区域第 t 年所有考察产业产值之和。在上述公式中，若 $IND_{c,i,t}>0$，则表明第 t 年 i 区域 c 行业呈现产业空间分布的多极化集聚态势，反之则为产业单一化集聚态势。

根据魏玮等（2011）的研究，中国区际之间产业空间分布的规模化变动主要从2004年开始。因此，为了更好地反映和阐述中国产业多极化集聚的实际情况，本书利用2006—2021年《中国工业年鉴》（2013年之前为《中国工业经济统计年鉴》）、《中国高技术产业统计年鉴》、《中国统计年鉴》，以及各省区市《统计年鉴》和《统计公报》中的产业数据，并选取各区域2003年产业数据为基期数据，按照上述产业多极化集聚水平测算公式计算和描述中国31个省区市（因台湾、香港、澳门三地数据无法获取，因此在本书分析中，排除对三地的分析）的产业多极化集聚状况与时空特征。

另外，对于产业类别的选取，考虑本书产业多极化集聚与劳动力空间配置的研究主题，加之为了《中国工业统计年鉴》在2013年更名前后产业划分标准的相互统一，以及考虑《中国高技术产业统计年鉴》中高技术产业划分数据的可得性、完整性和统一性，本书筛选农副食品加工业、食品制造业、纺织业、纺织服装服饰和制鞋业、通用设备制造业、煤炭开采和洗选业、石油和天然气开采业、专用设备制造业、电气机械和器材制造业、电热力生产和供应业、运输设备制造业、医药制造业、电子及通信设备制造业、计算机及办公设备制造业、医疗仪器设备及仪器仪表制造业、信息化学品制造业等共计16个行业，通过利用各行业主营业收入代替产业产值，分别测算产业多极化集聚水平。需要说明的是，本书选取的"纺织服装服饰和制鞋业"行业数据由"纺织服装、服饰业"和"皮革、毛皮、羽毛及其制品和制鞋业"两行业数据横向加总而得；而"运输设备制造业"则由"汽车制造业"和"铁路、船舶、航空航天和其他运输设备制造业"两行业加总而得。数据测算和统计结果包含2005—2020年共计16年并涉及中国31个省区市16个行业地域空间集聚情况，因此数据较多且时间序列较长，限于篇幅，其测算结果不在正文完整展示（见附录二）。同时为了进一步反映不同类型产业多极化集聚与劳动力空间配置之间相互作用的差异，本书借鉴李未无（2009）、陈景新（2014）、徐万刚（2021）等的研究结论以及《中国高技术产业统计年鉴》的划分标准，将上述16个行业划分为劳动密集型产业、资本密集型产业和技术密集型产业。其中，劳动密集型产业包括农副食品加工业、食品制造业、纺织业、纺织服装服饰和制鞋业、通用设备制造业5个行业；资本密集型产业包括煤炭开采和洗选业、石油和天然气开采业、

[①] 这一测度指标能够完全反映某城市某一行业在全国同一行业比重的变化趋势，从而反映该行业在城市的集聚变化趋势。该值越大，意味着相对于全国其他城市而言，该城市该行业的发展更多趋向多区域、多中心集聚，反之亦然。

专用设备制造业、电气机械和器材制造业、电热力生产和供应业5个行业；技术密集型产业包括运输设备制造业、医药制造业、电子及通信设备制造业、计算机及办公设备制造业、医疗仪器设备及仪器仪表制造业、信息化学品制造业6个行业。

（二）区域产业多极化集聚水平趋势分析和时空演化

为反映31个省区市各地区产业多极化集聚的整体水平，本节针对前文所列的16个行业，采用各省区市各行业2005—2020年多极化集聚水平测算结果（附表二）与各行业权重的乘积作为各省区市产业多极化集聚整体情况的综合指标加以测度。其中，权重的选取采用熵值法进行计算获得。另外，需要说明的是，在熵值法计算过程中，本书认为劳动密集型行业的集聚对于集聚城市而言，其带来的经济效应远低于非劳动密集型行业的集聚，因此其指标方向为负（见表5-6）。

表5-6 各行业整体多极化集聚水平的指标属性

产业类别	具体产业	正负属性	权重
劳动密集型产业	农副食品加工业	—	0.034
	食品制造业	—	0.041
	纺织业	—	0.031
	纺织服装服饰和制鞋业	—	0.043
	通用设备制造业	—	0.072
资本密集型产业	煤炭开采和洗选业	+	0.042
	石油和天然气开采业	+	0.019
	专用设备制造业	+	0.118
	电气机械和器材制造业	+	0.086
	电热力生产和供应业	+	0.097
技术密集型产业	运输设备制造业	+	0.046
	医药制造业	+	0.016
	电子及通信设备制造业	+	0.043
	计算机及办公设备制造业	+	0.202
	医疗仪器设备及仪器仪表制造业	+	0.078
	信息化学品制造业	+	0.029

通过上述方法测算，自2005年以来，从空间上看，中国产业由东、中部沿海集中逐步向西部内陆、西南部边疆以及东北部老工业多地区集聚的态势，且整体产业集聚呈现典型的多区域分散式集中特征，既由早期的单一地区集中向多地区、多方向集聚方式转变。由图5-8可知①，2005年，

---

① 为便于分析，本文根据（5.2）式计算的产业集聚水平，将各省区市的产业集聚态势按照以下类别进行划分：产业集聚水平<0，即为产业多极化集聚分布地区；0<产业集聚水平<0.02，即为产业单一化集聚一般地区；0.02≤产业集聚水平<0.05，即为产业单一化集聚次要地区；产业集聚水平≥0.5，即为产业单一化集聚主要地区。

第五章 产业多极化集聚、劳动力空间配置对经济高质量发展的测度与时空演化

中国除吉林、西藏、青海、湖北、湖南、海南、河北、上海、广西、广东、河南、江苏、江西等沿边沿江沿海地区产业集聚水平大于0，呈现产业单一化集聚态势，其余地区均为产业多极化集聚分布区域；到2010年，国内产业单一化集聚的主要地区包括新疆、西藏、青海、海南、宁夏、湖南、江西、江苏、上海、吉林，较2005年，湖北、河北、河南、安徽等地产业单一化集聚程度明显下降；再到2015年，产业多极化集聚地区数量明显增加，包括甘肃、陕西、四川、重庆、贵州、广西、黑龙江、安徽、天津等地；最后到2020年，中国除吉林、辽宁、北京、山西、河南、山东、上海、云南、广东、福建等地区依然处于产业单一化集聚发展态势，其余地区均表现出明显的产业多极化集聚趋势，其中主要单一化集聚地区主要包括新疆、西藏、青海、四川、重庆、湖北、安徽、江苏、黑龙江、内蒙古、天津等地，产业在空间区域的整体演化，意味着中国产业发展由"东部集中"形式向多区域协调、"多极化集聚"转变态势显著呈现，产业分布由"单中心极化驱动"向"多地区分散集聚联动"空间布局已然形成。从时间上看，2005—2020年以来，一方面，中国仅辽宁、北京、福建、云南、山东、山西等地持续处于产业单一化集聚发展状态，且产业单一化集聚程度逐年增加，如辽宁产业单一化集聚程度由2005年的0.037升至2020年的0.236，福建从2005年的0.027升至2020年的0.108，北京则从2005年的0.185升至2020年的0.433。另一方面，西藏、江苏、江西、广西、海南、青海等地区则一直处于产业多极化集聚状态，且集聚态势和水平不断提升，2005—2020年，青海产业多极化集聚水平从0.045升至0.411，海南从0.018升至0.062，江苏从0.073升至0.109。而对于国内其他地区的产业集聚态势，大部分表现为"U"形特征①，也即产业布局呈现先单一化集聚分布、后多极化空间集聚演变态势，如重庆产业集聚水平先由2005年单一化集聚水平0.013升至2010年的0.105，再逐渐过渡到2015年多极化集聚水平的0.551，最后升至2020年的0.679；又如天津从2005年0.071单一化集聚水平升至2014年的0.603，再逐年转变为多极化集聚，至2020年，该地区多极化集聚水平升至0.289。综上，中国区域产业的时空变化反映出，随着中国产业结构不断调整，区域产业不断优化升级，产业布局在不同区域之间随着产业发展政策不断实施而产生了不同的牵引动力，进而引起了产业多区域的不同程度多极化集聚，为后续中国产业结构整体调整和升级、产业布局规划以及经济协调发展均提供了科学的趋势判断和决策借鉴。

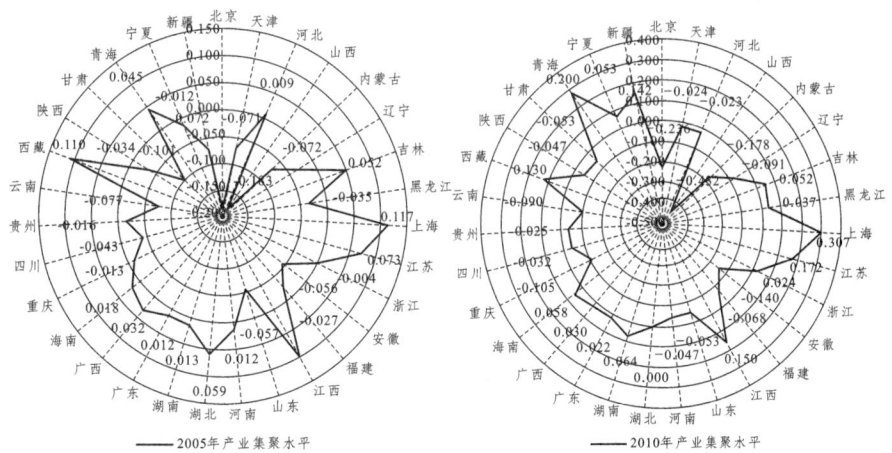

---

① 包括黑龙江、新疆、宁夏、安徽、浙江、贵州、天津、甘肃、陕西、内蒙古、重庆、四川等地区。

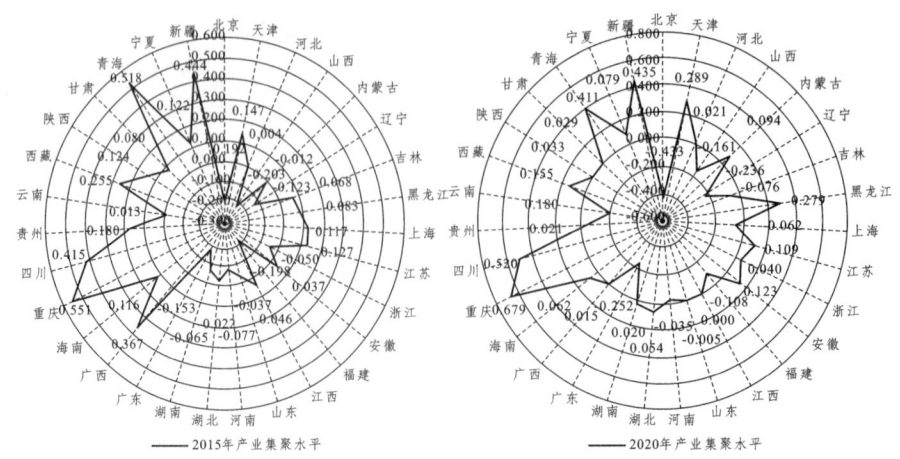

图 5-8　2005—2020 年全国各省区市产业集聚水平演化图

三、城市劳动力空间配置状态测度与时空演化

（一）城市劳动力空间配置的现存问题与影响因素

如前文所述，改革开放以来，中国劳动力空间配置态势先后经历了"东部发达地区劳动力配置规模扩大""东部地区、中心城市劳动力空间集聚加剧""东部地区集聚放缓、大中小城市与小城镇劳动力双向空间配置"3 个阶段。随着"新常态"和"三期叠加"经济发展时期的到来、中国经济发展方式的逐步转型、产业布局的逐步调整，中国现有劳动力空间配置基本面的各种特征、趋势、问题及影响因素，必然会对未来中国城市劳动力市场完善、产业政策、社会经济发展产生重大影响。

1. 中国城市劳动力空间配置的现存问题

第一，劳动力区际空间配置刚性明显存在。改革开放以来，要素与资源不断向东部沿海地区集中，使东部地区城市经济迅速发展，城市和人口规模不断扩大。进入 21 世纪之后，随着这些地区要素成本不断提升、投资边际效率逐步递减、资源与能源的环境约束变大，东部沿海地区经济发展和产业布局规划瓶颈愈发明显，部分产业的中西部转移逐步展开，中西部产业不断集聚态势逐渐显现。然而，与新古典经济学对劳动要素自由配置和外生性假定不同，中国劳动力空间配置态势伴随着中国经济转型和产业中西部多区域集聚过程，具有典型的阶段性特征，其在向东部发达地区配置和集中过程中，并未随着产业的中西部内迁和集聚而大规模回流，而是形成了一定的"劳动力空间配置刚性"，导致劳动力在空间区域分布上的不平衡。劳动力由发达地区向欠发达地区的空间配置刚性，必然引起欠发达地区劳动力供给的有限增加，一定程度上延缓和限制了产业中西部多区域集聚的进程和规模，同时也必将使企业在考虑产业由高势能发达地区单方向集中向低势能欠发达地区多区域集聚过程中，用资本和技术等要素替代劳动，从而形成非劳动密集型产业的生产安排。另外，劳动力空间配置刚性的存在，使发达地区劳动供给规模依然巨大，其过多供给必然降低企业生产工资成本，变相延长了产业生命周期，从而进一步固化了区际之间劳动力配置刚性（樊士德、沈坤荣等，2015）。

第二，劳动力城乡空间配置障碍依然明显。随着城市化进程的不断推进，交通运输网络的不断完善，信息技术的不断更新，城乡之间众多屏障被逐步打破，但不可否认的是，农村劳动力向城市流动与配置障碍依然存在。一是户籍的限制。城乡户籍登记制度不仅体现了城乡居民居住地区环境的差异，更反映了城乡之间公共福利水平的差异。因此，农村劳动力在向城市配置过程中，医疗、卫生、教育等一系列公共福利和服务均会对其配置状态的改变、规模的扩大、结构的优化形成较大阻碍（曹晖、罗楚亮，2022）。二是职业技能的缺乏。由于农村地区技能教育和职业培训严重不足，农村劳动力缺乏必要职业技能，不能满足城市职业岗位高技术标准的要求，从而使其很难适应城市区域职业环境和生活模式（林娣，2014；罗明忠、唐超等，2020）。三是就业机会不足。由于城市地区较高的通勤成本、生活成本与生产成本，处于城市地区的大部分企业和部门必然要求较高的回报率和利润率，进而追求生产效率较高的劳动力资源，这一要求必然压缩了农村劳动力在城市区域可获得的就业空间。四是社会保障制度有待完善。城乡劳动力空间配置意味劳动者社会保障关系网络的变更，而现有保障体系和管理体制并未形成有效衔接，使城乡劳动力流动成本较高、风险较大，阻碍了城乡劳动力空间配置（何秀玲、郭文鹏，2020）。

第三，部门劳动力错配程度居高不下。生产部门劳动力错配程度居高不下，除部分原因是教育培训系统的不尽合理，缺乏与产业发展需求同步的教育培训体系，更重要的原因是劳动力在城市和部门之间匹配过程中的制度性障碍。一是城市劳动力配置不足。由前文可知，劳动力空间配置刚性使欠发达地区劳动力外流规模过大，导致这些地区城市劳动力供给数量较少、供给结构不合理、配置效率低下等一系列问题屡见不鲜，严重阻碍劳动力资源在不同生产部门的有效配置。二是行业分割。在城市区域不同行业之间，由于劳动者能力的异质性，劳动能力和技能接近的劳动者在相同行业大规模集聚（田柳、周云波等，2018），形成不同行业不同劳动力供需状况；同时不同行业之间的劳动者存在明显的系统性差异，也使劳动力资源被不同行业完全割裂开来，无法在行业之间进行自由高效配置，从而导致部门劳动力错配。三是企业管理制度不规范。企业组织是劳动力匹配的最小单元，其人才管理与用工制度的合理程度对劳动力资源的高效利用具有显著影响（梁琦、王斯克，2019；乔小乐、宋林，2022），而在现行大部分企业组织中，对劳动力的匹配并未完全考虑劳动资源的潜在优势，从而导致劳动力部门错配问题出现。

2. 中国城市劳动力空间配置的影响因素

如前文所述，学界对于劳动力空间配置影响因素的分析大致可分为个人因素、经济因素与社会因素。结合本书的研究目的和对中国劳动力空间配置的现实考量，本书认为城市产业发展水平和结构布局、劳动工资水平、城市住房条件与地理空间距离是影响城市间劳动力空间配置的关键因素。

首先，城市产业发展水平和结构布局直接决定了城市劳动力的就业空间大小、需求规模与结构。城市产业发展遵循由一产向二产，再向三产过渡的基本原理。因此，第二、三产业较为发达的城市地区对劳动力需求规模较大，劳动者就业空间广阔，能吸引更多外来劳动力，极大地促进了城市间劳动力空间流动和配置。其次，纵观自改革开放以来中国劳动力空间流动和配置的历史脉络，大规模的劳动力空间流动和配置的根本原因在于劳动者个人对于高工资报酬的理性追逐，特别是随着东部地区的快速发展，逐步扩大的东、中西部经济差距和工资差距，更大程度、更大范围、更大规模地刺激了中西部地区劳动力的东部转移和空间配置。再次，城市住房、交通、医疗卫生、教育等城市公共服务设施水平，直接影响城市劳动力空间配置规模和结构，特别是城市住房条件的改善和优化，对高素质高层次人才具有较强的吸引力，而交通和医疗卫生服务水平则决定了城市流入劳动力的生活成本和生活质量，教育水平决定了城市外来人口家庭生活成本，以及城市人力资本的延续与积累。最后，城市之间的地理空间距离也是城市劳动力空间配置的重要影响因素之一。近年来，中国高铁网络发展迅速，很大程度上缩短了城市之间的通勤时间，拉近了城际距离。但不可否认的是，城市之间不同工作节奏、生活方式、文化氛围等因素对于城际劳动力空间配置依然有巨大影响。

（二）城市劳动力空间配置状态测度方法和数据来源

如前文所述，目前学界对于劳动力空间配置状态的测度一般根据各自研究目的，分别采取微观调研指标和宏观统计指标两种方式。如微观调研的家庭劳动力流动人数（尹志超、刘泰星，2021）、以年为单位计算的家庭外出工作人数（尹志超、刘泰星，2020）等；再如宏观统计指标的人口迁入率（樊士德、金童谣，2021）、基于引力模型的劳动力资源配置变动量（白俊红、王钺等，2017）等。但纵观已有文献研究，对劳动力空间配置进行全面、准确、持续性统计的数据分析相对较少，已有的微观调研数据会因其调研对象的选取而不具备全国劳动力空间配置现状测度和研究的代表性，而相应的宏观指标数据往往只关注城市或地区劳动力的存量变化，对引起劳动力空间配置的影响因素考虑不多。另外，一些采用引力模型度量劳动力空间配置变动状况的文献资料，则因其没有考虑全国范围内劳动力的空间双向配置而不具备数据的全面、准确性。基于此，根据本书研究主题与目的，结合前文对劳动力空间配置做出的"城市内部劳动力资源出于经济性（更高的工资收入、更低的居住成本）和非经济性（流动距离）目的，由原有城市空间向其他城市空间转移和重新配置的过程"概念界定，同时考虑城市劳动力资源在城市之间流入流出的双向空间配置，本书定义各城市劳动力空间配置状态的测度公式如下：

$$lab\_inf_{i,t} = LA_{i,t} \times ldf_{i,t} \qquad (5.3)$$

$$LA_{i,t} = \frac{L_{i,t}/G_{i,t}}{L_t/G_t} \qquad (5.4)$$

$$ldf_{i,t} = \sum_{j=1}^{n} labmob_{ji,t} \qquad (5.5)$$

$$labmob_{ji} = \begin{cases} \ln(w_i - w_j) \times \dfrac{1}{\ln(|p_i - p_j|)} \times \dfrac{1}{\ln M_{ij}}, w_i \geqslant w_j \text{且} p_i \geqslant p_j \\ \ln(\dfrac{1}{|w_i - w_j|}) \times \dfrac{1}{\ln(|p_i - p_j|)} \times \dfrac{1}{\ln M_{ij}}, w_i \leqslant w_j \text{且} p_i \geqslant p_j \\ \ln(w_i - w_j) \times \ln(p_j - p_i) \times \dfrac{1}{\ln M_{ij}}, w_i \geqslant w_j \text{且} p_i \leqslant p_j \\ \ln(\dfrac{1}{|w_i - w_j|}) \times \ln(p_j - p_i) \times \dfrac{1}{\ln M_{ij}}, w_i \leqslant w_j \text{且} p_i \leqslant p_j \end{cases} \quad (5.6)$$

式中，各城市劳动力空间配置状态（$lab\_inf_{i,t}$）采用各城市劳动力区位熵（$LA_{i,t}$）和其他城市对该城市劳动力空间配置影响因子（$ldf_{i,t}$）的乘积进行度量，其乘积数值越小，表明城市 i 获得的劳动力空间配置强度越高。$L_{i,t}$ 表示 i 城市劳动力人数，由于本书反映的是城市层面劳动力人数，在现有统计资料中并无这一数据，为此采用各城市市辖区年末单位从业人员数、城镇私营和个体从业人员与年末城镇登记失业人员数之和进行度量；$G_{i,t}$ 表示 i 城市市辖区人口数，为了与本书选取的城市劳动力人数度量范围和口径相一致，本书以每一城市城镇辖区人数进行度量；L_t / G_t 表示第 t 年全国城市平均劳动力占比。

$labmob_{ji}$ 表示从 j 城市对 i 城市的劳动力资源空间配置因子，w_i、w_j 分别表示 i，j 城市全市职工平均工资，p_i，p_j 分别表示 i 城市和 j 城市的商品房平均销售价格，M_{ij} 表示 i 城市和 j 城市之间的地理距离，基于各城市的经纬度计算得出。

由 $labmob_{ji}$ 的表达式可知，劳动力资源向城市空间配置的核心因素在于城市之间劳动力平均工资的差异程度，同时城市之间的商品房平均销售价格也对其产生一定影响。其中，城市职工平均工资作为影响劳动力空间配置的核心变量，决定劳动力空间配置的方向（根据计算出的数值，正数表示 j 城市对 i 城市劳动力配置程度增加，同时也意味着 i 城市对 j 城市的配置能力相对较弱，且数值越大，能力越弱；负数则反之）；而商品房销售价格作为影响劳动力空间配置的重要变量，决定劳动力空间配置的幅度；两城市的距离作为影响劳动力空间配置的第三个因素，距离越远，配置强度越少，反之亦然。

为更好地反映中国各城市劳动力空间配置情况，本书利用 2006—2014 年《中国区域经济统计年鉴》，2006—2021 年《中国人口和就业统计年鉴》《中国城市统计年鉴》《中国统计年鉴》、各省市地区《统计年鉴》和《统计公报》以及国家信息中心宏观经济与房地产数据库中的劳动力、工资水平与商品房价格等数据，按照上述城市劳动力空间配置状态测算公式计算和描述中国 31 个省区市（因台湾、香港、澳门三地数据无法获取，因此在本书分析中，排除对三地的分析）的劳动力空间配置程度与时空特征。

（三）城市劳动力空间配置状态趋势分析和时空演化

为反映中国各城市劳动力空间配置的整体状况，并充分考虑数据可得性原则，本书共选取全国289个地级市及以上城市①作为研究样本,并连续考察2005—2020年共计16年所选城市样本的劳动力空间配置状况和空间演化。

通过上节所述方法测算,从时间序列来看,2005—2020年所考察的289个城市中仅有北京、上海、南京、深圳、长沙、鄂尔多斯、嘉峪关、银川、大庆、东营、克拉玛依11个城市表现出明显的劳动力空间流入状态;所有年份均表现劳动力空间流出状态的城市共有145个,占比50.2%;另外,133个城市劳动力空间配置则表现为空流入与空间流出状态的相互切换(其中,80个城市由劳动力空间流出状态变为劳动力空间流入状态,53个城市由劳动力空间流入状态变成劳动力空间流出状态)②,如表5-7所示。同时,2005—2020年所观察城市样本中有184个城市劳动力空间配置程度明显加大(其中,32个城市空间流入程度加大,152个城市空间流出程度加大),另外105个城市劳动力空间配置程度逐年减小(其中,22个城市空间流入程度减小,83个城市空间流出程度减小),如图5-9所示。从空间分布来看,劳动力空间流入状态城市布局由点状分布逐步向块状分布变化,空间格局由零星分散发展逐步向区域空间集聚式发展转变,区域变化由东部沿海部分城市(如深圳、广州、宁波、上海)、北部零星城市(如北京、东胜、包头、大庆)等地区的局部集中逐步向东部地区(上海、苏州、威海、深圳、广州等)、西北地区(如兰州、张掖、固原、吴忠、中卫等)、西南地区(如华蓥、成都、德阳、贵阳、遵义、南宁、柳州等)、中部地区(如武汉、长沙、宜昌、株洲等)多区域、多方向的多中心空间集聚态势变化。由此逐渐形成了我国城市劳动力广范围空间配置、宽领域空间互通、多层次空间分布、多中心空间集聚

---

① 289个地级及以上城市包括:北京、天津、重庆、上海4个直辖市;河北的:石家庄、唐山、秦皇岛、邯郸、邢台、保定、张家口、承德、沧州、廊坊、衡水;山西的:太原、大同、阳泉、长治、晋城、朔州、晋中、运城、忻州、临汾、吕梁;内蒙古的:呼和浩特、包头、乌海、赤峰、通辽、鄂尔多斯、呼伦贝尔、巴彦淖尔、乌兰察布;辽宁的:沈阳、大连、鞍山、抚顺、本溪、丹东、锦州、营口、阜新、辽阳、盘锦、铁岭、朝阳、葫芦岛;吉林的:长春、吉林、四平、辽源、通化、白山、松原、白城;黑龙江的:哈尔滨、齐齐哈尔、鸡西、鹤岗、双鸭山、大庆、伊春、佳木斯、七台河、牡丹江、黑河、绥化;江苏的:南京、无锡、徐州、常州、苏州、南通、连云港、淮安、盐城、扬州、镇江、泰州、宿迁;浙江的:杭州、宁波、温州、嘉兴、湖州、绍兴、金华、衢州、舟山、台州、丽水;安徽的:合肥、芜湖、蚌埠、淮南、马鞍山、淮北、铜陵、安庆、黄山、滁州、阜阳、宿州、六安、亳州、池州、宣城;福建的:福州、厦门、莆田、三明、泉州、漳州、南平、龙岩、宁德;江西的:南昌、景德镇、萍乡、九江、新余、鹰潭、赣州、吉安、宜春、抚州、上饶;山东的:济南、青岛、淄博、枣庄、东营、烟台、潍坊、济宁、泰安、威海、日照、莱芜、临沂、德州、聊城、滨州、菏泽;河南的:郑州、开封、洛阳、平顶山、安阳、鹤壁、新乡、焦作、濮阳、许昌、漯河、三门峡、南阳、商丘、信阳、周口、驻马店;湖北的:武汉、黄石、十堰、宜昌、襄阳、鄂州、荆门、孝感、荆州、黄冈、咸宁、随州;湖南的:长沙、株洲、湘潭、衡阳、邵阳、岳阳、常德、张家界、益阳、郴州、永州、怀化、娄底;广东的:广州、韶关、深圳、珠海、汕头、佛山、江门、湛江、茂名、肇庆、惠州、梅州、汕尾、河源、阳江、清远、东莞、中山、潮州、揭阳、云浮;广西的:南宁、柳州、桂林、梧州、北海、防城港、钦州、贵港、玉林、百色、贺州、河池、来宾、崇左;海南的:海口、三亚;四川的:成都、自贡、攀枝花、泸州、德阳、绵阳、广元、遂宁、内江、乐山、南充、眉山、宜宾、广安、达州、雅安、巴中、资阳;贵州的:贵阳、六盘水、遵义、安顺、毕节、铜仁;云南的:昆明、曲靖、玉溪、保山、昭通、丽江、普洱、临沧;西藏的:拉萨;陕西的:西安、铜川、宝鸡、咸阳、渭南、延安、汉中、榆林、安康、商洛;甘肃的:兰州、嘉峪关、金昌、白银、天水、武威、张掖、平凉、酒泉、庆阳、定西、陇南;青海的:西宁、海东;宁夏的:银川、石嘴山、吴忠、固原、中卫;新疆的:乌鲁木齐、克拉玛依。

② 按测算结果,本节将城市劳动力流动状态划分为4种类型:一是流入状态,其判断标准为在所观测的16年中,有13年均处于劳动力流入状态,且近5年时间(2016—2020年)均为流入状态;二是流出状态,其判断标准为在所观察的16年中,所有年份均为流出状态;三是流出转流入状态,其判断标准为在第一类和第二类剩余城市中,近3年(2018—2020年)劳动力流动有流入状态的城市;四是流入转流出状态,除以上3个类别外的城市。

独特特征的时空演进态势（见图5-10）。

表5-7 2005—2020年各城市劳动力空间配置态势类别

空间配置态势类别	城市名称
空间流入状态	北京、鄂尔多斯、大庆、上海、南京、东营、长沙、深圳、嘉峪关、银川、克拉玛依
空间流出状态	石家庄、唐山、秦皇岛、邯郸、邢台、保定、张家口、承德、廊坊、衡水、太原、晋中、运城、忻州、临汾、通辽、巴彦淖尔、抚顺、丹东、锦州、营口、阜新、辽阳、铁岭、朝阳、葫芦岛、长春、吉林、四平、辽源、通化、白山、白城、哈尔滨、齐齐哈尔、鸡西、双鸭山、伊春、佳木斯、七台河、牡丹江、黑河、绥化、徐州、连云港、淮安、盐城、泰州、宿迁、嘉兴、湖州、绍兴、金华、合肥、芜湖、蚌埠、铜陵、安庆、黄山、滁州、阜阳、宿州、六安、池州、福州、莆田、漳州、南平、宁德、南昌、景德镇、萍乡、九江、赣州、吉安、宜春、抚州、上饶、枣庄、潍坊、泰安、日照、临沂、德州、聊城、滨州、郑州、开封、洛阳、安阳、新乡、濮阳、南阳、商丘、周口、驻马店、黄石、十堰、襄阳、孝感、荆州、黄冈、咸宁、随州、株洲、衡阳、邵阳、岳阳、常德、益阳、郴州、永州、怀化、汕头、佛山、江门、湛江、茂名、肇庆、梅州、汕尾、河源、阳江、潮州、揭阳、云浮、桂林、梧州、钦州、贵港、海口、三亚、遂宁、内江、达州、雅安、巴中、资阳、保山、咸阳、渭南、商洛、天水、武威、陇南
空间流出转空间流入状态	晋城、朔州、包头、乌海、呼伦贝尔、乌兰察布、本溪、盘锦、无锡、苏州、扬州、镇江、衢州、丽水、淮南、厦门、三明、泉州、龙岩、新余、鹰潭、济南、青岛、烟台、威海、菏泽、鹤壁、许昌、漯河、三门峡、武汉、宜昌、鄂州、荆门、湘潭、广州、韶关、珠海、南宁、柳州、北海、防城港、河池、成都、自贡、攀枝花、德阳、绵阳、广元、乐山、南充、眉山、宜宾、广安、六盘水、遵义、安顺、毕节、铜仁、玉溪、昭通、丽江、普洱、临沧、拉萨、西安、宝鸡、榆林、兰州、金昌、白银、张掖、平凉、庆阳、西宁、海东、石嘴山、吴忠、固原、中卫
空间流入转空间流出状态	天津、沧州、大同、阳泉、长治、吕梁、呼和浩特、赤峰、沈阳、大连、鞍山、松原、鹤岗、常州、南通、杭州、宁波、温州、舟山、台州、马鞍山、淮北、亳州、宣城、淄博、济宁、莱芜、平顶山、焦作、信阳、张家界、娄底、惠州、清远、东莞、中山、玉林、百色、贺州、来宾、崇左、重庆、泸州、贵阳、昆明、曲靖、铜川、延安、汉中、安康、酒泉、定西、乌鲁木齐

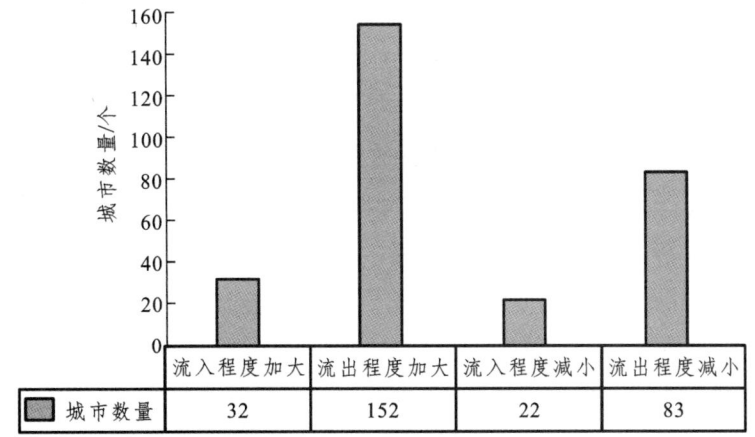

图5-9 2005—2020年城市劳动力空间配置程度的变化情况与城市数量

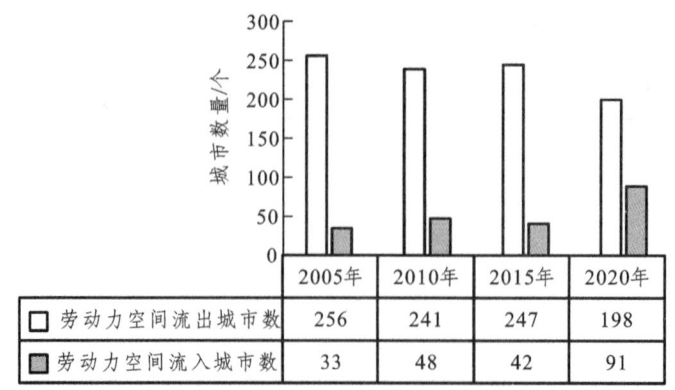

图 5-10 2005—2020 年城市劳动力不同空间配置状态城市数量变化图

四、城市经济高质量发展水平的测度与时空演化

（一）城市经济高质量发展水平指标体系构建和测度方法选取

1. 指标体系构建

由前文可知，对于经济高质量发展的测度，大致分为单指标测度和多指标测度两大类别，其中多指标测度作为经济高质量发展的主要测度方法被学界广泛接受和使用。本书认为，城市经济高质量发展作为衡量城市经济发展的全局领域和整体情况，必须具备全面性、科学性和综合性，同时认为经济的高质量发展在追求经济增长速度和总量时，不仅强调经济发展效率的提升，更需要关注经济发展的创新、协调、绿色、开放、共享等一系列问题。基于上述分析，本书将通过构建包含创新、协调、绿色、开放、共享 5 个维度共计 43 个具体指标的指标体系（见表 5-8），对所选取的 289 个城市经济高质量发展综合水平进行测度。

表 5-8 城市经济高质量发展水平测度指标体系

一级指标	二级指标	具体指标	计算方法	正负属性	指标权重
创新发展	创新潜力	人均受教育年限	（小学受教育人数×6+中学受教育人数×12+大学及以上受教育人数×16）/总人数	+	0.001
		高层次人才	普通高等学校在校学生数/总人口	+	0.030
		研发人员情况	每百万人研发人员数	+	0.039
	创新投入	创新投入	地方公共预算中科学技术支出/GDP	+	0.123
		R&D 强度	R&D 投入/GDP	+	0.040
		人均专利占有量	专利授权数量/总人口	+	0.060

续表

一级指标	二级指标	具体指标	计算方法	指标属性 正负属性	指标权重
创新发展	创新效率	全要素生产率	DEA 方法计算①	+	0.003
		劳动生产率	GDP/总人口	+	0.022
		资本生产率	GDP/固定资产投资额	+	0.008
		土地生产率	GDP/占地面积	+	0.003
协调发展	区域协同	地区经济差距	城市人均 GDP/省会城市人均 GDP	+	0.010
		地区产业协调	第二、三产业结构变动度	+	0.000
		地区产业高级化	三产与二产产值比重	+	0.008
		地区公共服务差距	城市人均公共预算支出/省会城市人均公共预算支出	+	0.016
	城乡协同	城市化水平	城镇人口/总人口	+	0.005
		城乡收入比	城乡村居民人均可支配收入比	−	0.000
		城乡二元对比系数	（第一产业增加值占比/第一产业就业人员占比）/（第二、三产业增加值占比/第二、三产业就业人员占比）	+	0.044
		城乡消费比	城乡村居民人均消费比	−	0.001
绿色发展	资源利用	单位 GDP 电耗	全社会用电量/GDP	−	0.000
		单位 GDP 煤气供气使用量	全社会煤气供气使用量/GDP	−	0.000
		单位 GDP 液化石油气使用量	全社会液化石油气使用量/GDP	−	0.000
	环境保护	单位 GDP 工业废水排放量	工业废水排放量/GDP	−	0.000
		单位 GDP 工业烟（粉）尘排放量	工业烟（粉）尘排放量/GDP	−	0.000
		生活垃圾无害化	生活垃圾无害化处理率	+	0.002
		城市绿化覆盖率	城市建成区绿化覆盖面积/城市建成区面积	+	0.002
开放发展	外商投资	外资利用水平	实际使用外资金额	+	0.063

① 投入指标包括：劳动力资源［采用各城市年末单位从业人员数、城镇私营和个体从业人员与年末城镇登记失业人员数（年末城镇登记失业人员数虽然不是直接投入生产过程，但这一指标可以反映城市劳动力市场的劳动力资源储备，同时该指标大小也在一定程度上反映了城市劳动力的搜寻效率高低，因此将其纳入投入指标中一起计算）之和进行度量］、资本存量（固定资产投资）、能源要素［全社会用电总量、煤气（人工、天然气）供气总量以及液化石油气供气总量］、科学技术水平（专利授权数）；产出指标包括：城市生产总值和城市财政收入。

续表

一级指标	二级指标	具体指标	计算方法	指标属性 正负属性	指标属性 指标权重
开放发展	市场消费	消费占比	社会消费品零售总额/GDP	+	0.008
		房地产投资情况	房地产开发投资完成额/GDP	+	0.015
		政府投资消费状况	政府公共预算支出/GDP	+	0.022
	货币市场	金融结构	金融机构存贷款余额/GDP	+	0.011
	运输状况	客运总量	铁路客运量+公路客运量	+	0.034
		货运总量	铁路货运量+公路货运量	+	0.027
	通信情况	邮政业务	邮政业务总量	+	0.075
		电信业务	电信业务总量	+	0.041
共享发展	基础设施	交通设施	人均城市道路面积	+	0.025
		网络设施	互联网接入用户数/总人口	+	0.022
		文化设施	图书馆藏书量/总人口	+	0.028
	人民生活	人口情况	自然增长率	+	0.001
		住房情况	城市商品房均价	+	0.017
		工资状况	职工平均工资	+	0.009
		社会保障水平	社会保障补助支出/GDP	+	0.157
		教育水平	教育经费支出/总人口	+	0.019
		医疗水平	医师人数/万人	+	0.006

2. 数据来源与测度方法选取

对于测度城市经济高质量发展水平所选取的 43 个具体指标，根据表中方法进行具体计算，其数据来源于 2005—2021 年《中国城市统计年鉴》《中国区域经济统计年鉴》《中国统计年鉴》《中国人口和就业统计年鉴》，各地级市《统计年鉴》和《统计公报》，以及 EPS、数据前瞻等中国研究数据服务平台，部分缺失数据采用线性插值法进行预测和估算。在本节具体测算过程中，为消除各指标量纲和数量级明显差异带来的影响，需对原始数据进行标准化处理，公式如下：

$a'_{ij} = (a_{ij} - a_j^{min})/(a_j^{max} - a_j^{min})$，当 a_{ij} 具有正向指标性质时

$a'_{ij} = (a_j^{max} - a_{ij})/(a_j^{max} - a_j^{min})$，当 a_{ij} 具有负向指标性质时

式中，a_{ij} 表示第 i（$i=1, 2, \cdots, m$）个城市的第 j（$j=1, 2, \cdots, n$）个指标，a_j^{max} 与 a_j^{min} 分别表示所有城市中，第 j 个指标的最大值和最小值。同时，充分考虑城市经济高质量发展水平测度过程的科学性和客观性，本节对表 5-8 所列指标权重的确定，采用熵值法进行测度。其具体计算过程如下：

首先，将上述标准化数据代入下列公式，计算第 j 个指标下，第 i 个城市在所有城市中的比重：

$$x_{ij} = \frac{a'_{ij}}{\sum_{i=1}^{m} a'_{ij}} \quad (5.7)$$

其次，计算第 j 个指标的熵值：

$$e_j = -k \sum_{i=1}^{m} x_{ij} \ln(x_{ij}), \text{ 其中 } k = \frac{1}{\ln m} \quad (5.8)$$

再次，计算信息熵冗余度：

$$d_j = 1 - e_j \quad (5.9)$$

最后，得到第 j 个指标的权重：

$$p_j = \frac{d_j}{\sum_{j=1}^{n} d_j} \quad (5.10)$$

在根据上述标准化所得数据以及由熵值法求得各指标权数之后，即可计算出各年份考察城市的经济高质量发展的综合评分数：

$$f_i(U) = \sum_{j=1}^{n} p_j a'_{ij} \quad (5.11)$$

式中，p_j 为（5.10）中的权重，且满足 $\sum_{j=1}^{n} p_j = 1$；a'_{ij} 表示第 i 个城市第 j 个指标的标准化数值。

（二）城市经济高质量发展水平趋势分析和时空演化

根据上述指标体系和测度方法，可对前文所选 289 个城市经济高质量发展进行综合测评，同时可根据上述熵权法，对中国 289 个城市整体经济高质量发展水平进行综合评分测算，结果如图 5-11 所示。2005—2020 年，中国城市整体经济高质量发展水平呈现逐年增加趋势，平均涨幅 32.88%，呈现出快速增长趋势，其中增长最快的时期主要是 2016 年之后，尤其是党的十九大首次提出了经济"高质量发展"的重要论断以来的 2019 和 2020 年，中国城市经济高质量发展综合水平平均涨幅高达 40.38%。中国城市整体经济高质量发展的快速提升，客观展现了中国经济创新驱动型生产方式转型的阶段性成果，意味着中国经济结构调整和优化初见成效，真实反映了中国经济增长方式规模化、现代化、高效化与发展模式创新性、再生性、生态性的有机结合，初步实现了中国经济创新、协调、绿色、开放、共享的有机统一。

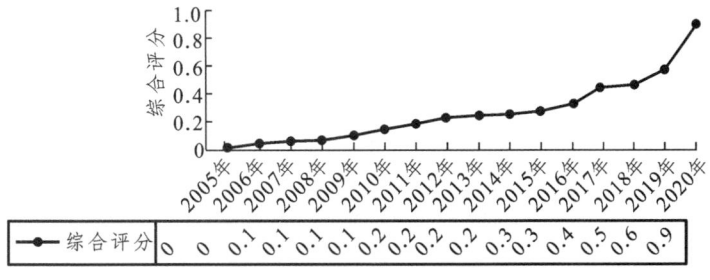

图 5-11　2005—2020 中国城市整体经济高质量发展综合评价

另外，由 2005 至 2020 年中国各城市经济高质量发展水平等级数量变化图可知（见图 5-12），自 2005 以来，中国各城市经济高质量发展水平提升十分明显，到 2020 年，本书所考察的 289 个城市经济高质量发展全部告别极低水平，且大部分城市（共计 174 个）经济高质量发展提升至较高水平。[①] 同时，从空间趋势变化来看，中国城市经济高质量发展水平提升程度、规模和速度均呈现明显的东部、东北部地区强于中西部地区趋势。

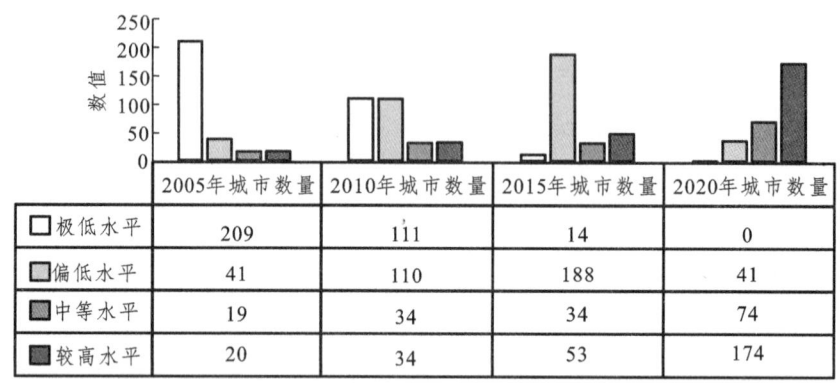

图 5-12 2005—2020 中国各城市经济高质量发展水平等级数量变化图

五、区域产业多极化集聚与劳动力空间配置的协调程度分析

（一）模型选取——耦合函数模型

产业分布格局与劳动力空间配置状况之间的协调发展水平和耦合匹配程度直接影响地区经济发展的现实状况，决定了城市经济发展的未来动力源泉。因此，各城市产业多极化集聚程度与劳动力空间配置之间的耦合协调关系就变得尤为重要。为全面探究和理清中国各城市"产业多极化集聚-劳动力空间配置"（以下简称"产业-劳动力"）两者之间的协调发展真实状况，本节利用前文所测得的城市产业多极化集聚水平和城市劳动力空间配置数据，利用耦合协调模型，对中国各城市"产业-劳动力"两者之间的耦合协调水平进行测度和分析。

1. 城市发展评价函数

借鉴段文奇、景光正（2021）将省级面板数据转化为地级市面板数据的研究方法，同时根据前文所测的 16 个行业 2005—2020 年多极化集聚水平[②]以及表 5-5 所示的各行业集聚权重，可计算第 i 个城市第 t 年的发展评价函数：

$$f_i(U_t)=\sum_{j=1}^n p_j x'_{ijt} \tag{5.12}$$

[①] 本节将城市经济高质量发展水平划分为 4 个级别：一是极低水平，城市经济高质量发展综合评分 $\in(0,0.02]$；二是偏低水平，城市经济高质量发展综合评分 $\in(0.02,0.03]$；三是中等水平，城市经济高质量发展综合评分 $\in(0.03,0.04]$；四是较高水平，城市经济高质量发展综合评分 $\in(0.04,+\infty)$。

[②] 因前文所测产业多极化集聚水平是按照 31 个省区市数据计算而得的，而城市劳动力空间配置数据是按照地级市行政区数据计算所得的，为此本书以每年各地级城市 GDP 在所属省区市总量 GDP 中所占比重为权重，分别计算各城市各产业多极化集聚水平。

式中，p_{jt} 表示第 t 年第 j 个指标的权重，且有 $\sum_{j=1}^{n} p_{jt} = 1$；$x'_{ijt}$ 表示第 i 个城市，第 t 年第 j 个指标的标准化数值，其计算公式如下：

$$x'_{ij} = (x_{ij} - x_j^{\min})/(x_j^{\max} - x_j^{\min})，当 x_{ij} 具有正向指标性质时$$

$$x'_{ij} = (x_j^{\max} - x_{ij})/(x_j^{\max} - x_j^{\min})，当 x_{ij} 具有负向指标性质时$$

式中，$x_j^{\max}$ 与 $x_j^{\min}$ 分别表示所有城市中，第 j 个指标的最大值和最小值。

根据以上公式，可求得第 i 个城市第 t 年产业多极化集聚水平发展评价函数：

$$f_i(U_t^{IND}) = \sum_{j=1}^{n} p_j^{IND} x_{ijt}^{IND} \tag{5.13}$$

式中，n 表示第 i 个城市产业个数；p_j^{IND} 表示各产业集聚对应的权重，且满足 $\sum_{jt}^{n_t} p_j^{IND} = 1$；$x_{ijt}^{'IND}$ 表示第 i 个城市第 t 年产业多极化集聚的第 j 个指标的标准化数值。

同时，根据前文所述劳动力空间配置的测度公式可知，其中劳动力区位熵（$LA_{i,t}$）即为 i 城市第 t 年劳动力配置程度的权重，而劳动力空间配置影响因子（$ldf_{i,t}$）即为其他城市对 i 城市第 t 年劳动力配置的影响因子。因此，劳动力空间配置的测量公式本身即可看成劳动力配置程度的发展评价函数，也即

$$f_i(U_t^{lab}) = lab\_inf_{i,t} = LA_{i,t} \times ldf_{i,t}$$

2. "产业多极化集聚-劳动力空间配置"耦合协调模型

由上述给定的产业多极化集聚水平与劳动力空间配置程度的发展评价函数可得，城市"产业多极化集聚-劳动力空间配置"两者之间的耦合度函数式如下：

$$C = \left\{ \frac{f_i(U_t^{IND}) \cdot f_i(U_t^{lab})}{\left[\frac{f_i(U_t^{IND}) + f_i(U_t^{lab})}{2}\right]^2} \right\}^{\frac{1}{2}} \tag{5.14}$$

通过上式计算，即可求出各城市第 t 年产业多极化集聚水平与劳动力空间配置程度之间的耦合程度。C（$0 \leq C \leq 1$）值越大，说明两者之间的耦合程度越好，反之，则较差；两者之间的耦合程度大小，并不能反映两者耦合水平的高低，也即 C 值很高，耦合程度越好，但这种耦合有可能是低水平上的耦合。因此，此基础上，需要计算产业多极化集聚水平与劳动力空间配置程度的耦合协调度，其公式：

$$D = \sqrt{C \times T} \tag{5.15}$$

式中，D 表示耦合协调度，C 表示耦合度，T 表示产业多极化集聚水平与劳动力空间配置程度的发展度，且 $T = \alpha f_i(U_t^{IND}) + \beta f_i(U_t^{lab})$。$\alpha$，$\beta$ 分别表示产业多极化集聚水平、劳动力空间配置程度在两者耦合协调中的重要性。本书参考周京奎、王文波、张彦彦等（2019）的做法，认为两者同等重要，则有 $\alpha = \beta = 1/2$。由 C 和 D 的公式可知，D 的取值在 0 到 1 之间，其值越大，说明两

者耦合协调度越高，反之，则低。另外，本书参考叶茂等（2020）的做法，对两者的耦合协调等级进行划分（见表5-9）。

表5-9 耦合协调度等级划分标准

协调度 D	0.00~0.09	0.10~0.19	0.20~0.29	0.30~0.39	0.40~0.49
协调等级	极度失调	严重失调	中度失调	轻度失调	濒临失调
协调度 D	0.50~0.59	0.60~0.69	0.70~0.79	0.80~0.89	0.90~1.00
协调等级	勉强协调	初级协调	中级协调	良好协调	优质协调

（二）产业多极化集聚水平与劳动力空间配置程度耦合协调关系分析

根据耦合度函数与耦合协调度公式测算出2005—2020本书所选289个样本城市"产业多极化集聚-劳动力空间配置"的耦合协调发展水平（见附录三），全国整体产业多极化集聚与劳动力配置的耦合协调度趋势变化如图5-13所示；同时，为揭示两者间耦合协调水平的时序动态变化，采用核密度估计曲线来表现2005年、2010年、2015年、2020年289个城市"产业-劳动力"耦合协调水平的分布形态、位置与延伸性等（见图5-14）。

从总体来看，中国"产业-劳动力"两者间的耦合协调发展除2017年明显降低外，整体发展水平呈现上升趋势，且发展得到改善。其原因可能在于，自党的十八大以来经济发展逐步向高质量转变，产业发展更注重效率，生产方式更强调高效环保等因素的影响，到2017年党的十九大召开，中国经济布局和改革开放的进一步深化，使产业多极化集聚与劳动力空间配置之间的匹配融合与耦合协调得以迅速改善。正如图中数据显示，2012—2016年，中国产业多极化集聚与劳动力空间配置耦合协调度平均数值为0.434，到2017年之后，2018—2020年这一数值均值变为0.529，上升22%，比2016年以前的上升程度明显加快，体现在耦合协调等级上，2005—2017年中国产业多极化集聚与劳动力空间配置耦合协调处于失调状态，但从2018年开始，已逐渐转为协调状态。

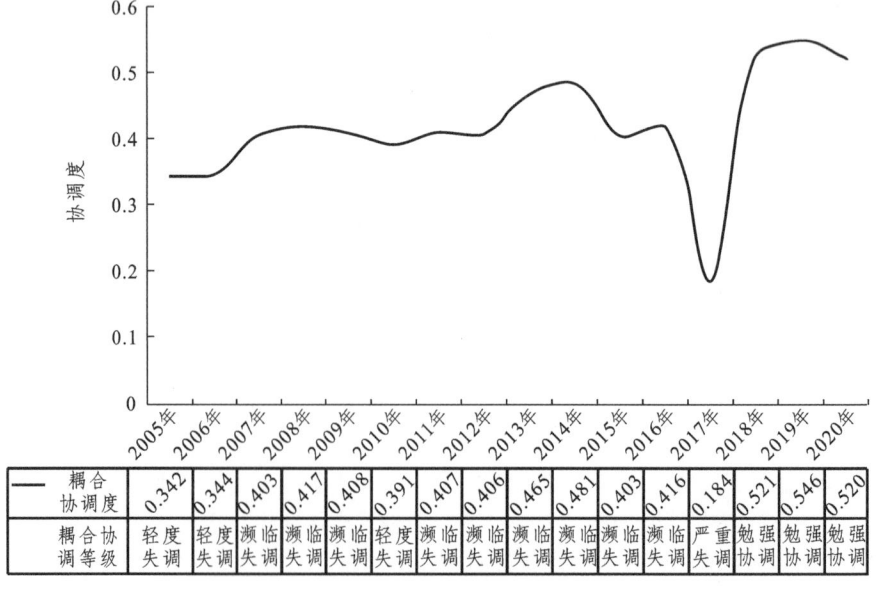

图5-13 2005—2020年中国整体"产业-劳动力"的耦合协调发展趋势

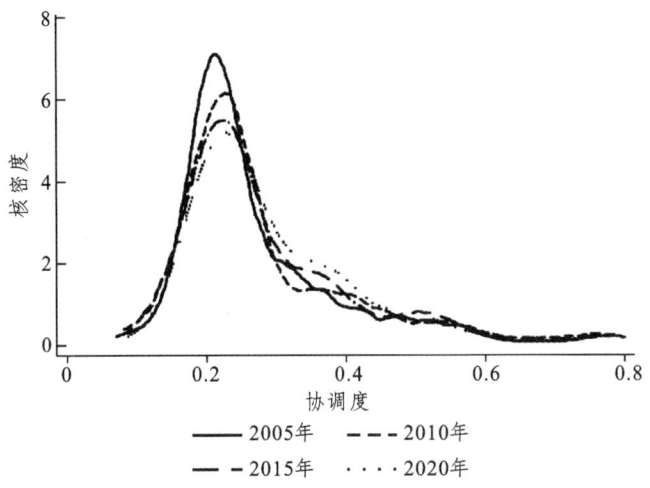

图 5-14　中国"产业集聚-劳动力空间配置"协调度核密度估计图

从时序动态演进来看，由 2005 年、2010 年、2015 年、2020 年中国"产业-劳动力"协调度的核密度估计图可知（见图 5-14），首先，核密度估计曲线波形逐渐表现出右移趋势，表明中国城市产业多极化集聚与劳动力空间配置协调发展水平逐年提升；其次，从曲线峰度和峰宽来看，中国城市耦合协调水平核密度曲线的波峰呈现下降趋势，说明中国城市之间协调发展的差异程度呈现缩小态势，可以认为各城市"产业-劳动力"协调发展的极化程度逐年减弱，城市之间协调发展风向正呈现出由非均衡发展向均衡发展转变态势。

另外，通过对比 2005 年到 2020 年中国各城市产业多极化集聚与劳动力空间配置耦合协调度等级的变化可知（见图 5-15），中国各城市两者的耦合协调发展水总体上呈现东、北部区域高于西、南部地区，但城市产业多极化集聚与劳动力空间配置耦合协调发展水平的增长程度则表现为西北部、中部以及西南部地区高于东、北部地区，如晋中、鄂尔多斯、乌兰察布、固原、武汉、宜昌、重庆、遵义等城市耦合协调水平呈现出较快提升趋势。

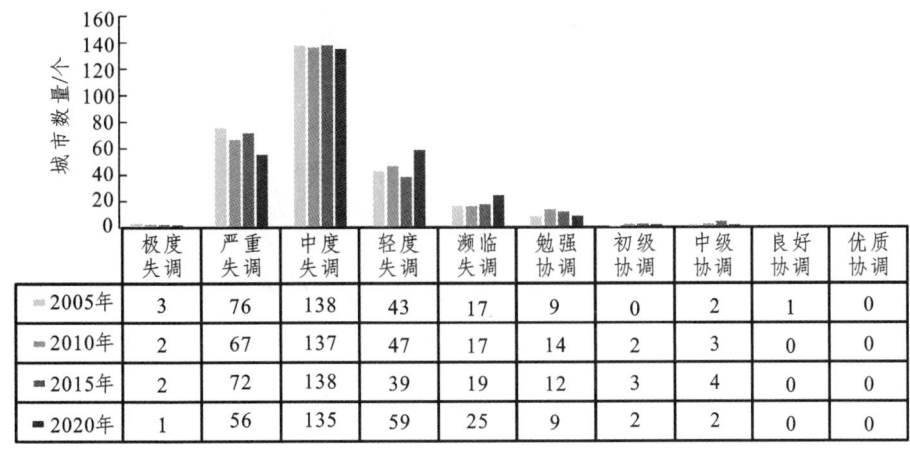

	极度失调	严重失调	中度失调	轻度失调	濒临失调	勉强协调	初级协调	中级协调	良好协调	优质协调
2005年	3	76	138	43	17	9	0	2	1	0
2010年	2	67	137	47	17	14	2	3	0	0
2015年	2	72	138	39	19	12	3	4	0	0
2020年	1	56	135	59	25	9	2	2	0	0

图 5-15　中国各城市"产业-劳动力"耦合协调发展等级数量对比

(三)"产业-劳动力"耦合协调对经济高质量发展的动态响应

为进一步厘清中国城市"产业极化集聚-劳动力空间配置"耦合协调发展与经济高质量发展[①]的动态作用关系,本节采用 VAR 模型,利用脉冲响应函数探究两者之间的响应机制,探讨未来 20 期的动态变化趋势。同时为了提高实证模型的估计准确率,本书将 2005—2020 年的年度数据进行线性插值,变为季度数据,最终得到时间序列共 61 期[②]。为准确定滞后阶数,本节对所选取的 289 个城市 61 期面板数据按照信息准则对滞后阶数进行选择,结果如表 5-10 所示。根据 AIC、BIC、HQIC 三类准则,均显示模型需滞后 5 阶,因此,本节选取滞后 5 阶进行面板数据的 VAR 模型分析。同时,分别对以上面板数据 VAR 系统的稳定性以及中国城市"产业-劳动力"耦合协调发展与经济高质量发展水平的格兰杰因果关系进行了分析,如图 5-16 与表 5-11 所示。图 5-16 中,VAR 所有特征值均位于单位圆内部,说明本书所构建的 VAR 系统较为稳健。另外,从表 5-11 可知,在本书所选 289 个样本城市中,"产业-劳动力"耦合协调发展水平是城市经济高质量发展的格兰杰原因,且为单向原因,也即城市产业多极化集聚与劳动力空间配置耦合协调发展水平的提升能推进城市经济高质量发展,但反之不成立。

表 5-10 耦合协调发展与经济发展的 VAR 模型滞后阶数选择

滞后阶数	AIC	BIC	HQIC
1	-14.097 3	-13.833 0	-14.010 2
2	-20.133 2	-19.863 1	-20.044 1
3	-20.913 7	-20.637 6	-20.822 5
4	-15.379 3	-15.097 0	-15.286 0
5	-22.540 8*	-22.252 1*	-22.445 3*

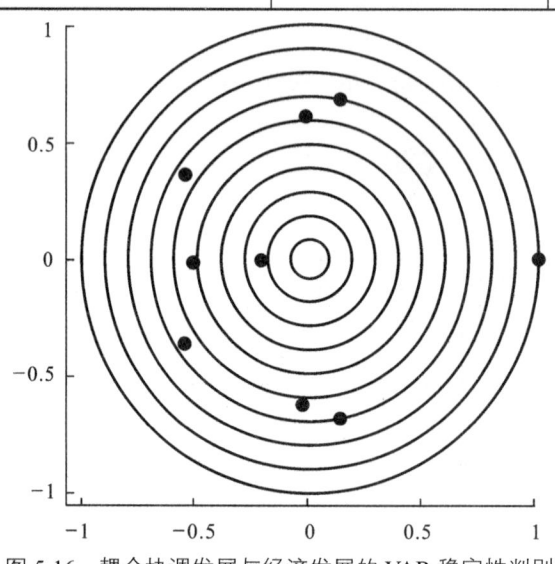

图 5-16 耦合协调发展与经济发展的 VAR 稳定性判别

[①] 本节采用前文综合指标体系测度的经济高质量发展综合评分值。
[②] 各统计年鉴的数据大多为年度数据,因此本书在对选取的 2005—2020 年数据进行线性插值法变成季度数据之后,数据的时间跨度变为 2005Q4—2020Q4。

表 5-11　耦合协调发展与经济高质量发展的 VAR 面板模型格兰杰因果检验

被解释变量	Excluded	chi2	df	Prob > chi2
h_耦合协调水平	h_城市经济高质量发展	0.357	1	0.550
h_城市经济高质量发展	h_耦合协调水平	6.937	1	0.008

另外，为进一步讨论中国城市"产业多极化集聚-劳动力空间配置"耦合协调发展与经济高质量发展的动态交互影响进行分析，本节进行了 VAR 脉冲响应和方差分解，如图 5-17 与表 5-12 所示。从图 5-12 中可以看出，中国城市"产业-劳动力"耦合协调发展与城市经济高质量发展存在明显的自相关性，且这种自我脉冲响应具有显著的滞后性；同时，城市"产业多极化集聚-劳动力空间配置"耦合协调发展水平的降低将显著影响城市经济高质量发展，而且这种影响存在明显的滞后性和波动性。同时，由表 5-12 可知，中国城市"产业-劳动力"耦合协调发展水平与城市经济发展对自身冲击的贡献率均表现明显，呈现显著自相关性。从两者之间的相互响应关系来看，一方面，城市经济高质量发展对城市产业多极化集聚与劳动力空间配置耦合协调发展的贡献率很低，推动作用不明显；另一方面，城市"产业多极化集聚-劳动力空间配置"耦合协调发展对城市经济高质量发展具有较大贡献率，且表现出明显滞后性，并逐渐增加。

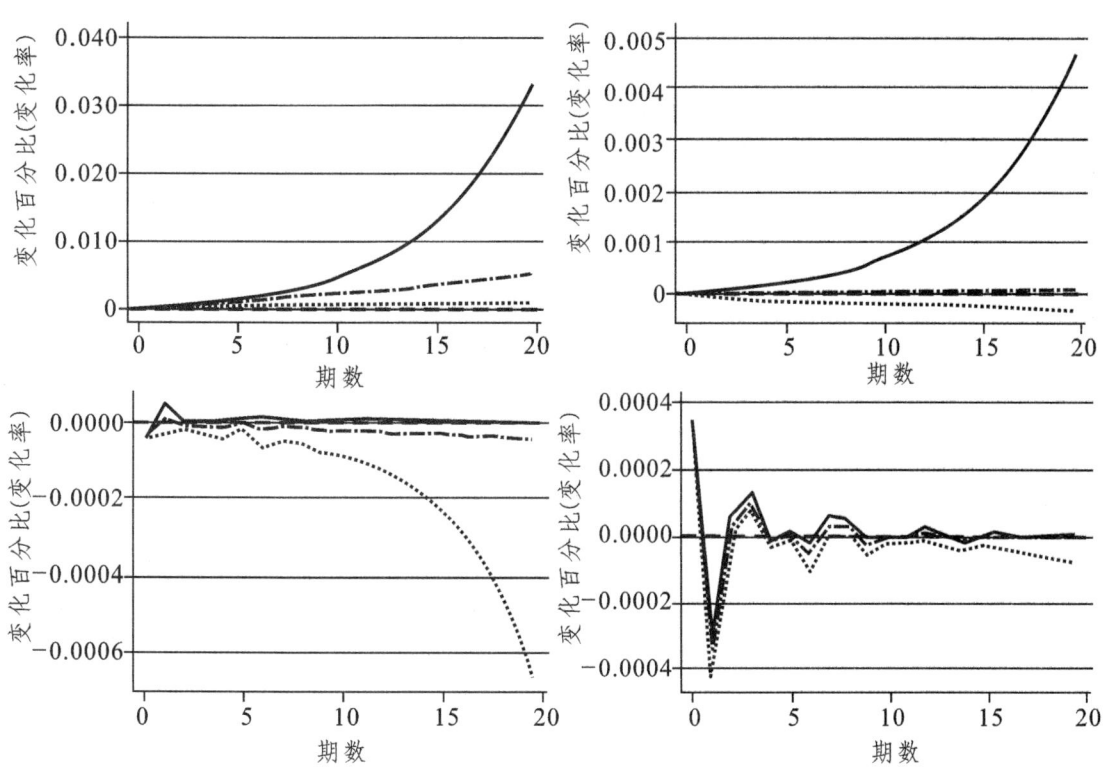

图 5-17　耦合协调发展与经济发展 5 阶滞后期 VAR 脉冲响应图

表 5-12 耦合协调发展与经济发展的预测方差分解表

期数	Cou-deg		Hqed	
	Cou-deg	Hqed	Cou-deg	Hqed
1	1.000	0.000	0.011	0.989
2	1.000	0.000	0.006	0.994
3	1.000	0.000	0.006	0.994
4	1.000	0.000	0.007	0.993
5	1.000	0.000	0.009	0.991
6	1.000	0.000	0.009	0.991
7	1.000	0.000	0.011	0.989
8	1.000	0.000	0.012	0.988
9	1.000	0.000	0.013	0.987
10	1.000	0.000	0.015	0.985
11	1.000	0.000	0.017	0.983
12	1.000	0.000	0.019	0.981
13	1.000	0.000	0.022	0.978
14	1.000	0.000	0.025	0.975
15	1.000	0.000	0.028	0.972
16	1.000	0.000	0.032	0.968
17	1.000	0.000	0.037	0.963
18	1.000	0.000	0.042	0.958
19	1.000	0.000	0.048	0.952
20	1.000	0.000	0.055	0.945

六、本章小结

首先，本章从产业结构变迁和发展水平、产业要素的空间分布与专业化优势对中国东、中、西以及东北部各区域产业发展现状进行了深入分析。研究表明：中国东部地区第三产业，中西部地区第二、三产业发展迅速，与 2005 年相比，2020 年增长均超过 10 倍，而东北部地区第二、三产业的发展则表现出"先增后减"的变化趋势。同时从产业专业化优势来看，中国东部地区在通用设备制造、电气机械和器材制造业等资本密集型产业和电子及通信设备、医疗仪器设备及仪器仪表制造等高技术产业具有显著优势；中西部地区产业专业化发展更依赖于区域自身的资源禀赋，如煤炭开采和洗选、石油和天然气开采、电热力生产和供应、农副食品加工、食品制造等产业；而对于东北部地区，其专业化优势产业较少，主要集中于石油和天然气开采、运输设备制造、农副食品加工、电热力生产和供应等少数几个产业部门，其市场竞争优势薄弱。

其次，本章对中国劳动力空间配置现存的主要问题和影响因素进行了深入剖析。研究认为：中国区域劳动力空间配置过程中区际配置刚性明显存在、城乡劳动力流动障碍依然明显、部门劳动力错配程度居高不下；同时本部分认为城市产业发展水平和结构布局、劳动工资水平、城市住房条件与地理空间距离是影响城市间劳动力空间配置的关键因素，并在此基础上，通过引入引力模型，对中国各城市劳动力空间配置强度进行了定量测度，发现中国城市劳动力逐渐形成了广范围流动、宽领域互通、多层次分布、多中心集聚独特特征的时空演进态势。

最后，本章通过引入耦合协调模型与面板数据 VAR 模型对中国各城市产业多极化集聚与劳动力空间配置进行了耦合协调分析。研究发现：2005 年以来，中国"产业多极化集聚-劳动力空间配置"耦合协调发展除 2017 年明显降低外，整体发展水平呈现上升趋势，且发展得到改善，体现在耦合协调等级上，2005—2017 年中国"产业多极化集聚-劳动力空间配置"耦合协调处于失调状态，但从 2018 年开始，已逐渐转为协调状态。另外，通过面板数据的 VAR 模型着重分析了两者的耦合协调对城市经济高质量发展的影响作用，研究发现：中国城市"产业-劳动力"耦合协调发展水平与城市经济高质量发展存在明显的自相关性，且这种自我脉冲响应具有显著的滞后性；同时认为中国城市产业多极化集聚与劳动力空间配置耦合协调发展水平是城市经济高质量发展的格兰杰原因，且为单向原因，也即城市产业多极化集聚与劳动力空间配置耦合协调发展水平的提升能推动城市经济高质量发展，且这种推动作用呈现明显的滞后性和波动式影响。

第六章
产业多极化集聚、劳动力空间配置影响城市经济高质量发展的实证检验

中国改革开放以来的经济发展，前后经历了单方面重视经济发展总量到兼顾总量增长与效率提升，再到以经济高质量发展为重要发展理念3个阶段。在前文论述中，详细阐述了产业多极化集聚、劳动力空间配置以及两者之间耦合协调发展影响经济高质量发展的作用机理和数理模型，并进行了详细剖析和推导；另外，还对中国各区域产业发展结构和专业化优势、各城市劳动力流动现存问题与影响因素进行了全面梳理与归纳，并通过ArcGIS软件和VAR模型，对中国各区域各城市产业多极化集聚、劳动力空间配置、"产业多极化集聚-劳动力空间配置"耦合协调水平，以及两者耦合协调对城市经济高质量发展的动态响应进行了深入分析。基于以上分析，本章依循前文构建测度方法和指标体系，以及由此测度的产业多极化集聚、劳动力空间配置与经济高质量发展水平具体数据，通过构建相应包含城市产业多极化集聚、劳动力空间配置的计量模型，并由此分析中国城市产业多极化集聚、劳动力空间配置对城市高质量发展的总体推进作用。

一、研究设计

（一）计量模型设定

据前文所述，一方面，产业多极化集聚水平的高低将改变城市生产资源流向，进而在更大范围内形成资源配置的帕累托改进；另一方面，伴随产业多极化集聚，与产业相关的技术创新将引起社会整体技术和工艺的更新及改进，从而提升社会整体生产效率。为此，需构建客观、科学的计量模型，对产业多极化集聚、劳动力空间配置影响经济高质量发展进行实证检验。对于计量模型的选取，根据前文关于经济高质量发展水平测度指标体系的构建，以及充分考虑产业多极化集聚、劳动力空间配置状况测度过程涉及的多指标计算可能产生的内生性问题，本书依次采用静态面板模型与动态面板模型进行实证分析。此外，为提高所选模型的准确性，还需选取一定的、对城市经济高质量发展产生影响的其他因素组成控制变量，以期使模型完整和精确。

1. 静态面板模型

根据以上论述，本节构建模型（6.1）（6.2）和（6.3），分别检验城市产业多极化集聚水平、城市劳动力空间配置程度以及两者的耦合协调水平对城市经济高质量发展的影响。其中，下标i表示城市，t表示时间。$Hqed_{i,t}$表示i城市经济高质量发展水平，$IND_{i,t}$表示i城市产业多极化集聚水平，$lab\_inf_{i,t}$表示i城市劳动力空间配置程度，$Cou\_deg_{i,t}$是i城市"产业多极化集聚-劳动力空间配置"的耦合协调水平，$control$为控制变量，$\varepsilon_{i,t}$、$\xi_{i,t}$、$\sigma_{i,t}$为随机扰动项。

$$Hqed_{i,t} = \alpha_0 + \alpha_1 IND_{i,t} + \alpha_2 control + \varepsilon_{i,t} \tag{6.1}$$

$$Hqed_{i,t} = \lambda_0 + \lambda_1 lab\_inf_{i,t} + \lambda_2 control + \xi_{i,t} \tag{6.2}$$

$$Hqed_{i,t} = \rho_0 + \rho_1 Cou\_deg_{i,t} + \rho_2 control + \sigma_{i,t} \tag{6.3}$$

同时，将城市产业多极化集聚水平与劳动力空间配置程度同时纳入回归模型（6.4），分析两者对城市经济高质量发展的影响,并在模型(6.4)的基础上增加城市"产业多极化集聚-劳动力空间配置"的耦合协调度,构建模型(6.5),全面分析产业多极化集聚水平、劳动力空间配置状况以及两者的耦合协调对城市经济高质量发展的影响。其中,$\mu_{i,t}$、$\eta_{i,t}$表示随机扰动项。

$$Hqed_{i,t} = \gamma_0 + \gamma_1 IND_{i,t} + \gamma_2 lab\_inf_{i,t} + \gamma_3 control + \mu_{i,t} \tag{6.4}$$

$$Hqed_{i,t} = \beta_0 + \beta_1 IND_{i,t} + \beta_2 lab\_inf_{i,t} + \beta_3 Cou\_deg_{i,t} + \beta_4 control + \eta_{i,t} \tag{6.5}$$

2. 动态面板模型

考虑城市经济高质量发展水平提升过程的长期性、滞后性、时效性和采用指标体系对城市经济高质量发展综合水平测度的相关性、内生性,以及由城市经济高质量发展水平提升所引起城市产业进一步多极化集聚、劳动力更大规模、更广范围、更宽领域的空间配置而造成的模型逆向因果问题。本书采用广义矩估计方法(GMM),以被解释变量(经济高质量发展)和两个核心解释变量(产业多极化集聚、劳动力空间配置)的滞后 k 期作为外生变量进行系统矩估计,具体模型如下:

$$\begin{aligned} Hqed_{i,t} = & \varphi_0 + \varphi_1 Hqed_{i,t-k} + \varphi_2 IND_{i,t} + \varphi_3 IND_{i,t-k} + \\ & \varphi_4 lab\_inf_{i,t} + \varphi_5 lab\_inf_{i,t-k} + \varphi_6 Cou\_deg_{i,t} + \varphi_7 control + \zeta_{i,t} \end{aligned} \tag{6.6}$$

模型(6.6)为动态回归模型,与模型(6.5)相比,加入了被解释变量和核心解释变量的 k 期滞后项,考察了某一城市前期经济高质量发展状况与核心解释变量变化对当期经济高质量发展水平提升的影响。

(二)变量描述

1. 被解释变量

经济高质量发展($Hqed_{i,t}$)是被解释变量。据前文所述,经济的高质量发展必然要求坚持质量第一、效益优先,以生产要素投入使用的充分性、有效性为基本前提,以生产方式的创新性、持续性为核心动力,以经济发展的协调性、稳定性为外在表现,以发展成果的开放性、共享性为价值导向。城市经济高质量发展在追求经济增长速度和总量时,不仅强调经济发展效率的提升,更需要关注经济发展的创新、协调、绿色、开放、共享等一系列问题。为此,本书在对其指标进行测度时,依据高质量发展的"创新、协调、绿色、开放、共享"5 个维度要求,分别从囊括创新潜力、创新投入、创新效率的经济创新发展,包含区域协同、城乡协同的经济协调发展,包括资源利用、环境保护的经济绿色发展,覆盖外商投资、市场消费、货币市场、运输状况、通信情况的经济开放发展,围绕基础设施、人民生活的经济共享发展 5 个层面,共计 43 个具体指标,构建城市经济高质量发展水平的测度指标体系。在具体实证分析过程中,本章以表 5-7 构建的指标体系为基础,采用熵值法测得的综合评分作为城市经济高质量发展水平的测度指标。这一综合评分指标的选取充分体现了城市经济高质量发展水平的综合性、全面性和再生性,使这一变量与本书主题更为适用和贴切。在具体回归过程中,由熵值法测得的综合评分本身具有面板数据性质,且数值本身具有城市之间的对比关系。因此不再做其他处理，直接沿用测得的实际数据。

2. 核心解释变量

（1）城市产业多极化集聚水平（$IND_{i,t}$）。

正如前文所述，产业区位熵"相对份额"变动是衡量各省区市区域城市之间产业多极化集聚水平动态变化更为科学合理的测度原则和测度思想。本章根据前文所定义的（5.2）式，采用本书选取的 16 个行业各自主营业务收入代替行业生产总值进行测算度量。同时按照表 5-5 所列各行业的指标属性和权重，采用各省区市各行业 2005—2020 年多极化集聚水平测算结果（见附表二）与各行业权重的乘积作为各省区市产业转移水平的综合指标加以测度。另外，按照（5.2）式和表 5-5 内容所测的产业多极化水平为中国 31 个省区市面板数据（台湾、香港、澳门三地数据无法获取，因此排除对三地的分析），为保证该面板数据与后续研究中其他城市层面数据保持一致性和平衡性，为此借鉴段文奇、景光正（2021）的将省级面板数据转化为地级市面板数据的研究方法，以每年各地级城市地区生产总值在所属省区市地区生产总值中所占比重为权重，分别计算各城市产业多极化集聚水平。需要说明的是，对于本书所采用的测度方式，计算所得的城市产业多极化集聚水平有正有负，其中若 $IND_{c,i,t}>0$，则表明第 t 年 i 城市 c 行业呈现产业空间分布的多极化集聚态势，且该值越大，说明城市 i 多极化集聚程度越高；反之若 $IND_{c,i,t}<0$，则表明第 t 年 i 城市 c 行业呈现产业空间分布的单一化集聚态势，且该值的绝对值越大，说明城市 i 单一化集聚程度越高。但在本书基准回归模型中，首先将所有样本全部纳入分析框架，验证在整体样本中，产业多极化集聚对经济高质量发展的影响作用。而对于产业多极化和单一化集聚的不同态势，则在后续的异质性分析中进行分类考虑。

（2）城市劳动力流动程度（$lab\_inf_{i,t}$）。

对于城市劳动力流动程度的测度，按照（5.3）~（5.6）给出的公式进行计算度量。在（5.6）中，考虑到城市劳动力空间配置的核心因素在于城市之间劳动力平均工资的差异程度，同时城市之间商品房的平均销售价格也对其产生一定影响。同时兼顾数据可得性原则，将地级市职工平均工资作为影响城市劳动力空间配置程度的核心变量，决定目标城市劳动力空间配置能力和配置方向[①]，商品房销售价格作为影响城市劳动力空间配置的重要变量，决定劳动力空间配置的幅度大小，而城市之间距离作为辅助因素（与劳动力空间配置强度和能力存在反向变动关系）纳入计算公式之中。

同城市产业多极化集聚水平类似，由本书测度公式（5.3）~（5.6）计算的劳动力空间配置程度有正有负，其中若 $lab\_inf_{i,t}>0$，则表示城市 j 对城市 i 劳动力配置程度增加，同时也意味着城市 i 对城市 j 的配置能力相对较弱，且数值越大，能力越弱；反之若 $lab\_inf_{i,t}<0$，则表示城市 i 对城市 j 劳动力配置程度增加，城市 j 对城市 i 的配置能力相对较弱，且数值绝对值越大，能力越弱。而在本书基准回归中，该数值较大，且仅考虑各城市劳动力空间配置的程度大小；加之该数值绝对值的大小与空间配置能力和程度呈反方向变化，因此在具体回归分析中先对该数据进行对数处理，再进行绝对值处理，而后取其相反数纳入回归模型，以便数据变动方向与空间配置程度大小一致。当该数据与产业多极化集聚以及两者之间耦合协调数据一起纳入模型时，则需要考虑劳动

[①] 根据计算出的数值，正数表示其他城市对目标城市的配置强度增加，负数表示目标城市对其他城市的配置强度减弱。

力空间配置的方向，因此仅对按公式（5.3）~（5.6）计算的原数据进行对数处理。

（3）"产业多极化集聚-劳动力空间配置"耦合协调水平（$Cou\_deg_{i,t}$）。

对于"产业多极化集聚-劳动力空间配置"耦合协调水平的测度方法和指标数据选取，遵循第五章所述，本节不再赘述。

3. 控制变量

由内生经济增长模型和古典经济增长模型，以及考虑其他能够对城市经济高质量发展产生影响的重要因素，保证实证结果的准确性与可靠性，本书参考黄庆华、时培豪等（2020）学者的做法，选取的控制变量如下：

其一，城市人均资本（$pcap_{i,t}$）。人均资本是固定经济增长模型的分解因子，是影响区域经济增长和发展的重要因素，人均资本的深化不仅能提升地区资本的利用效率，更能激发地区经济发展过程中的创新能力，其对地区经济高质量发展作用巨大。在本书测度过程中，由于中国没有过大规模的资产普查，所以本书借鉴已有城市固定资本存量的核算成果，以1995年作为资本存量的初始年份，采用每年《中国统计年鉴》中分地区按领域分固定资产投资比上年增长情况作为测算标准，并按照城市常住人口进行人均化计算测得。

其二，工业化发展水平（$ind\_lev_{i,t}$）。工业化和城市化发展是中国经济发展的基本表征，也是中国经济高质量发展的必由之路，工业化水平的提升，一定程度上表明城市经济高质量发展水平的上升，该指标是衡量地区经济发展的重要指标之一。在具体实证中，本书采用规模以上工业企业数进行衡量。

其三，公共交通情况（$com\_ser_{i,t}$）。随着城市化进程的不断推进，城市规模不断扩大，城市内部各部门之间的联系越来越紧密，而公共交通运力和水平的不断提升，不仅能有效促进城市各部门之间的交流，直接推进城市要素的流动，更能高效降低城市经济发展的通勤成本和运输成本，进而提升城市经济发展效率，推动城市经济高质量发展。在本实证研究中，采用年末实有公共汽（电）车、出租汽车营运车辆数之和测量。

其四，政府干预（$igov_{i,t}$）。政府作为有形的手，是对市场经济行为的重要补充。政府的干预行为对地方经济高质量发展具有重要指引作用，在本书实证中，采用地方政府一般预算支出进行测量。

（三）数据来源

前文已详细论述了城市产业多极化集聚水平与劳动力空间配置程度的测度公式和数据来源，本节不再赘述。针对这两个变量，考虑数据正负差异和跨度较大，因此在具体实证回归分析中，对其数据进行标准化处理。对于本章所选取的地区人均资本、工业化发展水平、公共交通情况、政府干预等几个指标的测度，根据上节所描述的测度方法，其数据来源于2006—2021年《中国城市统计年鉴》《中国区域经济统计年鉴》《中国统计年鉴》《中国人口和就业统计年鉴》，各地级市《统计年鉴》和《统计公报》，中国前瞻网数据服务平台，以及国家信息中心宏观经济与房地产数据库，部分缺失数据采用线性插值法进行预测和估算。在具体回归分析中，由于上述变量大多数数值均为绝对数，且为避免量纲、量级以及异方差情况的出现，对这些变量进行对数化处理①。同时为验证各变量之间多重共线性问题，分别计算了各变量的方差膨胀因子，结果如表 6-1 所示。研究显示，各变量方差膨胀因子均小于 5，表明各变量之间不存在严重的多重共线性。另外，各变量描述性统计结果如表 6-2 所示。

表 6-1　各变量方差膨胀因子

变量	VIF	1/VIF	变量	VIF	1/VIF
IND	1.050	0.955	$\ln ind\_lev$	1.790	0.560
lab_inf	3.080	0.325	$\ln com\_ser$	2.340	0.427
Cou_deg	4.360	0.230	$\ln igov$	2.810	0.356
$\ln pcap$	1.910	0.524			

表 6-2　变量描述性统计结果

	变量	均值	标准差	最小值	最大值	样本数
被解释变量	$Hqed$	0.033	0.024	0.011	0.268	4 624
解释变量	IND	-0.002	0.046	-1.098	0.603	4 624
	lab_inf	-5.789	1.220	-8.639	-0.021	4 624
	Cou_deg	0.273	0.114	0.041	0.802	4 624
控制变量	$\ln pcap$	0.738	0.960	-2.453	2.966	4 624
	$\ln ind\_lev$	6.497	1.134	2.944	9.841	4 624
	$\ln com\_ser$	7.744	1.036	4.382	11.501	4 624
	$\ln igov$	14.409	1.013	10.806	18.241	4 624

二、基准回归分析

（一）实证结果分析

1. 静态面板模型回归结果分析

通过对上述变量的固定效应回归模型和随机效应回归模型进行 Hausman 检验，结果显示 Prob>chi2=0.000，同时对模型进行时间固定效应检验，结果显示存在时间效应，因此，本书选择双固定效应进行线性回归分析。各模型回归结果如表 6-3 所示。

---

① 这些变量包括：地区人均资本（$pcap$）、工业化发展水平（ind_lev）、公共交通情况（com_ser）、政府干预（$igov$）。

表 6-3　基准回归结果

解释变量	被解释变量				
	（6.1）	（6.2）	（6.3）	（6.4）	（6.5）
	Hqed	Hqed	Hqed	Hqed	Hqed
IND	0.021***			0.021***	0.023***
	（3.69）			（3.83）	（4.14）
lab_inf		0.001***		0.001***	0.000***
		（2.62）		（2.81）	（3.15）
Cou_deg			0.008*		0.037***
			（1.78）		（3.72）
ln pcap	-0.004***	-0.004***	-0.004***	-0.004***	-0.004***
	（-6.00）	（-6.08）	（-6.15）	（-6.00）	（-6.11）
ln ind_lev	-0.002**	-0.002**	-0.002**	-0.002**	-0.002**
	（-2.21）	（-2.20）	（-2.25）	（-2.12）	（-2.21）
ln com_ser	0.002***	0.002***	0.002***	0.002***	0.002***
	（2.68）	（2.67）	（2.57）	（2.69）	（2.67）
ln igov	0.006***	0.006***	0.006***	0.006***	0.006***
	（4.88）	（4.75）	（4.74）	（4.70）	（4.35）
i.year	YES	YES	YES	YES	YES
_cons	-0.069***	-0.063***	-0.068***	-0.062***	-0.072***
	（-3.83）	（-3.50）	（-3.78）	（-3.46）	（-4.02）
样本数	4624	4624	4624	4624	4624
R^2	0.470	0.470	0.469	0.471	0.472

注：括号内数值为相应系数的 t 统计量值，*、**、***分别表示在10%、5%、1%水平下显著。

从模型（6.1）可知，城市产业多极化集聚水平的提升能在1%水平下显著提高城市经济高质量发展水平。一方面，说明产业多极化集聚确实能通过改变城市经济发展势能，改变城市生产要素流向，优化和提升资源配置结构及效率，同时也通过产业多极化集聚带来的外部效应，有效促进了城市空间内部的资源整合和分工协作，强化了城市内部的知识技术外溢效应，提高了城市内部技术创新能力，推进了城市经济高质量发展；另一方面，城市产业的多极化集聚，使集聚区域与周边区域之间人才需求状况、企业生产方式、行业合作模式等发生变化，为两类区域技术创新和技术进步营造出了良好环境，同时集聚区域与周边区域之间也会因产业的多极化集聚而逐步形成产业的空间关联效应，进而强化城市产业集聚的经济扩散效应，有效推进城市产业结构调整，促进其经济高质量发展水平提升。

由模型（6.2）可知，城市劳动力空间配置程度的加强能显著促进城市经济高质量发展。充分说明伴随城市劳动力空间配置强度的提升，有利于城市之间统一劳动力市场的形成，降低企业搜寻成本，同时也因劳动力空间配置程度提升，使劳动者交际网络扩大，进行更大范围的知识、技术的扩散效应，形成良好区域创新能力的营造氛围，进而促进城市经济发展效率提升。城市劳动力配置强度和能力的提升，一方面，能在城市内部形成大规模、多层级的人才动能，同时也因为劳动力的频繁交流，使信息、知识、技术的广范围扩散，形成城市经济发展的创新动能；另一方面，城市劳动力空间配置程度的提升，在一定程度上补充和完善了城市经济运行过程中发展成果的共享机制，从而提升了城市经济高质量发展水平。

从模型（6.3）来看，城市"产业多极化集聚-劳动力空间配置"耦合协调水平的提升，也能显著促进城市经济高质量发展，从显著程度来看，其对城市经济高质量发展的促进程度和显著程度均不如产业多极化集聚。

从模型（6.5）可知，将城市产业多极化集聚、劳动力空间配置以及两者的耦合协调发展纳入同一回归模型后，与回归模型（6.1）（6.2）和（6.3）相比，无论是回归系数，还是显著性指标 t 值，产业多极化集聚（其中，回归系数由 0.021 变为 0.023，t 值由 3.69 变为 4.14）均有所上升，说明在城市系统内，产业的多极化集聚与劳动力空间配置之间的耦合协调发展，能显著提升产业集聚对城市经济高质量发展的促进作用；而劳动力空间配置的回归系数有所下降，但显著程度明显上升（回归系数从 0.001 变为 0.000，t 值由 2.62 变为 3.15）。由此可知，产业多极化集聚与劳动力空间配置的有效融合与协调发展对劳动力空间配置推进城市经济高质量发展的促进作用具有一定的中介效应（通过对两者的耦合协调水平进行 sobel 检验，结果显示 p=0.000，说明城市劳动力空间配置能通过"产业-劳动力"耦合协调水平对城市经济高质量发展产生正向影响）。

另外，在（6.1）~（6.5）5 个模型中，就控制变量而言：①人均资本存量水平对城市经济高质量发展具有显著负向作用，其回归系数在-0.004 左右。其原因可能在于，本书对于人均资本的测度，采用城市固定资本存量按照城市常住人口进行人均化计算测得。因此，随着我国人口不断增长，各区域之间发展水平差异不断变化，该数值的变化趋势与经济高质量发展的变化趋势呈现相反态势。②城市工业化水平对中国城市经济高质量发展水平提升具有显著负向影响。原因在于，城市工业化水平的提升，往往伴随能源资源的大量消耗和生态环境的持续破坏和污染。同时，城市工业化程度越高，越不利于城市产业结构的调整和经济结构的优化，从而对城市经济高质量发展水平提升产生阻碍作用。③城市公共交通情况的改善与服务水平的提升，必然降低城市生活成本与通勤成本，从而间接提升经济要素的利用效率，推动城市经济高质量发展。④地方政府干预能有效推动城市经济高质量发展。其原因在于，地方政府预算支出本身即为地区生产总值的组成部分，其预算支出的增加必然导致城市政府购买、城市转移支付的增加。这一系列变化又通过凯恩斯需求理论的乘数效应，更大地带动城市经济增长，同时地方政府预算支出的增加，也有利于城市公共物品的增加和服务水平的提升，从而推动城市经济高质量发展。

2. 动态面板模型回归结果分析

根据式（6.6），通过对被解释变量和核心解释变量的滞后阶进行测算，本节最终选取被解释变量和两个核心解释变量的滞后一至二期纳入回归模型，并将城市产业多极化集聚水平与城市劳动力空间配置两个核心变量的滞后一至二期作为内生变量纳入系统矩估计（SYS-GMM）回归模型。对所涉模型自相关进行检验，结果表明所有模型一阶自相关显著，二阶自相关不显著，符合矩估计成立前提，同时对工具变量进行 Hansen 检验，其结果并不显著，表明模型不存在过度识别问题，说明工具变量选取有效。回归结果如表 6-4 所示。从模型（6.6）~（6.10）可知，城市产业多极化集聚、劳动力空间配置以及两者耦合协调发展对城市经济高质量发展水平的提升具有显著的促进作用。同时与静态模型相比，将城市"产业多极化集聚-劳动力空间配置"的耦合协调加入 SYS-GMM 模型之后，其自身对城市经济高质量发展作用显著，但弱化了产业多极化集聚对城市经济高质量发展水平提升的促进作用。究其原因可能在于，动态面板模型加入了被解释变量和解释变量的一至二阶滞后期，因此两者耦合协调所引起两者的强化促进作用可能被各变量滞后期所弱化。总体而言，在考虑模型内生性问题后，采用动态面板（SYS-GMM）估计，其回归结果与静态面板模型结果基本保持一致。

表 6-4 动态面板模型回归结果

解释变量	被解释变量				
	（6.6）	（6.7）	（6.8）	（6.9）	（6.10）
	Hqed	Hqed	Hqed	Hqed	Hqed
IND	0.060**			0.058***	0.023***
	（2.40）			（5.76）	（3.97）
lab_inf		0.001**		0.002***	0.003**
		（2.33）		（2.93）	（2.48）
Cou_deg			0.015*		0.220***
			（1.67）		（2.90）
control	控制	控制	控制	控制	控制
i.year	YES	YES	YES	YES	YES
_cons	-1.025***	-0.030	0.400	-0.627***	-0.103*
	（-2.74）	（-0.08）	（0.96）	（-3.94）	（-1.69）
AR（1）	-3.140***	-2.380**	-1.910*	-3.400***	-2.510***
	（0.002）	（0.017）	（0.056）	（0.001）	（0.012）
AR（2）	-0.860	-0.740	-0.840	-0.520	-1.570
	（0.388）	（0.459）	（0.403）	（0.600）	（0.117）
HandenTest	14.720	13.620	12.190	28.640	20.230
	（0.196）	（0.401）	（0.272）	（0.279）	（0.123）
样本数	4 335	4 335	4 046	4 335	4 046

注：括号内数值为相应系数的 z 统计量值，*、**、***分别表示在 10%、5%、1%水平下显著；AR、HansenTest 检验括号里的数分别为 prob>z、prob>chiz 的值。

（二）异质性检验

1. 产业不同集聚态势的城市样本异质性分析

由前文（5.2）式可知，当 $IND>0$ 时，表明城市产业的空间分布呈现多极化集聚态势；反之当 $IND<0$ 时，则表示城市产业呈现单一化集聚态势。城市产业空间分布的不同态势对城市经济高质

量发展的影响不尽相同，因此，为了分析城市产业不同空间集聚态势对城市经济高质量发展的影响，本节将按照各城市产业集聚的"多极化"和"单一化"两个不同态势，对所选取的289个城市进行样本划分，以此分析城市产业不同集聚态势对城市经济高质量发展影响的异质性。根据前文（5.2）式所设产业多极化集聚水平的测度公式，若 $IND_{i,t}>0$，则表明第 t 年 i 城市产业呈现多极化集聚态势（变量名设为 $IND_{i,t}^+$），反之则为产业单一化集聚（变量名设为 $IND_{i,t}^-$），具体回归结果如表6-5所示。

由（6.11）~（6.15）可知，对于呈现产业多极化集聚的城市分样本而言，产业的多极化集聚能显著促进城市经济高质量发展，但这类城市的劳动力空间配置以及"产业多极化集聚-劳动力空间配置"耦合协调水平对该类城市经济高质量发展的促进作用并不显著；同时，由（6.16）~（6.20）可知，对于具有产业单一化集聚态势的城市样本而言，产业的单一化集聚对城市经济高质量发展的促进作用并不显著，但城市劳动力空间配置以及"产业-劳动力"耦合协调水平对城市经济高质量发展的促进作用在1%水平下显著，而且通过对比（6.17）（6.18）与（6.20），将产业集聚、劳动力空间配置以及"产业-劳动力"耦合协调全部纳入计量模型之后，城市劳动力空间配置对城市经济高质量发展促进作用的显著程度明显增加。由此，对比两组样本的回归结果发现：一方面，对于产业多极化集聚的城市而言，产业的多极化分布和集聚对于这类城市资源的有效利用与生产要素的高效配置具有重要意义，反映了中国产业发展和产业集聚现实，即东部地区部分产业的单一集中向多区域集聚，中西部地区产业发展的多核化空间分布，能有效提升这些地区经济资源的高效利用和配置，更利于技术创新和高附加值产业发展，进而对城市经济高质量发展的推进作用更大；另一方面，从城市劳动力空间配置角度来看，相较于产业多极化集聚态势城市而言，单一化集聚态势的城市样本劳动力的空间集中程度更高，所形成的劳动力市场资源可能更为丰富，劳动力交流和流动程度可能更高，因此其带来的生产能力与潜力更大，正如回归结果所示。

表6-5 城市产业不同集聚态势分样本异质性回归结果

解释变量	被解释变量 $Hqed$									
	城市产业"多极化"集聚					城市产业"单一化"集聚				
	（6.11）	（6.12）	（6.13）	（6.14）	（6.15）	（6.16）	（6.17）	（6.18）	（6.19）	（6.20）
IND^+	0.095***			0.096***	0.096***					
	(6.13)			(6.14)	(6.12)					
IND^-						0.008			0.007	0.011
						(0.78)			(0.71)	(1.13)
lab_inf		0.000		0.000	0.000	0.001**		0.001**		0.001***
		(0.36)		(0.54)	(0.53)	(2.09)		(2.06)		(4.15)
Cou_deg			0.003		-0.001		0.020***			0.076***
			(0.54)		(-0.11)		(3.04)			(5.07)
$\ln pcap$	-0.003***	-0.003***	-0.003***	-0.003***	-0.003***	-0.005***	-0.006***	-0.006***	-0.006***	-0.006***
	(-3.00)	(-3.13)	(-3.16)	(-2.99)	(-2.98)	(-4.70)	(-4.72)	(-4.73)	(-4.72)	(-4.93)

续表

解释变量	被解释变量 Hqed									
	城市产业"多极化"集聚					城市产业"单一化"集聚				
	(6.11)	(6.12)	(6.13)	(6.14)	(6.15)	(6.16)	(6.17)	(6.18)	(6.19)	(6.20)
ln ind_lev	-0.000	-0.001	-0.001	-0.000	-0.000	-0.008***	-0.008***	-0.008***	-0.008***	-0.008***
	(-0.17)	(-0.62)	(-0.62)	(-0.15)	(-0.15)	(-4.58)	(-4.53)	(-4.62)	(-4.56)	(-4.72)
ln com_ser	0.001	0.002	0.001	0.001	0.001	0.003**	0.003**	0.003**	0.003**	0.002*
	(1.12)	(1.16)	(1.12)	(1.14)	(1.14)	(2.02)	(1.97)	(1.97)	(1.97)	(1.85)
ln igov	0.006***	0.007***	0.007***	0.006***	0.006***	0.004***	0.004***	0.004***	0.004**	0.003**
	(2.81)	(2.99)	(2.95)	(2.74)	(2.74)	(2.64)	(2.57)	(2.61)	(2.54)	(1.99)
i.year	YES	YES	YES	YES	YES	YES	YES	YES	YES	YES
_cons	-0.072***	-0.074***	-0.074***	-0.069**	-0.069**	-0.014	-0.008	-0.018	-0.007	-0.022
	(-2.41)	(-2.44)	(-2.47)	(-2.30)	(-2.31)	(-0.52)	(-0.31)	(-0.68)	(-0.27)	(-0.84)
样本数	2206	2206	2206	2206	2206	2037	2037	2037	2037	2037
R^2	0.443	0.432	0.432	0.443	0.443	0.453	0.454	0.455	0.454	0.461

注：括号内数值为相应系数的 t 统计量值，*、**、*** 分别表示在10%、5%、1%水平下显著。

2. 劳动力空间配置不同状态的城市样本异质性分析

为了进一步分析不同劳动力空间配置状态对城市经济高质量发展的影响差异，本节按照第五章对于城市劳动力空间配置状态的分类（见表6-6），将所选的289个城市样本划分为劳动力空间流入、劳动力空间流出、劳动力空间流出转空间流入、劳动力空间流入转空间流出4个组别，并将各组别变量名分别设为 inlab_inf、outlab_inf、outinlab_inf、inoutlab_inf，以此分别对4个组别进行回归分析，进而论述各组别劳动力空间配置程度对城市经济高质量发展的影响。

表6-6 劳动力空间配置状态分样本异质性回归结果

解释变量	被解释变量 Hqed									
	城市劳动力空间流入					城市劳动力空间流出				
	(6.21)	(6.22)	(6.23)	(6.24)	(6.25)	(6.26)	(6.27)	(6.28)	(6.29)	(6.30)
IND	0.087***			0.079***	0.082***	0.013			0.013	0.012
	(3.06)			(2.73)	(2.88)	(0.45)			(0.45)	(0.42)
inlab_inf		0.005*		0.003	0.003*					
		(1.76)		(1.13)	(1.93)					
outlab							0.001***		0.001***	0.002***
							(3.70)		(3.70)	(2.70)
Cou_deg			-0.001		0.127			0.026***		-0.010
			(-0.01)		(1.60)			(2.57)		(-0.59)

续表

解释变量	被解释变量 Hqed									
	城市劳动力空间流入					城市劳动力空间流出				
	(6.21)	(6.22)	(6.23)	(6.24)	(6.25)	(6.26)	(6.27)	(6.28)	(6.29)	(6.30)
control	控制	控制	控制	控制	控制	控制	控制	控制	控制	控制
i.year	YES	YES	YES	YES	YES	YES	YES	YES	YES	YES
_cons	-0.346**	-0.350*	-0.375**	-0.333*	-0.293**	-0.052**	-0.044*	-0.056**	-0.044*	-0.041
	(-1.97)	(-1.95)	(-2.00)	(-1.89)	(-1.61)	(-2.05)	(-1.73)	(-2.20)	(-1.71)	(-1.56)
样本数	176	176	176	176	176	2 320	2 320	2 320	2 320	2 320
R^2	0.556	0.537	0.527	0.559	0.567	0.564	0.567	0.565	0.567	0.567

解释变量	被解释变量 Hqed									
	城市劳动力空间流出转空间流入					城市劳动力空间流入转空间流出				
	(6.31)	(6.32)	(6.33)	(6.34)	(6.35)	(6.36)	(6.37)	(6.38)	(6.39)	(6.40)
IND	0.066***			0.066***	0.074***	0.004			0.005	0.006
	(3.30)			(3.31)	(3.69)	(0.55)			(0.65)	(0.74)
outinlab_inf		0.000		0.000	0.001**					
		(0.77)		(0.83)	(2.25)					
Inoutlab_inf							0.000		0.000	0.000
							(0.67)		(0.75)	(0.97)
Cou_deg			0.012**		0.046***			-0.000		0.024
			(2.06)		(2.89)			(-0.04)		(0.91)
control	控制	控制	控制	控制	控制	控制	控制	控制	控制	控制
i.year	YES	YES	YES	YES	YES	YES	YES	YES	YES	YES
_cons	-0.086***	-0.081***	-0.081***	-0.083***	-0.088***	-0.073	-0.066	-0.073	-0.065	-0.080
	(-3.46)	(-3.23)	(-3.27)	(-3.33)	(-3.55)	(-1.13)	(-1.00)	(-1.11)	(-1.00)	(-1.21)
样本数	1 280	1 280	1 280	1 280	1 280	848	848	848	848	848
R^2	0.451	0.447	0.448	0.452	0.456	0.395	0.395	0.395	0.396	0.396

注：括号内数值为相应系数的 t 统计量值，*、**、***分别表示在10%、5%、1%水平下显著。

对于城市劳动力空间流入组别，如表中模型（6.21）~（6.25）所示，城市产业的多极化集聚和劳动力空间配置程度的加强均能显著促进城市经济高质量发展，且通过对比（6.21）（6.22）和（6.25），当加入"产业-劳动力"耦合协调之后，产业多极化集聚对城市经济高质量发展的促进作用和显著程度均明显提升，而劳动力空间配置程度的促进作用减小。究其原因在于，在这一组别里，由于城市处于劳动力空间流入状态，城市劳动力空间配置程度的强化，大量低水平劳动力向城市集中，使其劳动力资源层次较低、高技术型劳动力占比较小、素质结构不尽合理，从而造成这一组别城市生产方式粗放、生产效率低下等问题更为突出，进而导致经济高质量发展受阻。

对于劳动力空间流出组别，如表中模型（6.26）~（6.30）所示，产业的多极化集聚并未对城市经济高质量发展产生显著促进作用，而城市劳动力空间配置程度的强化却显著推进城市经济高质量发展。而且由（6.30）可知，在产业多极化集聚条件下，这种促进作用明显强化。这一现象充分说明，对于本身城市规模较大、人口存量丰富、劳动力流动频率较高、经济发展态势良好、产业层次较高的城市而言，其部分剩余劳动力资源空间流出程度的加强、部分产能相对偏低产业的分散，对其城市内部生产资源的良性竞争和高效利用，城市"产业-劳动力"匹配融合具有深远意义，进而能有效推进城市经济高质量发展。

对于劳动力空间流出转空间流入组别城市而言，如表中模型（6.31）~（6.35）所示，城市产业多极化集聚能显著促进城市经济高质量发展［见模型（6.31）］，但城市劳动力空间配置程度的强化并不能单独对城市经济高质量发展产生显著作用［见模型（6.32）］。然而，将城市劳动力空间配置置于产业的多极化集聚条件下时，其对城市经济高质量发展的促进作用得到明显强化［见模型（6.35）］。究其原因在于，这类城市在产业的多极化集聚背景下，一些与产业并不相符的劳动力由于缺乏竞争优势而逐渐从城市内部劳动力市场退出，从而表现出劳动力空间流出状态。而随着城市产业的多元化发展、多极化集聚，对相应劳动力需求的逐步增加，又使劳动力新一轮集中从而表现为城市劳动力的空间流入。不同的是，新一轮的劳动力集中，不仅带来了相应的规模效应，而且由于其与产业发展的相互匹配，进而形成了新一轮城市经济高质量发展的人才动力和产业势能，从而有效促进城市经济高质量发展。

对于劳动力空间流入转空间流出组别城市而言，如表中模型（6.36）~（6.40）所示，城市产业多极化集聚与劳动力空间配置状态的变化对城市经济高质量发展的作用并不显著。究其原因在于，这部分城市在前期发展中，可能因其特殊的地理区位和优势资源，获得了较为快速的发展，但部分城市由于后期规划、科技创新、产业布局等的不足，经济发展后期动力不足，进而对城市经济高质量发展的促进作用并不明显。

3. "产业多极化集聚-劳动力空间配置"耦合协调等级异质性分析

由前文可知，产业集聚与劳动力空间配置对于城市经济高质量发展均有显著促进作用，且不同产业集聚态势、不同劳动力空间配置状态对城市经济高质量发展的促进作用不尽相同，且这些促进作用或多或少都与城市"产业多极化集聚-劳动力空间配置"之间的耦合协调发展水平有着密切关系。因此，"产业多极化集聚-劳动力空间配置"耦合协调水平的不同等级必然对城市经济高质量发展的影响不同。因此，为进一步理清其对城市经济高质量发展的影响差异，本节按照第五章表5-7的耦合协调程度等级划分标准，并充分结合城市样本量，将2005—2020年各城市"产业多极化集聚-劳动力空间配置"耦合协调水平划分为极度—严重失调城市（变量名为 $Exsev\_dys$）、中度失调城市（变量名为 $Moder\_dys$）、轻度—濒临失调城市（变量名为 $Mibor\_dys$）、协调类型城市（变量名为 Cou_typ）4个组别，分别进行回归分析。回归结果如表6-7所示。从模型（6.41）~（6.45）可知，对于极度—严重失调城市组别而言，产业的多极化集聚对城市经济高质量发展的促进作用并不显著。城市劳动力的空间配置强度对城市经济高质量发展呈现显著负向作用，且这种负向作用在产业集聚的条件下更为明显和严重。究其原因在于，城市"产业-劳动力"耦合协调水平的极度低下，使城市产业的集聚发展并不能得到相应的劳动力支撑，进而不利于城市产业结构的有效升级和优化；同时城市劳动力的盲目集中和流入，必然引起城市公共服务、生活成本、生产效率的进一步降低，因此对城市经济高质量发展产生了明显的阻碍作用。对于中度失调城市组别而言［见模型（6.46）~（6.50）］，城市产业的多极化集聚能显著促进城市经济高质量发展，但城市劳动力空间配置的影响作用与极度—严重失调城市组别类似，同样产生了显著的阻碍作用。不同的是，中度失调城市组别城市内部"产业-劳动力"耦合协调水平较极度—严重失调城市组别明显较高，因此在产业多极化集聚条件下，城市劳动力空间配置程度的提升对城市经济高质量发展的影响由负转为不显著的正向影响。由此可知，"产业-劳动力"耦合协调水平对于城市产业集聚与劳动力空间配置具有重要影响。对于轻度—濒临失调城市组别而言，产业多极化集聚与劳动力空间配置对城市经济高质量发展有正向影响，但均不显著。就协调类型城市组别来看，由于该组别城市样本较少，仅能看出城市产业多极化集聚对城市经济高质量发展的显著促进作用，劳动力空间配置的正向影响并不显著。

表6-7 "产业多极化集聚-劳动力空间配置"耦合协调等级异质性回归结果

解释变量	被解释变量 Hqed									
	极度—严重失调城市组别					中度失调城市组别				
	（6.41）	（6.42）	（6.43）	（6.44）	（6.45）	（6.46）	（6.47）	（6.48）	（6.49）	（6.50）
IND	0.002			-0.001	0.005	0.111***			0.114***	0.124***
	（0.02）			（-0.01）	（0.05）	（2.62）			（2.67）	（2.92）
lab_inf		-0.002**		-0.002**	-0.004***		-0.001***		-0.001***	0.000
		（2.21）		（2.21）	（-3.51）		（-2.38）		（-2.44）	（0.68）
Exsev_dys			-0.009		-0.056***					
			（-0.59）		（-2.78）					
Moder_dys								0.062***		0.075***
								（4.09）		（3.57）
control	控制	控制	控制	控制	控制	控制	控制	控制	控制	控制
i.year	YES	YES	YES	YES	YES	YES	YES	YES	YES	YES
_cons	0.003	0.019	0.004	0.019	0.043	-0.008	-0.006	-0.017	-0.004	-0.017
	（0.09）	（0.52）	（0.12）	（0.52）	（1.13）	（-0.31）	（-0.23）	（-0.62）	（-0.14）	（-0.63）
样本数	1129	1129	1129	1129	1129	2202	2202	2202	2202	2202
R^2	0.481	0.484	0.481	0.484	0.488	0.517	0.517	0.519	0.518	0.522

解释变量	被解释变量 Hqed									
	轻度—濒临失调城市组别					协调类型城市组别				
	（6.51）	（6.52）	（6.53）	（6.54）	（6.55）	（6.56）	（6.57）	（6.58）	（6.59）	（6.60）
IND	0.037			0.036	0.036	0.026**			0.027***	0.041***
	（1.48）			（1.46）	（1.46）	（2.51）			（2.60）	（3.45）

续表

解释变量	被解释变量 Hqed									
	轻度—濒临失调城市组别					协调类型城市组别				
	（6.51）	（6.52）	（6.53）	（6.54）	（6.55）	（6.56）	（6.57）	（6.58）	（6.59）	（6.60）
lab_inf		0.000		0.000	0.000		0.001		0.001	0.003
		（0.77）		（0.74）	（0.76）		（0.40）		（0.78）	（1.15）
Moder_dys			-0.001		-0.002					
			（-0.05）		（-0.02）					
Cou_typ								0.111**		0.264**
								（2.25）		（2.46）
control	控制	控制	控制	控制	控制	控制	控制	控制	控制	控制
i.year	YES	YES	YES	YES	YES	YES	YES	YES	YES	YES
_cons	-0.141***	-0.135***	-0.138***	-0.138***	-0.138***	-0.286**	-0.294**	-0.344***	-0.278**	-0.385***
	（-3.46）	（-3.30）	（-3.38）	（-3.37）	（-3.35）	（-2.34）	（-2.37）	（-2.77）	（-2.26）	（-3.05）
样本数	1 029	1 029	1 029	1 029	1 029	264	264	264	264	264
R^2	0.497	0.496	0.496	0.498	0.498	0.496	0.481	0.493	0.497	0.521

注：括号内数值为相应系数的 t 统计量值，*、**、***分别表示在10%、5%、1%水平下显著。

4. 不同区域城市样本异质性分析

为反映中国不同区域城市产业多极化集聚、劳动力空间配置对城市经济高质量发展的影响差异，本节遵照前文对中国区域进行的东、中、西部与东北部四大经济区域划分，分别分析不同区域城市产业多极化集聚、劳动力空间配置以及两者耦合协调发展对经济高质量发展的不同影响。具体回归结果如表6-8所示。一方面，就产业集聚而言，全国四大经济区域中，仅东部地区城市产业多极化集聚能显著促进城市经济高质量发展，中部地区和东北部地区城市产业集聚对城市经济高质量发展的促进作用并不显著，同时西部地区城市产业多极化集聚对城市经济高质量发展具有显著反向作用。究其原因在于，对东部地区而言，其本身产业发展水平较高，产业集聚程度较高，其产生的规模效应已然巨大，因此该区域产业的多极化分散集聚，不仅能有效弱化规模过大所带来的负向效应，更能因产业的多极化集聚产生巨大的扩散效应，对城市经济高质量发展产生显著促进作用。对于中部地区和东北部地区而言，其产业发展层次比东部地区低，其产业集聚形成的规模效应并不大，而该区域产业的多极化集聚本身也意味着资本、资源等生产要素的多区域转移，从而在一定程度上弱化了产业集聚带来的促进作用。而对于西部地区而言，由于其产业发展水平较低，产业集聚水平滞后，而产业的多极化集聚使产业集聚的规模效应并未完全呈现，阻碍了产业的进一步发展和优化，进而对经济高质量发展产生不利影响。

表 6-8 不同区域城市样本异质性回归结果

解释变量	被解释变量 Hqed									
	东部地区城市样本					中部地区城市样本				
	(6.61)	(6.62)	(6.63)	(6.64)	(6.65)	(6.66)	(6.67)	(6.68)	(6.69)	(6.70)
IND	0.061***			0.061***	0.062***	0.005			0.021	0.021
	(5.00)			(5.07)	(5.12)	(0.11)			(0.49)	(0.47)
lab_inf		0.000		0.000*	0.001*		0.000**		0.000**	0.000
		(0.75)		(1.80)	(1.73)		(2.31)		(2.36)	(0.55)
Cou_deg			-0.012		0.030			-0.018**		-0.011
			(-1.10)		(1.10)			(-2.39)		(-0.77)
control	控制	控制	控制	控制	控制	控制	控制	控制	控制	控制
i.year	YES	YES	YES	YES	YES	YES	YES	YES	YES	YES
_cons	-0.066	-0.072	-0.079*	-0.073	-0.077**	-0.125**	-0.138***	-0.134***	-0.139***	-0.137***
	(-1.45)	(-1.56)	(-1.73)	(-1.60)	(-1.69)	(-3.03)	(-3.32)	(-3.25)	(-3.33)	(-3.29)
样本数	1 392	1 392	1 392	1 392	1 392	1 280	1 280	1 280	1 280	1 280
R^2	0.552	0.543	0.543	0.553	0.553	0.597	0.599	0.599	0.599	0.599

解释变量	被解释变量 Hqed									
	西部地区城市样本					东北部地区城市样本				
	(6.71)	(6.72)	(6.73)	(6.74)	(6.75)	(6.76)	(6.77)	(6.78)	(6.79)	(6.80)
IND	-0.010**			-0.011**	-0.009*	0.036			0.039	0.034
	(-2.18)			(-2.19)	(-1.81)	(0.86)			(0.93)	(0.79)
lab_inf		-0.000		-0.000	0.000		0.001		0.001	0.000
		(-0.05)		(-0.26)	(0.41)		(1.21)		(1.25)	(0.36)
Cou_deg			0.010**		0.013			0.005		0.013
			(2.04)		(1.09)			(0.31)		(0.46)
control	控制	控制	控制	控制	控制	控制	控制	控制	控制	控制
i.year	YES	YES	YES	YES	YES	YES	YES	YES	YES	YES
_cons	-0.020	-0.021	-0.021	-0.021	-0.021	0.001	0.007	-0.001	0.008	-0.003
	(-1.13)	(-1.14)	(-1.13)	(-1.15)	(-1.15)	(0.01)	(0.13)	(-0.01)	(0.15)	(-0.05)
样本数	1 408	1 408	1 408	1 408	1 408	544	544	544	544	544
R^2	0.348	0.345	0.347	0.348	0.349	0.698	0.698	0.698	0.700	0.698

注：括号内数值为相应系数的 t 统计量值，*、**、*** 分别表示在 10%、5%、1%水平下显著。

另一方面，就城市劳动力空间配置而言，而对于城市劳动力流动，四大经济区域之间则表现出完全不同的作用方向和显著程度。具体地，就东部地区和中部地区来看，如表中模型（6.61）~（6.65）与模型（6.66）~（6.70）所示，两大经济区域内各城市劳动力空间配置均能显著促进城市经济高质量发展。表明这两大经济区域无论是对劳动力资源的高效利用、劳动力层次结构的合理配置，还是对产业布局与劳动力资源的匹配融合，均做出较为科学合理的整体谋划，进而有效推进了两大区域各城市经济高质量发展。然而就东北部地区而言，如表中模型（6.76）~（6.80）所示，区域内各城市劳动力空间配置的促进作用并不显著。究其原因在于，东北部地区因临近东部发达地区而使劳动力大规模向东部空间配置，同时也因为承接着东部地区产业的区域多极化转移，而对中、西部地区富余劳动力产生巨大的虹吸效应（在本书选取的东部地区 80 个样本城市中，有 52 个城市处于劳动力空间流出状态、14 个处于空间流出转空间流入状态、14 个处于空间流入转空间流出状态），因此，在劳动力的空间流入与空间流出两个方向上产生了不同的城市经济作用，进而使该区域内城市劳动力空间配置对城市经济高质量发展的促进作用不显著。对于西部地区而言，城市劳动力空间配置对城市经济高质量发展具有阻碍作用，但不显著，然而一旦将"产业多极化集聚-劳动力空间配置"的耦合协调纳入模型之后［见模型（6.75）］，劳动力空间配置对城市经济高质量发展的影响由阻碍作用变为促进作用。究其原因在于，西部地区长期以来均处于劳动力空间流出状态，其大量劳动力的空间外流配置，使这些区域的劳动力资源规模相对较小，其层次结构存在断层现象，一定程度上制约了城市经济高质量发展。但自党的十八大以来，随着中国经济"三期叠加"时期到来，东部、中部地区部分产业向西部转移、多区域发展和多极化集聚，西部部分地区充分利用自身劳动力资源禀赋和后发优势，以及国家对西部的人才支持政策的倾斜，使西部地区城市劳动力空间配置产生了巨大经济效益，进而有效促进了城市经济高质量发展。

5. 不同城市规模分样本异质性分析

以人口数量衡量的城市规模大小决定了城市公共物品和服务的数量与质量，从而对城市营商环境产生影响，进而在一定程度上决定了城市产业的发展能力、布局趋势和结构变动方向。因此，城市规模的不同，必然导致城市产业多极化集聚与劳动力空间配置对经济高质量发展的作用差异。为此，本书根据 2014 年国务院印发的《关于调整城市规模划分标准的通知》划分标准[①]，将所选 289 个城市样本划分为大、中、小城市 3 个组别分别进行回归分析。其回归结果如表 6-9 所示。

表 6-9 不同城市规模分样本异质性回归结果

解释变量	被解释变量 $Hqed$									
	大城市分样本					中等城市分样本				
	（6.81）	（6.82）	（6.83）	（6.84）	（6.85）	（6.86）	（6.87）	（6.88）	（6.89）	（6.90）
IND	0.021***			0.022***	0.025***	0.008			0.009	0.009
	（3.59）			（3.61）	（4.09）	（0.26）			（0.29）	（0.30）

① 本书遵循 2014 年国务院印发的《关于调整城市规模划分标准的通知》的划分标准：城区常住人口大于 100 万的城市为大城市；50 万以上 100 万以下的城市为中等城市，50 万以下的城市为小城市。

续表

解释变量	被解释变量 Hqed									
	大城市分样本					中等城市分样本				
	(6.81)	(6.82)	(6.83)	(6.84)	(6.85)	(6.86)	(6.87)	(6.88)	(6.89)	(6.90)
lab_inf		0.000		0.000	0.001***		0.001***		0.001**	0.001***
		(0.18)		(0.42)	(2.81)		(3.12)		(2.12)	(2.87)
Cou_deg			0.004		0.049***			0.010		-0.001
			(0.60)		(2.96)			(1.23)		(-0.15)
control	控制	控制	控制	控制	控制	控制	控制	控制	控制	控制
i.year	YES	YES	YES	YES	YES	YES	YES	YES	YES	YES
_cons	-0.164***	-0.164***	-0.164***	-0.162***	-0.168**	-0.014	-0.004	-0.012	-0.004	-0.016
	(-5.24)	(-5.21)	(-5.22)	(-5.17)	(-5.37)	(-0.55)	(-0.14)	(-0.45)	(-0.16)	(-0.60)
样本数	2 256	2 256	2 256	2 256	2 256	1 616	1 616	1 616	1 616	1 616
R^2	0.484	0.481	0.481	0.484	0.486	0.512	0.515	0.512	0.515	0.515

解释变量	被解释变量 Hqed				
	小城市分样本				
	(6.91)	(6.92)	(6.93)	(6.94)	(6.95)
IND	0.040			0.037	0.035
	(0.64)			(0.60)	(0.55)
lab_inf		0.001*		0.001*	0.001*
		(1.89)		(1.87)	(1.65)
Cou_deg			0.009		0.004
			(1.07)		(0.50)
control	控制	控制	控制	控制	控制
i.year	YES	YES	YES	YES	YES
_cons	-0.017	-0.014	-0.026	-0.007	-0.009
	(-0.46)	(-0.37)	(-0.71)	(-0.19)	(-0.24)
样本数	752	752	752	752	752
R^2	0.429	0.432	0.430	0.432	0.433

注：括号内数值为相应系数的 t 统计量值，*、**、***分别表示在10%、5%、1%水平下显著。

由表中模型可知，就城市产业集聚来看，仅大城市分样本产业多极化集聚对城市经济高质量发展产生显著的促进作用，而中、小城市分样本产业的多极化集聚的促进作用并不显著。究其原因在于，大城市产业发展较中小城市而言，规模更大、水平更高、结构更优化，所产生的规模效应和扩散效应更强。因此，产业的多极化集聚更能带动城市经济高质量发展。而对于城市劳动力的空间配置而言，仅有大城市分样本组别的促进作用不显著。究其原因在于，大城市人口规模巨大，劳动力集中程度较高，劳动力空间配置所形成的生活、通勤等系列成本过高，从而弱化了城市经济高质量发展水平的提升。

(三) 稳健性检验

1. 剔除样本

在本书所选的 289 个城市样本中，北京、天津、上海、重庆 4 个直辖市，大连、青岛、宁波、厦门、深圳 5 个计划单列市以及各省份省会城市[①]，在产业布局规划、产业发展水平、产业集聚规模以及城市人口存量、劳动力资源分布、劳动力结构构成与其他地级城市存在明显差异，从而导致这些城市产业多极化集聚水平、劳动力空间配置程度以及两者之间耦合协调水平对城市经济高质量发展的影响有别于其他地级城市。因此，本节将 4 个直辖市、各省份省会城市以及 5 个计划单列市从总体样本中剔除之后进行回归，结果如表 6-10 所示。除"产业-劳动力"耦合协调水平的显著程度有所降低外，产业多极化集聚与劳动力空间配置两个核心解释变量回归结果全部显著，且回归系数、系数符号以及各变量显著水平与基准回归结果保持一致，回归结果较为稳健。

表 6-10 剔除四大直辖市、五大计划单列市和省会城市的稳健性检验结果

解释变量	被解释变量 $Hqed$				
	(6.96)	(6.97)	(6.98)	(6.99)	(6.100)
IND	0.112**			0.114***	0.113***
	(4.04)			(4.12)	(4.07)
lab_inf		0.001**		0.001**	0.000***
		(2.30)		(2.45)	(2.84)
Cou_deg			0.004		0.029***
			(0.92)		(2.89)
$\ln pcap$	-0.003***	-0.003***	-0.003***	-0.003***	-0.003***
	(-4.13)	(-4.12)	(-4.17)	(-4.11)	(-4.20)
$\ln ind\_lev$	-0.001	-0.001	-0.001	-0.001	-0.001
	(-1.12)	(-1.44)	(-1.52)	(-1.03)	(-1.16)
$\ln com\_ser$	0.002**	0.002**	0.002**	0.002**	0.002**
	(2.35)	(2.39)	(2.33)	(2.37)	(2.40)
$\ln igov$	0.004***	0.005***	0.005***	0.004***	0.004***
	(3.01)	(3.46)	(3.52)	(2.86)	(2.70)
$i.year$	YES	YES	YES	YES	YES
$\_cons$	-0.046**	-0.049***	-0.053***	-0.040**	-0.050***
	(-2.52)	(-2.66)	(-2.93)	(-2.21)	(-2.72)

[①] 包括：石家庄、太原、呼和浩特、沈阳、长春、哈尔滨、南京、杭州、合肥、福州、南昌、济南、郑州、武汉、长沙、广州、南宁、海口、成都、贵阳、昆明、拉萨、西安、兰州、西宁、银川、乌鲁木齐 27 个城市。

续表

解释变量	被解释变量 Hqed				
	（6.96）	（6.97）	（6.98）	（6.99）	（6.100）
样本数	4048	4048	4048	4048	4048
R^2	0.482	0.480	0.479	0.482	0.483

注：括号内数值为相应系数的 t 统计量值，*、**、***分别表示在10%、5%、1%水平下显著。

2. 工具变量法

为进一步验证基准模型的稳健性，本节以产业多极化集聚和劳动力空间配置两个解释变量二阶滞后项以及作为各自工具变量，采用二阶段最小二乘法进行稳健性检验，其回归结果如表6-11所示。从结果可以看出，所有模型中经过变量替换后，核心解释变量全部显著，系数符号以及显著水平保持一致，其他变量的回归结果基本保持一致，稳健性得以验证。

表6-11 工具变量法稳健性检验结果

解释变量	被解释变量 ln Teg				
	（6.101）	（6.102）	（6.103）	（6.104）	（6.105）
L_IND	0.049***			0.035***	0.038***
	（4.94）			（4.17）	（4.45）
L_lab_inf		0.001**		0.000	0.001**
		（2.45）		（1.62）	（2.24）
L_Cou_deg			0.038*		0.052*
			（1.78）		（1.79）
ln pcap	-0.003***	-0.002***	-0.003***	-0.004***	-0.004***
	（-3.58）	（-3.02）	（-4.09）	（-4.91）	（-5.06）
lnind_lev	-0.003**	-0.003***	-0.003**	-0.002**	-0.002**
	（-2.74）	（-3.02）	（-2.79）	（-2.43）	（-2.46）
ln com_ser	0.002**	0.003**	0.002*	0.002**	0.002***
	（2.03）	（2.50）	（1.70）	（2.55）	（2.60）
ln igov	0.010***	0.010***	0.009***	0.008***	0.008***
	（6.06）	（6.35）	（5.61）	（5.87）	（5.13）
i.year	YES	YES	YES	YES	YES
_cons	-0.105***	-0.124***	-0.107***	-0.095***	-0.103***
	（-4.61）	（-5.07）	（-4.70）	（-4.70）	（-4.96）
样本数	4 046	4 046	4 046	4 335	4 335
R^2	0.445	0.409	0.443	0.456	0.457

注：括号内数值为相应系数的 z 统计量值，*、**、***分别表示在10%、5%、1%水平下显著。

3. 考虑极端值的影响

对于城市经济高质量发展水平的测度采用包含43个具体指标的指标体系，因此涉及的数据较多、范围较大，有可能因为部分数据的突然变化而影响模型的整体稳健性。因此，本节从考虑极端值的影响角度入手，对解释变量数据采用1%缩尾处理的方式进行模型稳健性检验，结果如表6-12所示。两个核心解释变量与两者耦合协调度回归结果全部显著，且回归系数、系数符号以及各变量显著水平与基准回归结果基本保持一致，回归结果较为稳健。

表6-12 考虑极端值的稳健性检验结果

解释变量	被解释变量 $\ln Teg$				
	（6.106）	（6.107）	（6.108）	（6.109）	（6.110）
IND	0.072***			0.074***	0.077***
	（5.04）			（5.14）	（5.34）
lab_inf		0.001**		0.001***	0.000***
		（2.51）		（2.72）	（3.00）
Cou_deg			.0076*		0.036***
			（1.69）		（3.55）
$\ln pcap$	-0.004***	-0.004***	-0.004***	-0.004***	-0.004***
	（-5.93）	（-6.09）	（-6.15）	（-5.94）	（-6.04）
$\ln ind\_lev$	-0.002**	-0.002**	-0.002**	-0.002**	-0.002**
	（-2.20）	（-2.20）	（-2.25）	（-2.12）	（-2.20）
$\ln com\_ser$	0.002***	0.002***	0.002***	0.002***	0.002***
	（2.70）	（2.66）	（2.57）	（2.72）	（2.68）
$\ln igov$	0.006***	0.006***	0.006***	0.006***	0.006***
	（4.87）	（4.75）	（4.75）	（4.69）	（4.36）
$i.year$	YES	YES	YES	YES	YES
$\_cons$	-0.069***	-0.063***	-0.068***	-0.063***	-0.072***
	（-3.83）	（-3.50）	（-3.79）	（-3.47）	（-4.02）
样本数	4 624	4 624	4 624	4 624	4 624
R^2	0.472	0.469	0.469	0.473	0.473

注：括号内数值为相应系数的z统计量值，*、**、***分别表示在10%、5%、1%水平下显著。

三、拓展分析

由前文可知，城市产业多极化集聚、劳动力空间配置对城市经济高质量发展具有显著促进作用。然而对于任何城市而言，产业的空间分布密度和结构布局优度、劳动力资源集聚密度和流动程度均与城市现有规模大小、经济发展水平、公共设施服务容量密切相关，科学、适宜、合理的产业布局和劳动力资源集聚是城市经济高效、可持续增长的必要前提。因此，为进一步检验城市产业多极化集聚、劳动力空间配置对城市经济高质量发展促进作用的分段式影响，同时考虑产业单一化、多极化不同集聚态势对经济高质量发展影响的差异，本节借鉴 Hansen 门槛面板模型，对所选 289 个城市产业集聚、劳动力空间配置对城市经济高质量发展是否存在门槛效应进行深入检验。其门槛模型设定如下：

$$Hqed_{i,t} = \rho_0 + \rho_1 IND_{i,t} I(thr \leq \gamma) + \rho_2 IND_{i,t} I(thr > \gamma) + \rho_4 control + v_{i,t} \quad (6.7)$$

$$Hqed_{i,t} = \theta_0 + \theta_1 lab\_inf_{i,t} I(thr \leq \gamma) + \theta_2 lab\_inf_{i,t} I(thr > \gamma) + \theta_3 control + o_{i,t} \quad (6.8)$$

式中，thr 为门槛变量，γ 为待估门槛值，$I(\cdot)$ 为示性函数，其他变量与（6.1）~（6.5）式相同。

（一）城市产业多极化集聚门槛效应

本节首先以城市产业多极化集聚（IND）作为门槛变量，进行门槛效应检验，明确是否存在门槛效应以及确定门槛数量，然后再根据前文所述，从城市产业的单一化集聚和多极化集聚两种集聚态势入手，分别对其进行门槛效应检验。结果如表 6-13 所示，从总体来看，城市产业集聚对城市经济高质量发展存在单一门槛效应，其值 γ^{IND}=-0.125；产业单一化集聚也存在单一门槛效应，门槛值为 γ^{IND^-}=-0.131，而对于城市产业多极化集聚而言，则存在对经济高质量发展的双门槛效应，其值分别为 $\gamma_1^{IND^+}$=0.000，$\gamma_2^{IND^+}$=0.002。另外，通过 stata 作图，样本城市总体产业集聚与产业两种集聚态势门槛效应似然比函数图如图 6-1 所示。图中虚线以下表示 95%的置信区间，当 $LR(\gamma)$=0 时，得到相应门槛值。

表 6-13　城市样本产业转移的门槛效应检验结果

门槛变量	门槛数	F 统计量	P 值	抽样次数	临界值 1%	临界值 5%	临界值 10%
IND	1	21.11***	0.000	300	14.202	8.420	6.722
	2	8.95	0.117	300	20.872	16.780	14.398
IND^+	1	32.30***	0.007	300	30.603	19.801	15.588
	2	15.69*	0.080	300	23.387	17.828	14.633
IND^-	1	8.58**	0.043	300	14.265	8.076	6.858
	2	7.48	0.343	300	19.320	13.194	11.702

注：P 值和临界值均为抽样 300 次得到的结果，因此，每次计算均有微小偏差，但不影响最终结果。

通过对城市样本总体产业集聚与单一化和多极化两种产业集聚态势进行门槛回归分析可知（见表 6-14），对于 289 个样本城市而言，在总体产业集聚门槛值前后，其对城市经济高质量发展的影响作用并不相同，当城市产业集聚总体水平小于-0.125 时，其对经济高质量发展的促进作用并不显著，而当产业集聚水平高于-0.125 时，则表现出显著促进作用（回归系数由 0.002 增至 0.074，t 值由 0.32 增至 5.47）。究其原因在于，城市总体产业的较小规模集聚，对于城市资源的利用效率提升有限，较小规模的产业集聚并不能在城市内部形成足够的规模效应，反而可能造成了城市空间和生产要素的浪费，因而不利于城市经济高质量发展。同时就产业单一化集聚态势的城市样本而言,当城市产业单一化集聚水平高于0.131时①,其对城市经济高质量发展的促进作用并不明显,只有当单一化集聚水平逐步降至0.131之后,其对城市经济高质量发展的促进作用才逐渐变大(回归系数由0.004增至0.047),显著水平也逐步提升(t值由0.51增至3.02)。对于具有产业的多极化集聚态势的城市样本而言,当多极化集聚值小于0.000时,其对城市经济高质量发展具有显著的阻碍作用,当多极化集聚值逐步上升至0.000与0.002之间时,这种阻碍作用达到最大值(回归系数由-0.160变为-3.117),当城市产业多极化集聚值进一步上升,增至0.002以上之后,产业多极化集聚对城市经济高质量发展的影响作用逐渐由负向阻碍转变为显著的正向促进。究其原因在于,随着产业的多极化集聚水平的提升和单一化集聚水平的减小,产业的规模效应由大逐渐变小,必然不利于城市经济高质量发展,因此表现出第一阶段阻碍作用变大的回归结果。但随着产业多极化集聚值的继续增加,产业发展所带来的扩散效应和涓滴效应逐步显现,其对城市之间协调发展、创新发展的促进作用越发显现,从而产生对城市经济高质量发展的显著促进作用。

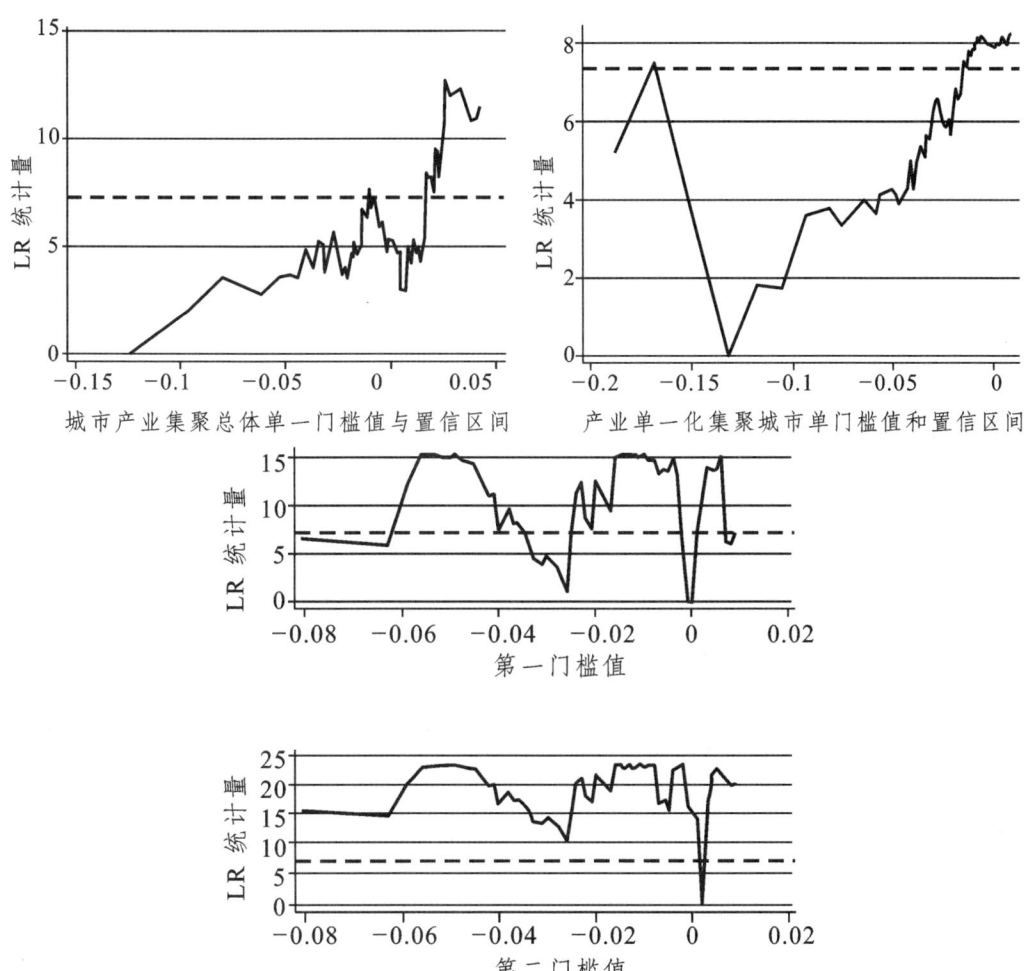

图6-1 城市样本各产业集聚态势门槛效应似然比函数图

① 在本书中,$IND<0$,表示产业的单一化集聚,且其绝对值越大,表明单一化集聚水平越高。

表 6-14 城市样本各产业集聚态势门槛回归结果

解释变量	被解释变量 Hqed		
	总体产业集聚	产业单一化集聚	产业多极化集聚
	（6.111）	（6.112）	（6.113）
$IND_{i,t}I(thr\leq\gamma^{IND})$	0.002 （0.32）		
$IND_{i,t}I(thr>\gamma^{IND})$	0.074*** （5.47）		
$IND^-_{i,t}I(thr\leq\gamma^{IND^-})$		0.004 （0.51）	
$IND^-_{i,t}I(thr>\gamma^{IND^-})$		0.047*** （3.02）	
$IND^+_{i,t}I(thr\leq\gamma_1^{IND^+})$			-0.160*** （-5.88）
$IND^+_{i,t}I(\gamma_1^{IND^+}<thr\leq\gamma_2^{IND^+})$			-3.117*** （-4.07）
$IND^+_{i,t}I(thr>\gamma_2^{IND^+})$			0.454*** （3.90）
control	控制	控制	控制
_cons	-0.203*** （-15.13）	-0.149*** （-7.94）	-0.245*** （-12.72）
样本数	4 624	2 448	2 176
R^2	0.309	0.296	0.346

注：括号内数值为相应系数的 t 统计量值，*、**、***分别表示在 10%、5%、1%水平下显著。

（二）城市劳动力空间配置门槛效应

对于城市劳动力空间配置而言，同样可能会因为其过高的配置程度，引起城市劳动力的大规模空间流入与流出，导致城市劳动力资源供需均衡受阻，进而影响城市资源的有效配置，阻碍经济高质量发展；同时也会导致劳动力空间流入城市劳动人口的过度集中，从而引起城市环境污染问题的出现、城市拥挤问题的频发，进而导致城市通勤成本和生产成本的增加，致使城市经济发展受阻。因此，本节将从城市劳动力空间配置的总体情况，以及空间流入流出两个方向[①]对城市经济高质量发展的门槛效应进行检验，进一步分析城市劳动力空间配置对城市经济高质量发展促进作用的分段式影响。结果如表 6-15 所示，从总体来看，城市劳动力空间配置强度对城市经济高质量发展存在单一门槛效应，其值为 γ_{lab_inf}=0.275；从劳动力空间流入与空间流出方向来看，劳动力空间流入与空间流出对城市经济高质量发展均不存在门槛效应。另外，通过 stata 作图，样本城市劳动力空间配置整体水平门槛效应似然比函数图如图 6-2 所示。图中虚线以下表示 95%的置信区间，当 LR（γ）=0 时，得到相应门槛值。

---

① 由于本节所研究内容重在分析劳动力空间流入与空间流出状态下对城市经济高质量发展的分阶段式影响，因此本节将第五章所述的劳动力空间流入状态与空间流出转空间流入状态，统称为空间流入状态，其余统称为空间流出状态。

表 6-15　城市样本劳动力空间配置的门槛效应检验结果

门槛变量	门槛数	F 统计量	P 值	抽样次数	临界值		
					1%	5%	10%
lab_inf	1	24.64**	0.027	300	27.927	21.414	18.190
	2	8.92	0.453	300	24.141	16.819	15.311
in_lab_inf	1	4.70	0.923	300	30.675	21.726	18.576
	2	11.68	0.250	300	24.610	18.177	15.189
outinlab_inf	1	17.33	0.153	300	35.910	24.013	19.715
	2	8.45	0.707	300	29.087	25.492	20.032

注：P 值和临界值均为抽样 300 次得到的结果，因此，每次计算均有微小偏差，但不影响最终结果。

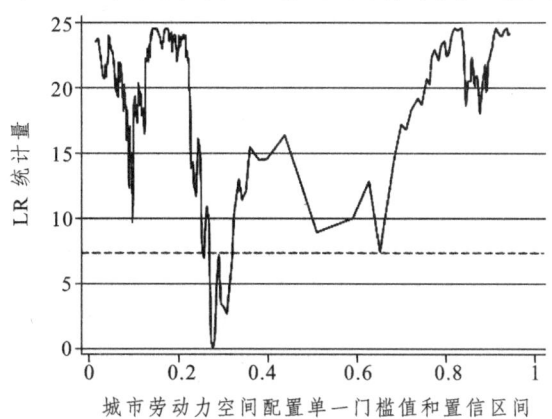

图 6-2　城市劳动力空间配置门槛效应似然比函数图

对城市劳动力空间配置整体水平进行门槛回归分析可知（见表 6-16），对于 289 个样本城市而言，城市劳动力空间配置整体水平在门槛值前后虽然都能显著促进城市经济高质量发展，但其对城市经济高质量发展的影响作用和显著程度并不相同，当城市劳动力空间配置总体水平小于 0.275 时，其对经济高质量发展的促进作用明显强于劳动力空间配置总体水平高于 0.275 时（回归系数从 0.025 降至 0.004），且促进作用的显著程度明显下降（t 值由 4.78 变为 2.91）。究其原因在于，正如前文所述，劳动力空间配置程度的强化一方面使空间流出城市劳动力资源总量匮乏、结构断层，另一方面也使空间流入城市拥挤现象逐渐显现，进而不利于城市经济高质量发展。

表 6-16　样本城市劳动力空间配置门槛回归结果

解释变量	被解释变量 Hqed
	劳动力空间配置整体水平
	（6.114）
$lab\_inf_{i,t} I(thr \leq \gamma_{lab\_inf})$	0.025*** （4.78）
$lab\_inf_{i,t} I(thr > \gamma_{lab\_inf})$	0.004*** （2.91）
Control	控制

续表

解释变量	被解释变量 Hqed
	劳动力空间配置整体水平
	（6.114）
_cons	-0.203***
	（-15.14）
样本数	4624
R^2	0.301

注：括号内数值为相应系数的 t 统计量值，*、**、***分别表示在10%、5%、1%水平下显著。

四、本章小结

本章通过构造影响城市经济高质量发展的计量回归模型，同时将前文所论述的城市产业多极化集聚、劳动力空间配置以及两者之间的耦合协调水平带入城市经济高质量发展的回归模型，并选取地区人均资本、工业化发展水平、公共交通情况、政府干预等指标作为控制变量，分析城市产业多极化集聚、劳动力空间配置以及两者耦合协调水平对城市经济高质量发展的影响作用。通过实证分析可知：

第一，城市产业多极化集聚、劳动力空间配置以及两者的耦合协调程度均能显著促进城市经济高质量发展。其中，城市产业多极化集聚的促进作用最大，劳动力空间配置的促进作用较小，同时"产业—劳动力"的耦合协调发展能强化产业集聚的促进作用。

第二，产业的多极化集聚和单一化集聚两种不同集聚态势对城市经济高质量发展的影响效果和显著程度不尽相同，产业多极化集聚能显著促进城市经济高质量发展，而产业单一化集聚态势对城市经济高质量发展的促进作用不显著。

第三，不同的城市劳动力空间配置状态条件下，城市劳动力空间配置对城市经济高质量发展的影响作用也不尽相同。其中，劳动力空间流入状态的城市分样本组别中，产业多极化集聚对城市经济高质量发展的促进作用最大。研究表明，这些城市通过利用自身资源禀赋、区位优势快速形成了自身经济高质量发展的强劲动力，从而更好地形成了产业多极化集聚效应，也使劳动力空间流入态势强化，进一步促进了这些地区产业的多极化集聚，进而引起这些城市产业多极化集聚到劳动力配置能力强化，再到产业多极化集聚的良性循环变化，因而对其经济高质量发展表现出强劲的推进作用。

第四，随着"产业—劳动力"耦合协调水平的提升，其对城市经济高质量发展的促进作用也在加强，然而不同的耦合等级对城市经济高质量发展的促进作用也不尽相同。

第五，从区域分布来看，东部地区城市产业多极化集聚对城市经济高质量发展的促进作用最强，这无疑得益于东部地区产业结构优化、产业创新能力强化的发展优势；而劳动力空间配置强度对城市经济高质量发展的影响则因区域之间不同的劳动力资源分布密度、结构优化程度而表现出不同的作用大小。

第六，从城市规模来看，大城市产业多极化集聚对城市经济高质量发展均具有显著的促进作用，中小城市劳动力空间配置对城市经济高质量发展具有显著促进作用。

另外，本章通过检验城市产业多极化集聚和劳动力空间配置对城市经济高质量发展影响作用的门槛效应，认为城市产业多极化集聚和劳动力空间配置对城市经济高质量发展的影响均存在单一门槛值，且在门槛值前后，两者对城市经济高质量发展的影响存在明显差异。

CHAPTER 7 第七章
产业多极化集聚、劳动力空间配置影响城市经济高质量发展的异质性分析

产业多极化集聚对城市经济高质量发展的影响，会因为产业发展水平不同，产业结构层次、产业空间分布状态的不同，甚至不同产业对生产要素的不同吸纳能力、对劳动力素质水平、资本结构和技术能力的不同要求，以及引起的产业与劳动力之间融合程度与协调发展的差异，而对经济高质量发展产生不同影响。因此，在前文充分论述城市产业集聚对经济高质量发展促进作用的基础上，本章通过将本书选取的 16 个行业按照劳动密集、资本密集和技术密集 3 大类型进行划分，分别分析不同类别产业多极化集聚、劳动力空间配置对城市经济高质量发展的不同影响。同时，按照不同类型产业集聚的"单一化"和"多极化"两种不同产业分布态势、不同的劳动力空间配置方向、不同的区域类别和不同的城市规模对本书选取的 289 个城市样本进行划分，从不同视角和类别分析 3 种类型产业多极化集聚、劳动力空间配置对城市经济高质量发展的异质性作用。另外，考虑不同类型产业多极化集聚与劳动力空间配置可能产生的不同的负向外部影响，进一步论证 3 种产业多极化集聚类型和劳动力空间配置对城市经济高质量发展的非线性化影响。

一、模型设定与数据说明

（一）模型设定

城市不同类型的产业多极化集聚不仅导致城市内部不同的产业结构变迁、不同的产业升级优化路径，更为重要的是，不同的产业多极化集聚类型将引起城市不同生产要素、资源的区域集聚和空间配置，形成城市内部不同的产业发展动能和生产要素势能，从而形成各自城市不同的经济发展内生驱动力，进而对城市经济高质量发展产生不同的影响作用。本章为客观、科学、全面地分析不同类型产业多极化集聚对城市经济高质量发展的不同影响，将前文选取的 16 个行业按照劳动密集、资本密集和技术密集 3 大类型进行划分，分别分析不同类别产业多极化集聚、劳动力空间配置对城市经济高质量发展的不同影响。其中，劳动密集型产业包括农副食品加工业、食品制造业、纺织业、纺织服装服饰和制鞋业、通用设备制造业 5 个行业；资本密集型产业包括煤炭开采和洗选业、石油和天然气开采业、专用设备制造业、电气机械和器材制造业、电热力生产和供应业 5 个行业；技术密集型产业包括运输设备制造业、医药制造业、电子及通信设备制造业、计算机及办公设备制造业、医疗仪器设备及仪器仪表制造业、信息化学品制造业 6 个行业。同时本章对于计量模型的选取，根据前文关于经济高质量发展水平测度综合指标体系的构建，充分考虑 3 种不同类型产业多极化集聚所引起的生产要素和资源空间配置变化的长期性、滞后性、时效性，以及产业多极化集聚、劳动力空间配置状况测度过程涉及的多指标计算可能带来的内生性问题，依次采用静态面板模型与动态面板模型进行实证分析。同时，与第六章类似，为提高所选模型的准确性，还需选取一定的、对城市经济高质量发展产生影响的其他因素组成控制变量，以期使模型完整和精确。

1. 静态面板模型

根据以上论述，本节构建模型（7.1）～（7.2）、（7.3）～（7.4）和（7.5）～（7.6），分别检验城市 3 种类型产业多极化集聚水平，及其与城市劳动力空间配置的耦合协调水平对城市经济高质量发展的影响。其中，下标 i 表示城市，t 表示时间。$Hqed_{i,t}$ 表示 i 城市经济高质量发展水平，

$lab\_IND_{i,t}$、$cap\_IND_{i,t}$、$tech\_IND_{i,t}$ 分别表示 i 城市劳动密集型、资本密集型和技术密集型产业多极化集聚水平，$lab\_inf_{i,t}$ 表示 i 城市劳动力空间配置程度，$Cou\_deg_{i,t}^{lab}$、$Cou\_deg_{i,t}^{cap}$、$Cou\_deg_{i,t}^{tech}$ 分别表示 i 城市劳动密集、资本密集和技术密集 3 种类型产业多极化集聚与城市劳动力空间配置的耦合协调水平，$control$ 为控制变量，$\varepsilon_{i,t}^{l}$、$\varepsilon_{i,t}^{c}$、$\varepsilon_{i,t}^{t}$、$\sigma_{i,t}^{l}$、$\sigma_{i,t}^{c}$、$\sigma_{i,t}^{t}$ 为随机扰动项。

$$Hqed_{i,t} = \alpha_0^l + \alpha_1^l lab\_IND_{i,t} + \alpha_2^l control + \varepsilon_{i,t}^l \tag{7.1}$$

$$Hqed_{i,t} = \rho_0^l + \rho_1^l Cou\_deg_{i,t}^{lab} + \rho_2^l control + \sigma_{i,t}^l \tag{7.2}$$

$$Hqed_{i,t} = \alpha_0^c + \alpha_1^c cap\_IND_{i,t} + \alpha_2^c control + \varepsilon_{i,t}^c \tag{7.3}$$

$$Hqed_{i,t} = \rho_0^c + \rho_1^c Cou\_deg_{i,t}^{cap} + \rho_2^c control + \sigma_{i,t}^c \tag{7.4}$$

$$Hqed_{i,t} = \alpha_0^t + \alpha_1^t tech\_IND_{i,t} + \alpha_2^t control + \varepsilon_{i,t}^t \tag{7.5}$$

$$Hqed_{i,t} = \rho_0^t + \rho_1^t Cou\_deg_{i,t}^{tech} + \rho_2^t control + \sigma_{i,t}^t \tag{7.6}$$

同时，将 3 种类型城市产业多极化集聚水平与劳动力空间配置程度分别同时纳入回归模型 (7.7)~(7.9)，分析两者对城市经济高质量发展的影响，并在模型 (7.7)~(7.9) 的基础上增加 3 种类型产业多极化集聚与劳动力空间配置的耦合协调度，构建模型 (7.10)~(7.12)，全面分析 3 种类型产业多极化集聚水平、劳动力空间配置状况以及各自的耦合协调对城市经济高质量发展的影响。其中，$\mu_{i,t}^{l}$、$\mu_{i,t}^{c}$、$\mu_{i,t}^{t}$、$\eta_{i,t}^{l}$、$\eta_{i,t}^{c}$、$\eta_{i,t}^{t}$ 表示随机扰动项。

$$Hqed_{i,t} = \gamma_0^l + \gamma_1^l lab\_IND_{i,t} + \gamma_2^l lab\_inf_{i,t} + \gamma_3^l control + \mu_{i,t}^l \tag{7.7}$$

$$Hqed_{i,t} = \gamma_0^c + \gamma_1^c cap\_IND_{i,t} + \gamma_2^c lab\_inf_{i,t} + \gamma_3^c control + \mu_{i,t}^c \tag{7.8}$$

$$Hqed_{i,t} = \gamma_0^t + \gamma_1^t tech\_IND_{i,t} + \gamma_2^t lab\_inf_{i,t} + \gamma_3^t control + \mu_{i,t}^t \tag{7.9}$$

$$Hqed_{i,t} = \beta_0^l + \beta_1^l lab\_IND_{i,t} + \beta_2^l lab\_inf_{i,t} + \beta_3^l Cou\_deg_{i,t}^{lab} + \beta_4^l control + \eta_{i,t}^l \tag{7.10}$$

$$Hqed_{i,t} = \beta_0^c + \beta_1^c cap\_IND_{i,t} + \beta_2^c lab\_inf_{i,t} + \beta_3^c Cou\_deg_{i,t}^{cap} + \beta_4^c control + \eta_{i,t}^c \tag{7.11}$$

$$Hqed_{i,t} = \beta_0^t + \beta_1^t tech\_IND_{i,t} + \beta_2^t lab\_inf_{i,t} + \beta_3^t Cou\_deg_{i,t}^{tech} + \beta_4^t control + \eta_{i,t}^t \tag{7.12}$$

2. 动态面板模型

考虑城市经济高质量发展水平提升过程的长期性、产业多极化集聚发展的长效性，以及劳动力空间配置的滞后性，同时考虑采用指标体系对城市经济高质量发展综合水平测度的相关性、内生性，以及由城市经济高质量发展水平提升所引起城市各类型产业进一步多极化集聚、劳动力更大规模空间配置而导致的模型逆向因果问题。本书采用广义矩估计方法（GMM），以被解释变量（经济高质量发展）和两个核心解释变量（产业多极化集聚、劳动力空间配置）的滞后 k 期作为外生变量进行系统矩估计，具体模型如下：

$$Hqed_{i,t} = \varphi_0^l + \varphi_1^l Hqed_{i,t-k} + \varphi_2^l lab\_IND_{i,t} + \varphi_3^l lab\_IND_{i,t-k} + \varphi_4^l lab\_inf_{i,t} + \varphi_5^l lab\_inf_{i,t-k} + \varphi_6^l Cou\_deg_{i,t}^{lab} + \varphi_7^l control + \zeta_{i,t}^l \quad (7.13)$$

$$Hqed_{i,t} = \varphi_0^c + \varphi_1^c Hqed_{i,t-k} + \varphi_2^c cap\_IND_{i,t} + \varphi_3^c cap\_IND_{i,t-k} + \varphi_4^c lab\_inf_{i,t} + \varphi_5^c lab\_inf_{i,t-k} + \varphi_6^c Cou\_deg_{i,t}^{cap} + \varphi_7^c control + \zeta_{i,t}^c \quad (7.14)$$

$$Hqed_{i,t} = \varphi_0^t + \varphi_1^t Hqed_{i,t-k} + \varphi_2^t tech\_IND_{i,t} + \varphi_3^t tech\_IND_{i,t-k} + \varphi_4^t lab\_inf_{i,t} + \varphi_5^t lab\_inf_{i,t-k} + \varphi_6^t Cou\_deg_{i,t}^{tech} + \varphi_7^t control + \zeta_{i,t}^t \quad (7.15)$$

模型（7.13）~（7.15）为动态回归模型，与模型（7.10）~（7.12）相比，加入了被解释变量和核心解释变量的 k 期滞后项，考察了某一城市前期经济高质量发展状况与核心解释变量变化对当期经济高质量发展水平提升的影响。

（二）变量说明与描述性统计

1. 被解释变量

城市经济高质量发展（$Hqed_{i,t}$）为被解释变量。对于城市经济高质量发展水平的测度方法和指标选取，遵循第五章和第六章所述，本节不再赘述。

2. 解释变量

（1）城市产业多极化集聚水平（$IND_{i,t}$）。

本章所选解释变量依然和第六章一样，包括产业多极化集聚水平、城市劳动力空间配置以及两者的耦合协调度。但不同的是，本章考察的是 3 种不同类型产业多极化集聚对城市经济高质量发展的影响，因此，需要对前文所选 16 个行业进行分类处理，其中将农副食品加工业、食品制造业、纺织业、纺织服装服饰和制鞋业、通用设备制造业归为劳动密集型产业；将煤炭开采和洗选业、石油和天然气开采业、专用设备制造业、电气机械和器材制造业、电热力生产和供应业归为资本密集型产业；将运输设备制造业、医药制造业、电子及通信设备制造业、计算机及办公设备制造业、医疗仪器设备及仪器仪表制造业、信息化学品制造业归为技术密集型产业。同时，按照前文（5.2）式，测算出各行业的多极化集聚水平，并按照劳动密集、资本密集和技术密集分别进行熵值法求取各自权重（见表 7-1），以此权重与测得的各行业多极化集聚水平的乘积作为 3 种类型产业多极化集聚水平的综合衡量指标。最后将劳动密集型、资本密集型和技术密集型产业多极化集聚水平变量名分别设定为 $lab\_IND_{i,t}$、$cap\_IND_{i,t}$、$tech\_IND_{i,t}$。

表 7-1　3 种类型产业多极化集聚水平的指标权重

产业类别	具体产业	权重
劳动密集型产业（1.0）$lab\_IND_{i,t}$	农副食品加工业	0.218
	食品制造业	0.115
	纺织业	0.213
	纺织服装服饰和制鞋业	0.300
	通用设备制造业	0.153
资本密集型产业（1.0）$cap\_IND_{i,t}$	煤炭开采和洗选业	0.116
	石油和天然气开采业	0.053
	专用设备制造业	0.326
	电气机械和器材制造业	0.236
	电热力生产和供应业	0.268
技术密集型产业（1.0）$tech\_IND_{i,t}$	运输设备制造业	0.111
	医药制造业	0.039
	电子及通信设备制造业	0.105
	计算机及办公设备制造业	0.487
	医疗仪器设备及仪器仪表制造业	0.189
	信息化学品制造业	0.069

同样如第六章所述，为保证该面板数据与后续研究中其他城市层面数据保持一致性和平衡性，为此以每年各地级城市地区生产总值在所属省区市地区生产总值中所占比重为权重，将省级面板数据转化为地级市面板数据，分别计算各城市产业多极化集聚水平。且同样地，若 $lab\_IND_{i,t}$、$cap\_IND_{i,t}$、$tech\_IND_{i,t}>0$，则表明第 t 年 i 城市劳动密集、资本密集和技术密集型产业呈现空间分布的多极化集聚态势，且该值越大，说明城市 i 多极化集聚程度越高；若 $lab\_IND_{i,t}$、$cap\_IND_{i,t}$、$tech\_IND_{i,t}<0$，则表明第 t 年 i 城市呈现劳动密集、资本密集和技术密集型产业空间分布的单一化集聚态势，且该值绝对值越大，说明城市 i 单一化集聚程度越高。但在本书基准回归模型中，首先将所有样本全部纳入分析框架，验证在整体样本中，3 种类型产业多极化集聚对经济高质量发展的影响作用。而对于产业多极化和单一化集聚的不同态势，则在后续的异质性分析中进行分类考虑。

（2）城市劳动力流动程度（$lab\_IND_{i,t}$）。

对于城市劳动力流动程度的测度，以及关于 $lab\_IND_{i,t}$ 正负数值的处理，均与第六章相同，本节不再过多赘述。

（3）"产业多极化集聚-劳动力空间配置"耦合协调水平（$Cou\_deg_{i,t}$）。

由于本章将城市产业多极化集聚分为劳动密集、资本密集和技术密集 3 种类型，所以需要分别测算 3 种类型产业多极化集聚与城市劳动力空间配置的耦合协调水平。本章在具体测度过程中，首先，采用熵值法分别计算 3 种类型产业多极化集聚水平的综合评分；其次，以此作为 i 城市第 t 年 3 种不同类型产业多极化集聚水平发展评价函数 $f_i(U_t^{IND})$；最后，按照第五章所列公式（5.14）和（5.15），分别测算 i 城市劳动密集型、资本密集型和技术密集型产业多极化集聚与劳动力空间配置耦合协调水平。变量名分别设定为 $Cou\_deg_{i,t}^{lab}$、$Cou\_deg_{i,t}^{cap}$、$Cou\_deg_{i,t}^{tech}$。

3. 控制变量

对于控制变量的指标选取、测度方法以及数据来源，遵循第六章所述，本节不再赘述。

4. 描述性统计

在具体回归分析中，由于上述控制变量数值均为绝对数，且为避免量纲、量级以及异方差情况的出现，与第六章类似，对这些变量进行对数化处理。同时为验证各变量之间的多重共线性问题，分别对 3 种类型产业多极化集聚的计量模型进行多重共线性检验，结果如表 7-2 所示。3 种类型计量回归各变量方差膨胀因子均小于 5，表明各变量之间不存在严重的多重共线性。另外，本章所测得的 3 种类型产业多极化集聚以及各类型产业集聚与劳动力空间配置耦合协调水平的描述性统计结果如表 7-2 和表 7-3 所示[①]。

表 7-2　3 种类型产业多极化集聚模型各变量方差膨胀因子

变量	劳动密集型		资本密集型		技术密集型	
	VIF	1/VIF	VIF	1/VIF	VIF	1/VIF
lab_IND	1.050	0.955	—	—	—	—
cap_IND	—	—	1.290	0.772	—	—
$tech\_IND$	—	—	—	—	1.040	0.963
Cou_deg^{lab}	4.120	0.243	—	—	—	—
Cou_deg^{cap}	—	—	4.680	0.214	—	—
Cou_deg^{tech}	—	—	—	—	4.470	0.224
lab_inf	2.980	0.336	3.020	0.332	3.180	0.314
$\ln igov$	2.810	0.356	2.780	0.360	2.830	0.354
$\ln com\_ser$	2.320	0.430	2.320	0.431	2.340	0.428
$\ln pcap$	1.920	0.522	1.920	0.522	1.910	0.523
$\ln ind\_lev$	1.780	0.561	1.820	0.549	1.780	0.560

[①] 其余变量如城市经济高质量发展水平（$Hqed$）、劳动力空间配置（lab_inf）以及控制变量：地区人均资本（$\ln pcap$）、工业化发展水平（$\ln ind\_lev$）、公共交通情况（$\ln com\_ser$）、政府干预（$\ln igov$），以上变量描述性统计结果见第六章表 6-2，本节不再赘述。

表 7-3 3 种类型产业多极化集聚新测变量描述性统计结果

变量	变量	均值	标准差	最小值	最大值	样本数
3 种类型产业多极化集聚变量	lab_IND	-0.003	0.045	-0.343	0.746	4624
	cap_IND	-0.002	0.050	-0.621	0.284	4624
	$tech\_IND$	-0.003	0.112	-2.688	1.166	4624
3 种类型"产业—劳动力"耦合协调水平	Cou_deg^{lab}	0.275	0.111	0.042	0.775	4624
	Cou_deg^{cap}	0.274	0.115	0.043	0.807	4624
	Cou_deg^{tech}	0.261	0.108	0.038	0.804	4624

二、实证结果分析

（一）劳动密集型产业多极化集聚实证结果分析

1. 静态面板模型回归结果分析

通过对上一节产业多极化集聚的分类，本节对劳动密集型产业多极化集聚、劳动力空间配置以及两者耦合协调水平对城市经济高质量发展影响作用的计量回归模型的固定效应回归模型和随机效应回归模型进行 Hausman 检验。结果显示 Prob>chi2=0.000，同时对模型进行时间固定效应检验，结果显示存在时间效应。因此，本书选择双固定效应进行线性回归分析。各模型回归结果如表 7-4 所示。

表 7-4 劳动密集型产业多极化集聚的基准回归结果

解释变量	被解释变量				
	（7.1）	（7.2）	（7.3）	（7.4）	（7.5）
	$Hqed$	$Hqed$	$Hqed$	$Hqed$	$Hqed$
lab_IND	0.001			0.001	0.008
	（0.08）			（0.10）	（1.07）
lab_inf		0.001***		0.001***	0.001***
		（2.62）		（2.62）	（3.62）
Cou_deg^{lab}			0.010**		0.041***
			（2.25）		（4.26）
$\ln pcap$	-0.004***	-0.004***	-0.004***	-0.004***	-0.004***
	（-6.03）	（-6.08）	（-6.23）	（-6.03）	（-6.34）
$\ln ind\_lev$	-0.002**	-0.002**	-0.002**	-0.002**	-0.002**
	（-2.27）	（-2.20）	（-2.28）	（-2.19）	（-2.39）

续表

解释变量	被解释变量				
	（7.1）	（7.2）	（7.3）	（7.4）	（7.5）
	Hqed	*Hqed*	*Hqed*	*Hqed*	*Hqed*
ln *com_ser*	0.002***	0.002***	0.002**	0.002***	0.002***
	（2.65）	（2.67）	（2.55）	（2.67）	（2.63）
ln *igov*	0.006***	0.006***	0.006***	0.006***	0.006***
	（4.92）	（4.75）	（4.68）	（4.75）	（4.27）
i.year	YES	YES	YES	YES	YES
_*cons*	-0.069***	-0.063***	-0.067***	-0.063***	-0.071***
	（-3.84）	（-3.50）	（-3.74）	（-3.50）	（-3.97）
样本数	4 624	4 624	4 624	4 624	4 624
R^2	0.469	0.470	0.469	0.470	0.471

注：括号内数值为相应系数的 t 统计量值，*、**、***分别表示在10%、5%、1%水平下显著。

由表7-4可知，劳动密集型产业多极化集聚对城市经济高质量发展的促进作用并不显著［见模型（7.1）］，但其与城市劳动力空间配置的耦合协调水平能显著促进城市经济高质量发展［见模型（7.3）］。同时，通过对比模型（7.1）与（7.5），将城市劳动力空间配置、"产业—劳动力"耦合协调同时纳入计量模型之后，劳动密集型产业多极化集聚对城市经济高质量发展水平的促进作用虽然不显著，但无论是显著水平还是促进作用，均比其独立作用时要大（回归系数由0.001变为0.008，t值由0.08变为1.07）。由此可知，城市盲目地推进劳动密集型产业的大规模集聚，对城市经济的高质量发展并无多大益处。城市劳动密集型产业的大规模集聚，更应该注重与城市劳动力资源的相互匹配和有效配合，有效形成城市劳动密集产业与劳动力资源的"产—人"高度契合，有效推进、提升城市劳动力资源的合理利用和生产效率，有效实现城市劳动密集型产业集聚的规模效应与扩散效应。

另外，就控制变量而言，第一，人均资本存量水平对城市经济高质量发展具有显著负向作用，其回归系数在-0.004左右。其原因可能在于，本书对于人均资本的测度，采用城市固定资本存量按照城市常住人口进行人均化计算测得。因此，随着我国人口不断增长，各区域之间发展水平差异的不断变化，该数值的变化趋势与经济高质量发展的变化趋势呈现相反态势。第二，城市工业化水平对中国城市经济高质量发展水平提升具有显著负向影响。原因在于，城市工业化水平的提升，往往伴随能源资源的大量消耗、生态环境的持续破坏和污染。同时，城市工业化程度越高，越不利于城市产业结构的调整和经济结构的优化，从而对城市经济高质量发展产生阻碍作用。第三，城市公共交通情况的改善与服务水平的提升，必然降低城市生活成本与通勤成本，从而间接提升经济要素的利用效率，推进城市经济高质量发展。第四，地方政府干预能有效推进城市经济高质量发展。其原因在于，地方政府预算支出本身即地区生产总值的组成部分，其预算支出的增加必然导致城市政府购买、城市转移支付的增加。这一系列变化又通过凯恩斯需求理论的乘数效应，更大地带动城市经济增长；同时地方政府预算支出的增加，也有利于城市公共物品的增加和服务水平的提升，从而推进城市经济高质量发展。

2. 动态面板模型回归结果分析

根据式（7.13），通过对被解释变量（$Hqed$）和核心解释变量（lab_IND、lab_inf、Cou_deg^{lab}）的滞后阶进行测算，本节最终选取被解释变量和 3 个核心解释变量的滞后一至二期纳入回归模型，并将城市劳动密集型产业多极化集聚水平、城市劳动力空间配置以及两者耦合协调水平的滞后一至二期作为内生变量纳入系统矩估计（SYS-GMM）回归模型。通过对所涉模型自相关进行检验，结果表明所有模型一阶自相关显著，二阶自相关不显著，符合矩估计成立前提；同时对工具变量进行 Hansen 检验，其结果并不显著，表明模型不存在过度识别问题，说明工具变量选取有效。回归结果如表 7-5 所示。从模型（7.6）~（7.10）可知，城市劳动密集型产业多极化集聚并不能显著促进城市经济高质量发展，但城市劳动力空间配置以及"产业—劳动力"耦合协调发展对城市经济高质量发展水平的提升具有显著的促进作用。同时，与静态模型类似，对比（7.6）~（7.8）和（7.10），将城市劳动密集产业多极化集聚与劳动力空间配置的耦合协调加入 SYS-GMM 模型之后，其自身对城市经济高质量发展作用显著，且强化了劳动密集型产业多极化集聚对城市经济高质量发展水平提升的促进作用。究其原因与上文相同。总体而言，在考虑模型内生性问题之后，采用动态面板（SYS-GMM）估计，其回归结果与静态面板模型结果基本保持一致。

表 7-5 劳动密集型产业多极化集聚的动态面板模型回归结果

解释变量	被解释变量				
	（7.6）	（7.7）	（7.8）	（7.9）	（7.10）
	$Hqed$	$Hqed$	$Hqed$	$Hqed$	$Hqed$
lab_IND	0.014			0.004	0.114
	(1.10)			(0.54)	(1.58)
lab_inf		0.001**		0.002***	0.001**
		(2.33)		(2.65)	(2.00)
Cou_deg^{lab}			0.016*		0.060***
			(1.69)		(3.76)
control	控制	控制	控制	控制	控制
i.year	YES	YES	YES	YES	YES
_cons	-0.244***	-0.030	0.551	-0.328**	-0.111***
	(-1.29)	(-0.08)	(1.33)	(-2.32)	(-5.03)
AR（1）	-2.580**	-2.380**	-2.140**	-3.070***	-3.000***
	(0.010)	(0.017)	(0.032)	(0.002)	(0.003)
AR（2）	-1.090	-0.740	-1.360	-0.100	-0.590
	(0.276)	(0.459)	(0.175)	(0.917)	(0.553)

续表

解释变量	被解释变量				
	（7.6）	（7.7）	（7.8）	（7.9）	（7.10）
	Hqed	Hqed	Hqed	Hqed	Hqed
HansenTest	13.590	13.620	10.670	29.430	13.140
	（0.193）	（0.401）	（0.384）	（0.292）	（0.156）
样本数	4 335	4 335	4 046	4 335	4 046

注：括号内数值为相应系数的 z 统计量值，*、**、***分别表示在10%、5%、1%水平下显著；AR、HansenTest 检验括号里的数分别为 prob＞z、prob＞chiz 的值。

（二）资本密集型产业多极化集聚实证结果分析

1. 静态面板模型回归结果分析

对于资本密集型产业多极化集聚而言，同样对其计量回归模型的固定效应和随机效应进行 Hausman 检验，结果显示 Prob>chi2=0.000；同时对模型进行时间固定效应检验，结果显示存在时间效应。因此，本书选择双固定效应进行线性回归分析。各模型回归结果如表 7-6 所示。

表 7-6　资本密集型产业多极化集聚的基准回归结果

解释变量	被解释变量				
	（7.11）	（7.12）	（7.13）	（7.14）	（7.15）
	Hqed	Hqed	Hqed	Hqed	Hqed
cap_IND	0.013*			0.013*	0.020***
	（1.94）			（1.90）	（2.99）
lab_inf		0.001***		0.001**	0.001***
		（2.62）		（2.59）	（4.70）
Cou_deg ^{cap}			0.012***		0.052***
			（2.71）		（5.48）
ln pcap	-0.004***	-0.004***	-0.004***	-0.004***	-0.004***
	（-6.13）	（-6.08）	（-6.21）	（-6.13）	（-6.40）
lnind_lev	-0.002**	-0.002**	-0.002**	-0.002**	-0.002**
	（-2.40）	（-2.20）	（-2.26）	（-2.33）	（-2.58）
lncom_ser	0.002**	0.002**	0.002**	0.002**	0.002***
	（2.58）	（2.67）	（2.55）	（2.60）	（2.60）
ln igov	0.006***	0.006***	0.006***	0.006***	0.005***
	（5.01）	（4.75）	（4.61）	（4.85）	（4.18）
i.year	YES	YES	YES	YES	YES

续表

解释变量	被解释变量				
	（7.11）	（7.12）	（7.13）	（7.14）	（7.15）
	Hqed	Hqed	Hqed	Hqed	Hqed
_cons	-0.070***	-0.063***	-0.067***	-0.064***	-0.072***
	(-3.87)	(-3.50)	(-3.72)	(-3.53)	(-4.02)
样本数	4 624	4 624	4 624	4 624	4 624
R^2	0.469	0.470	0.470	0.470	0.473

注：括号内数值为相应系数的 t 统计量值，*、**、***分别表示在10%、5%、1%水平下显著。

由模型（7.11）可知，资本密集型产业多极化集聚在10%水平下显著促进城市经济高质量发展。一方面，表明资本密集型产业的多极化集聚能有效形成城市资本集聚高地，拔高城市资本势能，提升城市生产动能，优化城市资本结构和配置效率，从而促进城市经济高质量发展。另一方面，城市资本密集型产业的多极化集聚，必然引起集聚城市内部资金回报率和工资水平的提升，进而对资本要素和劳动力资源产生巨大的虹吸效应，从而形成集聚城市人才高地，势必能有效促进城市空间内部的资源整合和分工协作，进而形成和强化城市内部的空间关联效应、规模效应和扩散效应，从而利于其经济高质量发展。同时，由模型（7.12）可知，城市劳动力空间配置程度的加强能显著促进城市经济高质量发展。其原因如第六章中所述，本节不再赘述。另外，从模型（7.13）来看，城市资本密集型产业多极化集聚与城市劳动力空间配置耦合协调水平的提升，也能显著促进城市经济高质量发展，且其显著程度高于资本密集型产业多极化集聚。这一实证结果充分说明，对于本书考察城市而言，资本密集型产业的多极化集聚固然能促进城市经济高质量发展，但更为重要的是，这类产业的多极化集聚更应充分考虑城市劳动力资源的空间分布态势和配置情况，应更加注重与城市劳动力资源的有效契合，从而真正充分发挥资本密集型产业多极化集聚的最大优势和最优效应。通过对比模型（7.11）~（7.13）和模型（7.15），将资本密集型产业多极化集聚、劳动力空间配置以及两者之间耦合协调水平全部纳入计量模型时，无论是资本密集型产业多极化集聚（cap_IND），还是城市劳动力空间配置（lab_inf），抑或是两者耦合协调水平（Cou_deg^{cap}），其对城市经济高质量发展的促进作用和显著程度均有所提升（产业多极化集聚的回归系数由0.013升至0.020，t 值由1.94升至2.99；劳动力空间配置的回归系数由0.000 60升至0.000 67，t 值由2.62升至4.70；两者耦合协调水平的回归系数由0.012升至0.052，t 值由2.71升至5.48）。这一回归结果意味着，"资本密集型产业—劳动力空间配置"耦合协调发展，能有效强化资本密集产业多极化集聚与城市劳动力空间配置对城市经济高质量发展的促进作用。另外，就控制变量而言，控制变量的影响作用与显著程度与劳动密集型产业多极化集聚的回归结果类似，本节不再过多论述。

2. 动态面板模型回归结果分析

根据式（7.14），通过对被解释变量（$Hqed$）和核心解释变量（cap_IND、lab_inf、Cou_deg^{cap}）的滞后阶进行测算，本节最终选取被解释变量和3个核心解释变量的滞后一至二期纳入回归模型，并将城市资本密集型产业多极化集聚水平、城市劳动力空间配置以及两者耦合协调水平的滞后一至二期作为内生变量纳入系统矩估计（SYS-GMM）回归模型。对所涉模型自相关进行检验，结果表明所有模型一阶自相关显著，二阶自相关不显著，符合矩估计成立前提；同时对工具变量进行 Hansen 检验，其结果并不显著，表明模型不存在过度识别问题，说明工具变量选取有效。回归结果如表7-7所示。从模型（7.16）~（7.20）可知，城市资本密集型产业多极化集聚、城市劳动力空间配置以及"资本密集产业—劳动力"耦合协调发展对城市经济高质量发展水平的提升具有显著的促进作用。同时与静态模型相比，将城市"资本密集产业多极化集聚-劳动力空间配置"的耦合协调加入 SYS-GMM 模型之后，其自身对城市经济高质量发展的作用显著（Cou_deg^{cap} 回归系数由 0.016 增至 0.172），但弱化了资本密集产业多极化集聚以及城市劳动力空间配置对城市经济高质量发展水平提升的促进作用。究其原因可能在于，动态面板模型加入了被解释变量和解释变量的一至二阶滞后期，因此两者耦合协调所引起的强化促进作用可能被各变量滞后期所弱化。

总体而言，在考虑模型内生性问题之后，采用动态面板（SYS-GMM）估计，其回归结果与静态面板模型结果基本保持一致。

表 7-7 资本密集型产业多极化集聚的动态面板模型回归结果

解释变量	被解释变量				
	（7.16）	（7.17）	（7.18）	（7.19）	（7.20）
	$Hqed$	$Hqed$	$Hqed$	$Hqed$	$Hqed$
cap_IND	0.069**			0.075***	0.033**
	（2.14）			（2.62）	（2.39）
lab_inf		0.001**		0.003**	0.002*
		（2.33）		（2.44）	（1.79）
Cou_deg^{cap}			0.016*		0.172**
			（1.69）		（1.99）
$control$	控制	控制	控制	控制	控制
$i.year$	YES	YES	YES	YES	YES
$\_cons$	-1.397***	-0.030	0.551	-0.775**	-0.106**
	（-3.55）	（-0.08）	（1.33）	（-2.16）	（-2.05）
AR（1）	-3.31***	-2.380**	-2.090**	-2.980***	-2.880***
	（0.001）	（0.017）	（0.036）	（0.003）	（0.004）
AR（2）	-0.750	-0.740	-1.050	-0.520	-0.750
	（0.454）	（0.459）	（0.293）	（0.601）	（0.456）
HansenTest	8.070	13.620	11.420	10.030	19.30
	（0.622）	（0.401）	（0.326）	（0.528）	（0.154）
样本数	4 335	4 335	4 046	4 335	4 046

注：括号内数值为相应系数的 z 统计量值，*、**、***分别表示在 10%、5%、1%水平下显著；AR、HansenTest 检验括号里的数分别为 prob>z、rob>chi2 的值。

（三）技术密集型产业多极化集聚实证结果分析

1. 静态面板模型回归结果分析

对于技术密集型产业多极化集聚而言，通过对其计量回归模型的固定效应和随机效应进行 Hausman 检验，结果显示 Prob>chi2=0.000，同时通过对模型进行时间固定效应检验，结果显示存在时间效应。因此，本书选择双固定效应进行线性回归分析。各模型回归结果如表7-8所示。

首先，由模型（7.21）可知，技术密集型产业多极化集聚在1%水平下显著促进城市经济高质量发展。表明技术密集型产业的多极化集聚能有效形成城市技术创新高地，带动城市技术创新能力发展，促进城市经济发展创新驱动，提升城市经济高质量发展；同时，技术密集型产业的多极化集聚，必然引起城市高层次人才集中，进而优化城市人才结构，提升城市经济高质量发展人才动能，促进城市经济高质量发展。

其次，由模型（7.23）可知，单独来看，城市技术密集型产业多极化集聚与劳动力空间配置的耦合协调水平对城市经济高质量发展的促进作用并不显著。究其原因，可能是由于技术密集型产业的多极化集聚对人才的要求较高，而高层次人才的培养和形成周期往往较长，很难形成大规模市场供给。所以，其与技术密集型产业之间的耦合协调程度虽然较高，但其带来的规模效应和扩散效应往往不大，其对城市经济高质量发展的促进作用并不明显。

表7-8 技术密集型产业多极化集聚的基准回归结果

解释变量	被解释变量				
	（7.21）	（7.22）	（7.23）	（7.24）	（7.25）
	Hqed	*Hqed*	*Hqed*	*Hqed*	*Hqed*
tech_IND	0.009***			0.009*	0.011***
	（3.71）			（3.88）	（4.35）
lab_inf		0.001***		0.001***	0.000**
		（2.62）		（2.85）	（2.36）
Cou_deg^{tech}			0.005		0.029***
			（1.13）		（2.85）
ln *pcap*	-0.004***	-0.004***	-0.004***	-0.004***	-0.004***
	（-6.03）	（-6.08）	（-6.13）	（-6.03）	（-6.16）
ln*ind_lev*	-0.002**	-0.002**	-0.002**	-0.002**	-0.002**
	（-2.15）	（-2.20）	（-2.27）	（-2.06）	（-2.21）
ln *com_ser*	0.002***	0.002***	0.002**	0.002***	0.002***
	（2.72）	（2.67）	（2.59）	（2.74）	（2.66）
ln *igov*	0.006***	0.006***	0.006***	0.006***	0.006***
	（4.80）	（4.75）	（4.82）	（4.62）	（4.47）

续表

解释变量	被解释变量				
	（7.21）	（7.22）	（7.23）	（7.24）	（7.25）
	Hqed	*Hqed*	*Hqed*	*Hqed*	*Hqed*
i.year	YES	YES	YES	YES	YES
_cons	-0.068***	-0.063***	-0.068***	-0.062***	-0.071***
	（-3.80）	（-3.50）	（-3.81）	（-3.42）	（-3.96）
样本数	4 624	4 624	4 624	4 624	4 624
R^2	0.470	0.470	0.470	0.471	0.471

注：括号内数值为相应系数的 t 统计量值，*、**、***分别表示在10%、5%、1%水平下显著。

最后，通过对比模型（7.21）~（7.23）和模型（7.25），将技术密集型产业多极化集聚与劳动力空间配置耦合协调纳入计量模型时，不仅其自身的促进作用和显著程度明显增强（回归系数由 0.005 升至 0.029，t 值由 1.13 增至 2.85），更重要的是，进一步强化了技术密集型产业多极化集聚对城市经济高质量发展的促进作用（回归系数由 0.009 增至 0.011，t 值由 3.71 增至 4.35）。究其原因在于，在城市技术密集型产业多极化集聚与劳动力空间配置的协调互动作用下，技术密集型产业的多极化集聚引起了地区劳动力资源空间配置方向的改变、规模的扩大和质量的提升，而劳动力空间配置程度的加强又提升了技术密集型产业多极化集聚过程中知识、技术等创新要素的扩散效应和溢出效果，进而形成了两者之间的良性互动，更进一步促进了城市经济高质量发展。

2. 动态面板模型回归结果分析

根据式（7.15），通过对被解释变量（*Hqed*）和核心解释变量（*tech_IND*、*lab_inf*、*Cou_deg*^{tech}）的滞后阶进行测算，本节最终选取被解释变量和 3 个核心解释变量的滞后一至二期纳入回归模型，并将城市技术密集型产业多极化集聚水平、城市劳动力空间配置以及两者耦合协调水平的滞后一至二期作为内生变量纳入系统矩估计（SYS-GMM）回归模型。通过对所涉模型自相关进行检验，结果表明所有模型一阶自相关显著，二阶自相关不显著，符合矩估计成立前提；同时对工具变量进行 Hansen 检验，其结果并不显著，表明模型不存在过度识别问题，说明工具变量选取有效。回归结果如表 7-9 所示。从模型（7.26）~（7.30）可知，城市技术密集型产业多极化集聚、城市劳动力空间配置以及"技术密集产业—劳动力"耦合协调发展对城市经济高质量发展水平的提升具有显著的促进作用。同时，与静态模型类似，对比（7.26）~（7.28）和（7.30），将城市技术密集产业多极化集聚与劳动力空间配置的耦合协调加入 SYS-GMM 模型之后，其自身对城市经济高质量发展的促进作用显著增强，且强化了技术密集型产业多极化集聚和劳动力空间配置对城市经济高质量发展水平提升的促进作用。究其原因与上文相同。总体而言，在考虑模型内生性问题之后，采用动态面板（SYS-GMM）估计，其回归结果与静态面板模型结果基本保持一致。

表7-9 技术密集型产业多极化集聚的动态面板模型回归结果

解释变量	被解释变量				
	（7.26）	（7.27）	（7.28）	（7.29）	（7.30）
	Hqed	Hqed	Hqed	Hqed	Hqed
tech_IND	0.042*			0.020***	0.027***
	（1.83）			（3.85）	（4.25）
lab_inf		0.001**		0.002**	0.005**
		（2.33）		（2.41）	（2.53）
Cou_deg^{tech}			0.014*		0.361***
			（1.67）		（3.86）
control	控制	控制	控制	控制	控制
i.year	YES	YES	YES	YES	YES
_cons	-1.208*	-0.030	0.314	-0.130	-0.069
	（-1.75）	（-0.08）	（0.93）	（0.75）	（-0.71）
AR（1）	-2.080**	-2.380**	-2.450**	-3.920***	-3.100***
	（0.038）	（0.017）	（0.014）	（0.000）	（0.002）
AR（2）	1.430	-0.740	-1.020	-0.890	-1.110
	（0.152）	（0.459）	（0.307）	（0.376）	（0.268）
HansenTest	0.540	13.620	12.760	34.100	15.470
	（0.463）	（0.401）	（0.309）	（0.106）	（0.217）
样本数	4 335	4 335	4 046	4 335	4 046

注：括号内数值为相应系数的 z 统计量值，*、**、***分别表示在10%、5%、1%水平下显著；AR、HansenTest 检验括号里的数分别为 prob＞z、prob＞chiz 的值。

三、拓展分析

（一）异质性分析

1. 不同类型产业的不同集聚态势异质性分析

由前文可知，$IND>0$ 表明城市产业呈现多极化集聚态势；反之，$IND<0$ 则表示城市产业呈现单一化集聚态势。同时，通过上一节对不同类型产业划分的实证分析可知，劳动、资本以及技术密集型产业多极化集聚对城市经济高质量发展的促进作用各不相同。为此，结合产业空间分布的不同集聚态势，分析3种类型产业空间集聚的不同态势对城市经济高质量发展的异质影响。其中，分别用 lab_IND^+、lab_IND^-、cap_IND^+、cap_IND^-、$tech\_IND^+$、$tech\_IND^-$ 表示劳动密集型产业的多极化集聚和单一化集聚、资本密集型产业的多极化集聚和单一化集聚、技术密集型产业的多

极化集聚和单一化集聚。具体回归结果如表7-10所示。

首先，由（7.31）~（7.40）可知，对于城市劳动密集型产业而言，在产业多极化集聚的城市分样本中，劳动密集产业的多极化集聚、劳动力空间配置以及"劳动密集产业多极化集聚-劳动力空间配置"耦合协调水平均能显著促进城市经济高质量发展，且在"劳动密集产业多极化集聚-劳动力空间配置"耦合协调发展背景下，产业多极化集聚和劳动力空间配置的促进作用明显增强。然而，在产业单一化集聚的城市分样本中，劳动密集产业单一化集聚却对城市经济高质量发展产生了显著阻碍作用。由此表明，对于劳动密集产业而言，城市更应该强化其产业的多区域空间分布和多极化集聚发展，从而弱化因该类产业的过度单点集中而引起的负向影响。

其次，由模型（7.41）~（7.50）可知，从资本密集型产业多极化和单一化集聚的两种样本分类来看，在资本密集产业多极化分样本中，城市产业多极化集聚并不能显著促进城市经济高质量发展。相反地，在产业单一化集聚分样本中，城市产业的单一化集聚反而能显著促进城市经济高质量发展，且这种促进作用在城市劳动力空间配置的协调发展过程中被明显强化。由此可知，对于资本密集型产业而言，其现有的单一化集聚发展程度并未达到最大规模，进而还有一定的集聚发展空间。

最后，由模型（7.51）~（7.60）可知，对于城市技术密集型产业而言，在产业多极化集聚的城市分样本中，技术密集产业的多极化集聚能显著促进城市经济高质量发展，且通过对比（7.31）、（7.41）和（7.51）发现，在3类产业多极化集聚样本城市中，技术密集型产业的多极化集聚对城市经济高质量发展的促进作用最强（回归系数为0.083），显著程度最高（t值为8.43）。由此可知，技术密集型产业在城市间的多极化集聚，更易形成技术创新的扩散效应和带动作用，从而更易推进城市经济高质量发展。

表7-10 城市不同类型产业的不同集聚态势异质性回归结果

解释变量	劳动密集型产业不同集聚态势异质性									
	$Hqed$									
	城市产业"多极化"集聚					城市产业"单一化"集聚				
	(7.31)	(7.32)	(7.33)	(7.34)	(7.35)	(7.36)	(7.37)	(7.38)	(7.39)	(7.40)
lab_IND^+	0.058***			0.059***	0.064***					
	(3.40)			(3.44)	(3.72)					
lab_IND^-						-0.053***			-0.053***	-0.048***
						(-5.52)			(-5.52)	(-4.87)
lab_inf		0.001***		0.001***	0.001***		0.000		0.000	0.000
		(2.84)		(2.90)	(3.21)		(0.00)		(0.12)	(1.21)
Cou_deg			0.017**		0.072***			0.010**		0.017
			(2.12)		(3.87)			(2.05)		(1.63)
control	控制	控制	控制	控制	控制	控制	控制	控制	控制	控制
i.year	YES	YES	YES	YES	YES	YES	YES	YES	YES	YES

续表

解释变量	劳动密集型产业不同集聚态势异质性									
	Hqed									
	城市产业"多极化"集聚					城市产业"单一化"集聚				
	(7.31)	(7.32)	(7.33)	(7.34)	(7.35)	(7.36)	(7.37)	(7.38)	(7.39)	(7.40)
_cons	-0.039	-0.024	-0.029	-0.026	-0.031	-0.086***	-0.087***	-0.087***	-0.086***	-0.087***
	(-1.06)	(-0.64)	(-0.78)	(-0.70)	(-0.84)	(-4.59)	(-4.57)	(-4.60)	(-4.54)	(-4.66)
样本数	2 000	2 000	2 000	2 000	2 000	2 624	2 624	2 624	2 624	2 624
R^2	0.435	0.434	0.433	0.438	0.440	0.525	0.519	0.519	0.524	0.525

解释变量	资本密集型产业不同集聚态势异质性									
	Hqed									
	城市产业"多极化"集聚					城市产业"单一化"集聚				
	(7.41)	(7.42)	(7.43)	(7.44)	(7.45)	(7.46)	(7.47)	(7.48)	(7.49)	(7.50)
cap_IND^+	0.000			0.001	0.002					
	(0.00)			(0.08)	(0.12)					
cap_IND^-						0.021*			0.021**	0.033***
						(1.92)			(1.96)	(2.97)
lab_inf		0.001**		0.001**	0.000		0.001**		0.001**	0.001***
		(2.43)		(2.43)	(1.72)		(2.23)		(2.27)	(4.09)
Cou_deg			0.011**		0.029**			0.018**		0.076***
			(1.99)		(2.45)			(2.58)		(4.95)
control	控制	控制	控制	控制	控制	控制	控制	控制	控制	控制
i.year	YES	YES	YES	YES	YES	YES	YES	YES	YES	YES
_cons	-0.062**	-0.054**	-0.058**	-0.054**	-0.061**	-0.072**	-0.066**	-0.076***	-0.064**	-0.077***
	(-2.58)	(-2.23)	(-2.39)	(-2.23)	(-2.52)	(-2.55)	(-2.33)	(-2.70)	(-2.24)	(-2.73)
样本数	2 455	2 455	2 455	2 455	2 455	2 169	2 169	2 169	2 169	2 169
R^2	0.490	0.491	0.491	0.491	0.491	0.452	0.452	0.453	0.453	0.459

解释变量	技术密集型产业不同集聚态势异质性									
	Hqed									
	城市产业"多极化"集聚					城市产业"单一化"集聚				
	(7.51)	(7.52)	(7.53)	(7.54)	(7.55)	(7.56)	(7.57)	(7.58)	(7.59)	(7.60)
$tech\_IND^+$	0.083***			0.083***	0.083***					
	(8.43)			(8.40)	(8.39)					

续表

解释变量	技术密集型产业不同集聚态势异质性									
	$Hqed$									
	城市产业"多极化"集聚					城市产业"单一化"集聚				
	（7.51）	（7.52）	（7.53）	（7.54）	（7.55）	（7.56）	（7.57）	（7.58）	（7.59）	（7.60）
$tech\_IND$						0.001			0.001	0.003
						（0.27）			（0.27）	（0.63）
lab_inf		0.001**		0.001*	0.000		0.000		0.000	0.001**
		（2.01）		（1.89）	（1.15）		（1.19）		（1.17）	（2.31）
Cou_deg			0.015**		0.011			-0.004		0.032*
			（2.19）		（1.47）			（-0.54）		（1.90）
$control$	控制	控制	控制	控制	控制	控制	控制	控制	控制	控制
$i.year$	YES	YES	YES	YES	YES	YES	YES	YES	YES	YES
$\_cons$	-0.032	-0.036	-0.039	-0.027	-0.027	-0.062**	-0.059**	-0.063**	-0.058**	-0.069**
	（-1.32）	（-1.42）	（-1.58）	（-1.10）	（-1.11）	（-2.10）	（-1.97）	（-2.12）	（-1.96）	（-2.33）
样本数	2 598	2 598	2 598	2 598	2 598	2 026	2 026	2 026	2 026	2 026
R^2	0.436	0.419	0.420	0.436	0.437	0.505	0.506	0.506	0.506	0.507

注：括号内数值为相应系数的 t 统计量值，*、**、***分别表示在10%、5%、1%水平下显著。

2."产业多极化集聚-劳动力空间配置"耦合协调等级异质性分析

由前文可知，不同类型的产业多极化集聚与城市劳动力空间配置的耦合协调程度各不相同，其各自对城市经济高质量发展的影响也有所差别。为进一步理清劳动、资本和技术3类密集型产业多极化集聚与劳动力耦合协调发展对城市经济高质量发展影响的异同，本节按照3类产业分类与劳动力的耦合协调，依据第五章及表5-7的耦合协调程度等级划分标准，并充分结合城市样本量，将2005—2020年289个城市样本按照"劳动/资本/技术密集产业多极化集聚-劳动力空间配置"耦合协调水平划分为极度—严重失调城市（变量名为 $Exsev\_dys^{lab}/Exsev\_dys^{cap}/Exsev\_dys^{tech}$）、中度失调城市（变量名为 $Moder\_dys^{lab}/Moder\_dys^{cap}/Moder\_dys^{tech}$）、轻度—濒临失调城市（变量名为 $Mibor\_dys^{lab}/Mibor\_dys^{cap}/Mibor\_dys^{tech}$）、协调类型城市（变量名为 $Cou\_typ^{lab}/Cou\_typ^{cap}/Cou\_typ^{tech}$）4个组别，分别进行回归分析。

回归结果如表7-11所示。首先，就劳动密集型产业多极化集聚而言，从模型（7.61）~（7.68）可知，随着劳动密集型产业多极化集聚与城市劳动力空间配置之间的耦合协调水平不断由"失调状态向协调状态"转变，其对城市经济高质量发展的影响逐渐由阻碍作用向促进作用变化，且促进作用逐渐增强（回归系数由-0.006升至0.004，再升至0.122）。同时，在这一组别中，城市劳动密集型产业多极化集聚对城市经济高质量发展的促进作用并不明显，这一结论与第七章的结论相符。

其次，从资本密集型产业多极化集聚来看，由模型（7.69）~（7.76）可知，与劳动密集型产业组别类似，资本密集型产业多极化集聚与城市劳动力空间配置之间的耦合协调水平在极度—严重失调状况下，对城市经济高质量发展具有阻碍作用，但不显著，而随着耦合协调水平逐步变为中度失调、轻度—濒临失调，再到协调类型，其对城市经济高质量发展的影响逐渐呈现显著且逐步变大的促进作用。更重要的是，这种逐渐提升的耦合协调水平，还进一步强化了资本密集型产业多极化集聚对城市经济高质量发展的促进作用（回归系数由-0.040增至0.062，t值从-0.80升至3.08）。

最后，就技术密集型产业多极化集聚而言，从模型（7.77）~（7.84）可知，除中度失调城市组别外，其余组别"产业—劳动"耦合协调水平对城市经济高质量发展的促进作用并不显著。究其原因在于，中度失调城市样本较大，其大样本中技术密集型产业多极化集聚的巨大作用反向带动了"产业-劳动力"耦合协调水平的促进效果，进而呈现出表中的回归结果。

表7-11 不同类型"产业多极化集聚-劳动力空间配置"耦合协调等级异质性回归结果

解释变量	劳动密集产业多极化集聚-劳动力空间配置							
	$Hqed$							
	极度—严重失调城市组别		中度失调城市组别		轻度—濒临失调城市组别		协调类型城市组别	
	（7.61）	（7.62）	（7.63）	（7.64）	（7.65）	（7.66）	（7.67）	（7.68）
lab_IND		0.095		0.113***		0.003		0.038
		（1.42）		（4.04）		（0.25）		（1.62）
lab_inf		-0.003***		0.000		0.001**		0.003
		（-3.03）		（1.50）		（2.12）		（1.15）
$Exsev\_dys^{lab}$	-0.006	-0.046**						
	（-0.35）	（-2.17）						
$Moder\_dys^{lab}$			0.064***	0.094***				
			（4.32）	（4.55）				
$Mibor\_dys^{lab}$					0.004	0.042**		
					（0.33）	（1.97）		
Cou_typ^{lab}							0.122**	0.247**
							（2.57）	（2.36）
control	控制	控制	控制	控制	控制	控制	控制	控制
$i.year$	YES	YES	YES	YES	YES	YES	YES	YES
$\_cons$	0.002	0.035	-0.011	-0.022	-0.139***	-0.131***	-0.332***	-0.384***
	（0.07）	（1.05）	（-0.39）	（-0.78）	（-3.53）	（-3.32）	（-2.60）	（-2.92）
样本数	1 057	1 057	2 259	2 259	1 057	1 057	251	251
R^2	0.486	0.493	0.516	0.520	0.485	0.487	0.489	0.496

续表

解释变量	资本密集产业多极化集聚-劳动力空间配置							
	$Hqed$							
	极度—严重失调城市组别		中度失调城市组别		轻度—濒临失调城市组别		协调类型城市组别	
	（7.69）	（7.70）	（7.71）	（7.72）	（7.73）	（7.74）	（7.75）	（7.76）
cap_IND		-0.040		0.015		0.040***		0.062***
		（-0.80）		（0.58）		（3.40）		（3.08）
lab_inf		-0.002***		0.001*		0.001***		0.003
		（-3.48）		（1.69）		（3.36）		（1.47）
$Exsev\_dys^{cap}$	-0.009	-0.043**						
	（-0.58）	（-2.40）						
$Moder\_dys^{cap}$			0.073***	0.096***				
			（4.88）	（4.80）				
$Mibor\_dys^{cap}$					0.002	0.068***		
					（0.21）	（3.02）		
Cou_typ^{cap}							0.133***	0.279***
							（2.80）	（2.83）
$control$	控制	控制	控制	控制	控制	控制	控制	控制
$i.year$	YES	YES	YES	YES	YES	YES	YES	YES
$\_cons$	0.006	0.035	-0.015	-0.020	-0.160***	-0.145***	-0.367***	-0.393***
	（0.18）	（0.99）	（-0.56）	（-0.73）	（-3.85）	（-3.51）	（-2.93）	（-3.09）
样本数	1 112	1 112	2 215	2 215	1 024	1 024	273	273
R^2	0.468	0.475	0.523	0.523	0.502	0.512	0.474	0.497

解释变量	技术密集产业多极化集聚-劳动力空间配置							
	$Hqed$							
	极度—严重失调城市组别		中度失调城市组别		轻度—濒临失调城市组别		协调类型城市组别	
	（7.77）	（7.78）	（7.79）	（7.80）	（7.81）	（7.82）	（7.83）	（7.84）
$tech\_IND$		0.014		0.071***		0.004		0.017*
		（0.25）		（3.48）		（0.27）		（1.94）
lab_inf		-0.004***		0.000		0.000		0.001
		（-4.02）		（0.70）		（0.62）		（0.27）

续表

解释变量	技术密集产业多极化集聚-劳动力空间配置							
	Hqed							
	极度—严重失调城市组别		中度失调城市组别		轻度—濒临失调城市组别		协调类型城市组别	
$Exsev\_dys^{tech}$	-0.008	-0.061***						
	(-0.55)	(-3.13)						
$Moder\_dys^{tech}$			0.042***	0.066***				
			(2.63)	(2.88)				
$Mibor\_dys^{tech}$					0.011	0.024		
					(0.94)	(1.00)		
Cou_typ^{tech}							0.053	0.178
							(1.06)	(1.31)
control	控制	控制	控制	控制	控制	控制	控制	控制
i.year	YES	YES	YES	YES	YES	YES	YES	YES
_cons	0.012	0.055	-0.035	-0.035	-0.132***	-0.131***	-0.228	-0.290*
	(0.38)	(1.64)	(-1.21)	(-1.19)	(-3.18)	(-3.15)	(-1.61)	(-1.93)
样本数	1 361	1 361	2 053	2 053	1 002	1 002	208	208
R^2	0.492	0.500	0.524	0.527	0.467	0.468	0.470	0.492

注：括号内数值为相应系数的 t 统计量值，*、**、***分别表示在10%、5%、1%水平下显著。

3. 不同区域城市样本异质性分析

为反映中国不同区域城市3种不同类型产业多极化集聚、劳动力空间配置对城市经济高质量发展的影响差异，本节遵照前文对中国区域进行的东、中、西部与东北部四大经济区域划分，分别分析不同区域城市劳动、资本以及技术密集型产业多极化集聚、劳动力空间配置以及两者耦合协调发展对经济高质量发展的不同影响。具体回归结果如表7-12所示。

表7-12 不同区域城市样本异质性回归结果

解释变量	劳动密集产业多极化集聚							
	Hqed							
	东部地区城市样本		中部地区城市样本		西部地区城市样本		东北部地区城市样本	
	(7.85)	(7.86)	(7.87)	(7.88)	(7.89)	(7.90)	(7.91)	(7.92)
lab_IND	-0.001	0.010	0.023	0.014	0.004	0.015	0.015	0.012
	(-0.09)	(0.78)	(1.01)	(0.60)	(0.36)	(0.44)	(0.78)	(0.61)

续表

解释变量	劳动密集产业多极化集聚							
	Hqed							
	东部地区城市样本		中部地区城市样本		西部地区城市样本		东北部地区城市样本	
	(7.85)	(7.86)	(7.87)	(7.88)	(7.89)	(7.90)	(7.91)	(7.92)
lab_inf		0.001***		-0.000		0.000		0.000
		(3.17)		(-0.07)		(0.50)		(0.43)
Cou_deg^{lab}		0.076***		-0.021		0.014		0.013
		(2.76)		(-1.41)		(1.22)		(0.46)
control	控制	控制	控制	控制	控制	控制	控制	控制
i.year	YES	YES	YES	YES	YES	YES	YES	YES
_cons	-0.076*	-0.093**	-0.132***	-0.141***	-0.021	-0.021	0.000	-0.002
	(-1.68)	(-2.04)	(-3.15)	(-3.34)	(-1.15)	(-1.14)	(0.01)	(-0.04)
样本数	1 392	1 392	1 280	1 280	1 408	1 408	544	544
R^2	0.543	0.547	0.598	0.600	0.345	0.347	0.698	0.698

解释变量	资本密集产业多极化集聚							
	Hqed							
	东部地区城市样本		中部地区城市样本		西部地区城市样本		东北部地区城市样本	
	(7.93)	(7.94)	(7.95)	(7.96)	(7.97)	(7.98)	(7.99)	(7.100)
cap_IND	-0.019	-0.016	0.061***	0.071***	0.007	0.007	0.042*	0.042*
	(-1.23)	(-1.08)	(3.19)	(3.70)	(1.07)	(1.04)	(1.85)	(1.84)
lab_inf		0.001***		-0.000		0.000		0.000
		(3.02)		(-0.05)		(0.51)		(0.47)
Cou_deg^{cap}		0.067**		-0.026*		0.014		0.017
		(2.59)		(-1.80)		(1.22)		(0.63)
control	控制	控制	控制	控制	控制	控制	控制	控制
i.year	YES	YES	YES	YES	YES	YES	YES	YES
_cons	-0.079*	-0.094**	-0.123***	-0.138***	-0.021	-0.021	0.003	0.000
	(-1.74)	(-2.05)	(-3.00)	(-3.33)	(-1.15)	(-1.13)	(0.06)	(0.00)
样本数	1 392	1 392	1 280	1 280	1 408	1 408	544	544
R^2	0.544	0.547	0.601	0.605	0.346	0.348	0.700	0.700

续表

解释变量	技术密集产业多极化集聚							
	Hqed							
	东部地区城市样本		中部地区城市样本		西部地区城市样本		东北地区城市样本	
	(7.101)	(7.102)	(7.103)	(7.104)	(7.105)	(7.106)	(7.107)	(7.108)
$tech\_IND$	0.045***	0.046***	0.101***	0.100***	0.005**	0.004*	0.053	0.033
	(7.39)	(7.37)	(4.15)	(4.09)	(2.42)	(1.72)	(0.68)	(0.37)
lab_inf		0.000		0.000		0.000		0.000
		(1.08)		(0.58)		(0.45)		(0.49)
cou_deg^{tech}		0.008		-0.009		0.014		0.017
		(0.28)		(-0.58)		(1.12)		(0.52)
$control$	控制	控制	控制	控制	控制	控制	控制	控制
$i.year$	YES	YES	YES	YES	YES	YES	YES	YES
$\_cons$	-0.062	-0.071	-0.135***	-0.145***	-0.021	-0.021	0.001	-0.004
	(-1.39)	(-1.58)	(-3.28)	(-3.49)	(-1.14)	(-1.15)	(0.02)	(-0.08)
样本数	1 392	1 392	1 280	1 280	1 408	1 408	544	544
R^2	0.562	0.563	0.603	0.605	0.348	0.350	0.698	0.698

注：括号内数值为相应系数的 *t* 统计量值，*、**、***分别表示在10%、5%、1%水平下显著。

首先，就东部地区而言，一方面，劳动、资本密集型产业的多极化集聚对城市经济高质量发展具有不显著的阻碍作用，且这种阻碍作用在劳动、资本密集型产业多极化集聚与劳动力空间配置耦合协调发展的显著正向促进作用背景下被弱化；另一方面，东部地区技术密集型产业多极化集聚能显著促进城市经济高质量发展，但其与劳动力空间配置耦合协调水平的促进作用并不显著，说明即使对于经济发展水平较高的东部地区，高层次人才的配置规模效应仍有巨大的发展空间。

其次，就中部地区而言，区域内城市劳动密集型产业多极化集聚对城市经济高质量发展的促进作用并不显著，而资本密集型和技术密集型产业多极化集聚却能在1%水平下显著促进城市经济高质量发展，且技术密集型产业多极化集聚的促进作用和显著程度（回归系数0.101，*t* 值4.15）均高于资本密集型产业（回归系数0.061，*t* 值3.19）。

再次，对于西部地区而言，劳动密集型和资本密集型产业多极化集聚均不能显著促进城市经济高质量发展，且劳动密集型产业的作用小于资本密集型产业，同时该区域技术密集型产业的多极化集聚则具有显著的促进作用。究其原因在于，一方面，对于西部地区而言，一直以来的劳动力大规模外迁，经济发展程度水平偏低，使该区域劳动力规模和劳动力结构、资本存量和资本结构均呈现低层次发展，以致劳动密集型和资本密集型产业的规模效应较小、扩散效应未能充分体现，从而弱化了对城市经济高质量发展的促进作用；另一方面，由于高技术产业强大的生产效率和价值增值，城市发展并不需要形成巨大规模的技术密集型产业多极化集聚，即可形成强大的扩散效应和创新发展动能，进而显著促进城市经济高质量发展。

最后，就东北部地区而言，仅资本密集型产业多极化集聚能显著促进城市经济高质量发展，而劳动和技术密集型产业多极化集聚的促进作用不显著。这一结论可能是由于东北部地区作为中国老工业地区，其工业发展留置的工业资本底子和存量较大，一定程度上形成了资本密集产业发展的规模效应，进而带动了城市高质量发展。然而，对于东北部地区而言，由于邻近东部地区，其劳动力资源更因东部地区强大的虹吸效应而大量外流，其技术的发展和工业创新能力的更新也远低于东部地区，由此该区域技术生产效率偏低，从而弱化了劳动密集和技术密集产业多极化集聚对城市经济高质量发展的促进作用。

4. 不同城市规模分样本异质性分析

以人口数量衡量的城市规模大小决定了城市公共物品和服务的数量与质量，从而对城市营商环境产生影响，进而在一定程度上决定了城市劳动、资本和技术密集产业的发展能力、布局趋势和结构变动方向。因此，城市规模的不同，必然导致城市不同类型产业多极化集聚与劳动力空间配置对经济高质量发展的作用差异。为此，本书根据 2014 年国务院印发的《关于调整城市规模划分标准的通知》划分标准[①]，将所选 289 个城市样本划分为大、中、小城市 3 个组别分别进行回归分析，其回归结果如表 7-13 所示。

表 7-13　不同城市规模分样本异质性回归结果

解释变量	劳动密集型产业多极化集聚							
	$Hqed$							
	大城市分样本			中等城市分样本			小城市分样本		
	(7.109)	(7.110)	(7.111)	(7.112)	(7.113)	(7.114)	(7.115)	(7.116)	(7.117)
lab_IND	-0.005		0.008	0.013		0.018	0.044		0.046
	(-0.52)		(0.80)	(0.58)		(0.81)	(1.29)		(1.34)
lab_inf			0.001***			0.000			0.000
			(3.88)			(0.98)			(0.70)
cou_deg^{lab}		0.010	0.066***		0.008	0.022		0.008	0.021
		(1.47)	(4.11)		(1.09)	(1.41)		(0.99)	(1.07)
control	控制	控制	控制	控制	控制	控制	控制	控制	控制
i.year	YES	YES	YES	YES	YES	YES	YES	YES	YES
_cons	-0.164***	-0.162***	-0.168***	-0.015	-0.011	-0.015	-0.022	-0.025	-0.023
	(-5.23)	(-5.17)	(-5.37)	(-0.57)	(-0.44)	(-0.57)	(-0.61)	(-0.70)	(-0.65)
样本数	2 256	2 256	2 256	1 616	1 616	1 616	752	752	752
R^2	0.481	0.482	0.485	0.512	0.512	0.513	0.430	0.430	0.432

---

① 本书遵循 2014 年国务院印发的《关于调整城市规模划分标准的通知》的划分标准：城区常住人口大于 100 万的城市为大城市；50 万以上 100 万以下的城市为中等城市，50 万以下的城市为小城市。

续表

解释变量	资本密集型产业多极化集聚								
	$Hqed$								
	大城市分样本			中等城市分样本			小城市分样本		
	(7.118)	(7.119)	(7.120)	(7.121)	(7.122)	(7.123)	(7.124)	(7.125)	(7.126)
cap_IND	0.006		0.016*	0.020*		0.024**	0.007		0.014
	(0.64)		(1.76)	(1.76)		(2.12)	(0.26)		(0.53)
lab_inf			0.001***			0.000			0.000
			(4.81)			(1.46)			(1.07)
cou_deg^{cap}		0.013*	0.080***		0.010	0.030*		0.010	0.029
		(1.86)	(5.17)		(1.24)	(1.95)		(1.16)	(1.46)
$control$	控制	控制	控制	控制	控制	控制	控制	控制	控制
$i.year$	YES	YES	YES	YES	YES	YES	YES	YES	YES
$\_cons$	-0.164***	-0.161***	-0.165***	-0.021	-0.011	-0.021	-0.022	-0.026	-0.024
	(-5.25)	(-5.14)	(-5.30)	(-0.79)	(-0.41)	(-0.81)	(-0.59)	(-0.73)	(-0.65)
样本数	2 256	2 256	2 256	1 616	1 616	1 616	752	752	752
R^2	0.481	0.482	0.488	0.513	0.512	0.514	0.429	0.430	0.431

解释变量	技术密集型产业多极化集聚								
	$Hqed$								
	大城市分样本			中等城市分样本			小城市分样本		
	(7.127)	(7.128)	(7.129)	(7.130)	(7.131)	(7.132)	(7.133)	(7.134)	(7.135)
$tech\_IND$	0.010***		0.012***	0.044***		0.041**	0.028		0.025
	(4.07)		(4.35)	(2.16)		(1.97)	(0.59)		(0.52)
lab_inf			0.000			0.000			0.000
			(1.52)			(1.15)			(0.78)
cou_deg^{tech}		-0.002	0.027		0.011	0.027		0.009	0.024
		(-0.35)	(1.57)		(1.32)	(1.59)		(1.04)	(1.14)
$control$	控制	控制	控制	控制	控制	控制	控制	控制	控制
$i.year$	YES	YES	YES	YES	YES	YES	YES	YES	YES
$\_cons$	-0.163***	-0.165***	-0.167***	-0.021	-0.012	-0.023	-0.026	-0.025	-0.028
	(-5.23)	(-5.26)	(-5.32)	(-0.80)	(-0.46)	(-0.88)	(-0.72)	(-0.70)	(-0.77)
样本数	2 256	2 256	2 256	1 616	1 616	1 616	752	752	752
R^2	0.485	0.481	0.486	0.514	0.513	0.514	0.429	0.430	0.431

注：括号内数值为相应系数的 t 统计量值，*、**、***分别表示在10%、5%、1%水平下显著。

首先，就大城市而言，一方面，劳动密集型产业多极化集聚对城市经济高质量发展具有负向作用，但不显著。说明对于大城市而言，在其巨大城市规模的影响下，城市劳动密集型产业的进一步集聚，必将带来更为严重的城市拥挤、环境恶化、成本增加等一系列问题，进而不利于城市高质量发展。另一方面，对于资本密集型产业多极化集聚对城市经济高质量发展的影响，则表现为在劳动力空间配置的协调发展背景下的显著促进，充分表明资本要素与劳动力资源之间有效、合理的匹配对大城市经济发展的重要影响。同时，由模型（7.127）～（7.129）可知，技术密集型产业多极化集聚对大型城市经济高质量发展具有显著促进作用。对于这类城市而言，城市经济发展水平、人才储备、资本存量均较其他城市高。因此，技术密集产业的集聚，更能形成强大的扩散效应，从而促进城市经济高质量发展。

其次，就中等城市而言，除劳动密集型产业多极化集聚不能显著促进城市经济高质量发展，资本密集和技术密集产业多极化集聚均能产生显著促进作用，且技术密集型产业集聚的作用更大。说明对于中等城市而言，依循城市科技创新、技术进步、资本深化和广化，是推动中等城市经济高质量发展的关键领域和重点工作。

最后，就小城市分样本而言，无论是劳动密集还是资本和技术密集，3 类产业多极化集聚均不能显著促进城市经济高质量发展。究其原因在于，这类城市规模较小，劳动力资源相对短缺，各产业发展相对落后，资本存量相对较小，技术更新相对滞后，由此引起的劳动、资本和技术密集型产业多极化集聚所带来的规模效应不充分、扩散效应不明显、涓滴效应不突出，进而对城市经济高质量发展的促进作用不显著。

（二）稳健性分析

1. 工具变量法

为验证基准模型的稳健性，本节以 3 种类型产业多极化集聚回归模型对应的各自核心解释变量一阶滞后项作为各自工具变量，采用二阶段最小二乘法进行稳健性检验，其回归结果如表 7-14 所示。从结果可以看出，所有模型中经过变量替换后，仅资本密集型产业多极化集聚的显著程度有所下降，其余核心解释变量全部显著，系数符号以及显著水平保持一致，其他变量的回归结果基本保持一致，稳健性得以验证。

表 7-14 工具变量法稳健性检验结果

解释变量	劳动密集型产业多极化集聚					资本密集型产业多极化集聚				
	$Hqed$					$Hqed$				
	（7.136）	（7.137）	（7.138）	（7.139）	（7.140）	（7.141）	（7.142）	（7.143）	（7.144）	（7.145）
L_lad_IND	0.026			0.023	0.037					
	（1.07）			（0.95）	（1.44）					
L_cap_IND						0.015			0.017	0.032**
						（1.25）			（1.36）	（2.18）

续表

解释变量	劳动密集型产业多极化集聚					资本密集型产业多极化集聚				
	Hqed					Hqed				
	(7.136)	(7.137)	(7.138)	(7.139)	(7.140)	(7.141)	(7.142)	(7.143)	(7.144)	(7.145)
L_lab_inf		0.000*		0.000*	0.001**		0.000*		0.000*	0.001***
		(1.71)		(1.66)	(2.56)		(1.71)		(1.80)	(3.30)
$L\_Cou\_deg^{lab}$			0.029***		0.064**					
			(3.44)		(2.11)					
$L\_Cou\_deg^{cap}$								0.029***		0.084***
								(3.30)		(2.91)
control	控制	控制	控制	控制	控制	控制	控制	控制	控制	控制
i.year	YES	YES	YES	YES	YES	YES	YES	YES	YES	YES
_cons	-0.096***	-0.096***	-0.091***	-0.099***	-0.105***	-0.093***	-0.096***	-0.091***	-0.097***	-0.103***
	(-4.72)	(-4.75)	(-4.50)	(-4.83)	(-5.06)	(-4.64)	(-4.75)	(-4.52)	(-4.77)	(-5.06)
样本数	4 335	4 335	4 335	4 335	4 335	4 335	4 335	4 335	4 335	4 335
R^2	0.457	0.454	0.458	0.453	0.455	0.459	0.454	0.459	0.455	0.458

解释变量	技术密集型产业多极化集聚				
	Hqed				
	(7.146)	(7.147)	(7.148)	(7.149)	(7.150)
L_tech_IND	0.014***			0.015***	0.028***
	(4.54)			(4.81)	(4.59)
L_lab_inf		0.000*		0.001***	0.003**
		(1.71)		(3.40)	(2.57)
$L\_Cou\_deg^{tech}$			0.032***		0.225***
			(3.52)		(2.71)
control	控制	控制	控制	控制	控制
i.year	YES	YES	YES	YES	YES
_cons	-0.091***	-0.096***	-0.094***	-0.080***	-0.129***
	(-4.53)	(-4.75)	(-4.64)	(-3.9)	(-5.05)
样本数	4 335	4 335	4 335	4 335	4 335
R^2	0.460	0.454	0.456	0.460	0.416

注：括号内数值为相应系数的z统计量值，*、**、***分别表示在10%、5%、1%水平下显著。

2. 考虑极端值的影响

与第六章类似，考虑城市经济高质量发展水平测度指标体系涉及的数据较多、范围较大，有可能因为部分数据的突然变化而影响模型的整体稳健性。因此，本节同样从考虑极端值的影响角度入手，对解释变量数据采用1%缩尾处理的方式进行模型稳健性检验，结果如表7-15所示。核心解释变量与两者耦合协调度回归结果全部显著，且回归系数、系数符号以及各变量显著水平与基准回归结果基本保持一致，回归结果较为稳健。

表7-15 考虑极端值的稳健性检验结果

解释变量	劳动密集型产业多极化集聚					资本密集型产业多极化集聚				
	Hqed					Hqed				
	(7.151)	(7.152)	(7.153)	(7.154)	(7.155)	(7.156)	(7.157)	(7.158)	(7.159)	(7.160)
lab_IND	0.009			0.009	0.019*					
	(0.84)			(0.86)	(1.73)					
cap_IND						0.017**			0.017**	0.027***
						(2.03)			(2.04)	(3.09)
lab_inf		0.001**		0.001**	0.001**		0.001**		0.001**	0.001***
		(2.51)		(2.52)	(3.68)		(2.51)		(2.52)	(4.64)
Cou_deg^{lab}			0.010**		0.043**					
			(2.18)		(4.31)					
Cou_deg^{cap}								0.012***		0.052***
								(2.61)		(5.38)
control	控制	控制	控制	控制	控制	控制	控制	控制	控制	控制
i.year	YES	YES	YES	YES	YES	YES	YES	YES	YES	YES
_cons	-0.070***	-0.063***	-0.067***	-0.064***	-0.073***	-0.070***	-0.063***	-0.067***	-0.064***	-0.072***
	(-3.87)	(-3.50)	(-3.74)	(-3.54)	(-4.03)	(-3.88)	(-3.50)	(-3.72)	(-3.54)	(-4.04)
样本数	4 624	4 624	4 624	4 624	4 624	4 624	4 624	4 624	4 624	4 624
R^2	0.469	0.469	0.469	0.470	0.471	0.469	0.469	0.469	0.470	0.473

解释变量	技术密集型产业多极化集聚				
	Hqed				
	(7.161)	(7.162)	(7.163)	(7.164)	(7.165)
$tech\_IND$	0.058***			0.059***	0.065***
	(6.57)			(6.68)	(7.13)
lab_inf		0.001**		0.001***	0.000***
		(2.51)		(2.79)	(2.83)
Cou_deg^{tech}			0.006		0.036***
			(1.23)		(3.39)

续表

解释变量	技术密集型产业多极化集聚				
	Hqed				
	（7.161）	（7.162）	（7.163）	（7.164）	（7.165）
control	控制	控制	控制	控制	控制
i.year	YES	YES	YES	YES	YES
_cons	-0.062***	-0.063***	-0.068***	-0.056***	-0.066***
	（-3.47）	（-3.50）	（-3.81）	（-3.10）	（-3.66）
样本数	4 624	4 624	4 624	4 624	4 624
R^2	0.474	0.469	0.469	0.475	0.475

注：括号内数值为相应系数的 z 统计量值，*、**、***分别表示在10%、5%、1%水平下显著。

（三）门槛检验

为进一步检验城市劳动密集、资本密集以及技术密集型产业多极化集聚对城市经济高质量发展促进作用的分段式影响，本节同样采用 Hansen 门槛面板模型，对所选 289 个城市 3 种类型产业多极化集聚对城市经济高质量发展的促进作用是否存在门槛效应进行深入检验。其门槛模型设定如下：

$$Hqed_{i,t} = \rho_0^l + \rho_1^l lab\_IND_{i,t} I(thr \leq \gamma) + \rho_2^l lab\_IND_{i,t} I(thr > \gamma) + \rho_3^l control + v_{i,t}^l \quad (7.16)$$

$$Hqed_{i,t} = \rho_0^c + \rho_1^c cap\_IND_{i,t} I(thr \leq \gamma) + \rho_2^c cap\_IND_{i,t} I(thr > \gamma) + \rho_3^c control + v_{i,t}^c \quad (7.17)$$

$$Hqed_{i,t} = \rho_0^t + \rho_1^t tech\_IND_{i,t} I(thr \leq \gamma) + \rho_2^t tech\_IND_{i,t} I(thr > \gamma) + \rho_3^t control + v_{i,t}^t \quad (7.18)$$

式中，thr 为门槛变量，γ 为待估门槛值，I(·)为示性函数，其他变量与（7.1）~（7.15）式相同。

根据上述计量模型设定，结果如表 7-16 所示。城市资本密集型产业多极化集聚不存在门槛效应，而城市劳动密集型产业多极化集聚对城市经济高质量发展具有显著的双门槛效应，技术密集型产业多极化集聚存在单门槛效应，门槛值分别为 $\gamma_1^{lab\_IND}$=-0.046、$\gamma_2^{lab\_IND}$=0.078 和 γ^{tech_IND}=0.043。另外，通过 stata 作图，289 个样本城市劳动密集、技术密集型产业多极化集聚门槛效应似然比函数图如图 7-1 所示。图中虚线以下表示 95%的置信区间，当 LR(γ)=0 时，得到相应门槛值。

表 7-16 城市样本 3 种类型产业多极化集聚的门槛效应检验结果

门槛变量	门槛数	F 统计量	P 值	抽样次数	临界值		
					1%	5%	10%
lab_IND	1	56.27***	0.000	300	24.499	16.174	11.894
	2	15.20**	0.030	300	20.562	14.297	12.275
	3	5.91	0.803	300	33.493	25.503	23.140

续表

门槛变量	门槛数	F 统计量	P 值	BS 次数	临界值		
					1%	5%	10%
cap_IND	1	3.66	0.607	300	21.454	15.380	11.507
	2	9.83	0.287	300	27.714	18.683	15.829
	3	5.20	0.770	300	52.528	29.849	23.237
tech_IND	1	72.78***	0.000	300	19.134	9.937	6.866
	2	7.95	0.273	300	19.064	14.654	12.153
	3	6.08	0.417	300	18.306	13.342	11.075

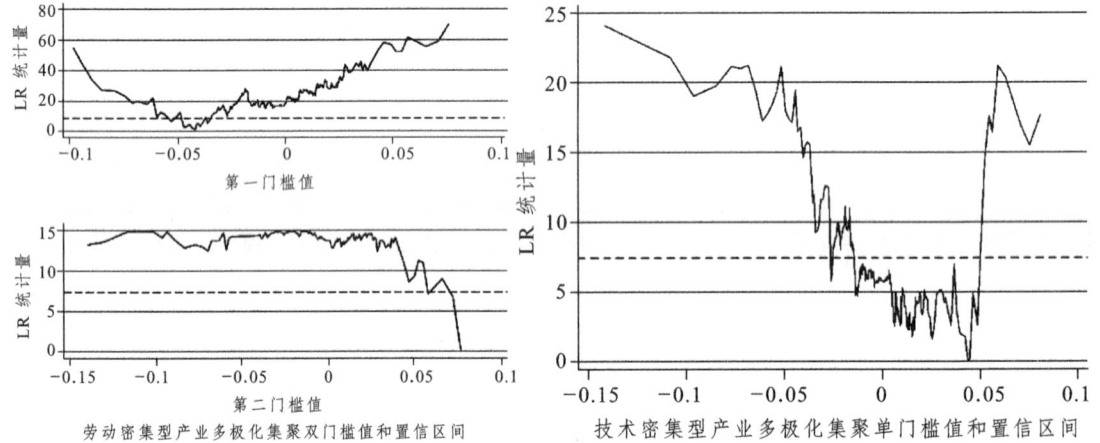

图 7-1 样本城市劳动与技术密集型产业多极化集聚门槛效应似然比函数图

由门槛回归分析可知（见表 7-17），一方面，就劳动密集型产业来看，对于 289 个样本城市而言，在劳动密集型产业多极化集聚门槛值前后，其对城市经济高质量发展的影响作用并不相同，当城市劳动密集型产业多极化集聚水平小于-0.046 时，其对城市经济高质量发展具有显著的阻碍作用。当该类型产业多极化集聚水平大于-0.046 小于 0.078 时，其对城市经济高质量发展的促进作用最大，显著程度最高，而后当集聚水平继续上升超过 0.078 后，促进作用开始下降。另一方面，就技术密集型产业来看，其对城市经济高质量发展的影响作用也随产业多极化集聚水平的变化而不同，当技术密集型产业多极化集聚水平小于 0.043 时，其对城市经济高质量发展具有显著阻碍作用，而当技术密集产业多极化集聚水平超过 0.043 之后，其对城市经济高质量发展的促进作用显著。说明较小规模的技术密集型产业集聚，不仅没有对城市经济产生一定的规模和扩散效应，反而因为高水平、高标准的前期投入和资源支持而阻碍了城市经济高质量发展。而技术密集型产业多极化集聚规模的扩大，不仅促进了前期投入生产要素的充分利用和效率提升，同时也因其规模扩大而形成了巨大的规模效应和扩散效应，进而促进城市经济高质量发展。

表 7-17　城市样本各产业集聚态势门槛回归结果

解释变量	被解释变量 $Hqed$	
	劳动密集型产业多极化集聚	技术密集型产业多极化集聚
	（7.166）	（7.167）
$lab\_IND_{i,t}I(thr \leqslant \gamma_1^{lab\_IND})$	-0.046*** （-3.89）	
$lab\_IND_{i,t}I(\gamma_1^{lab\_IND} < thr \leqslant \gamma_2^{lab\_IND})$	0.130*** （6.34）	
$lab\_IND_{i,t}I(thr > \gamma_2^{lab\_IND})$	0.044*** （3.27）	
$tech\_IND_{i,t}I(thr \leqslant \gamma^{tech\_IND})$		-0.006* （-1.75）
$tech\_IND_{i,t}I(thr > \gamma^{tech\_IND})$		0.084*** （8.82）
control	控制	控制
_cons	-0.198*** （-14.80）	-0.197*** （14.78）
样本数	4 624	4 624
R^2	0.315	0.316

注：括号内数值为相应系数的 t 统计量值，*、**、***分别表示在10%、5%、1%水平下显著。

四、本章小结

本章通过将本书选取的 16 个行业按照劳动密集、资本密集和技术密集 3 大类型进行划分，分别分析不同类别产业多极化集聚、劳动力空间配置对城市经济高质量发展的不同影响。同时，按照不同类型产业集聚的"单一化"和"多极化"两种不同产业分布态势、不同的劳动力空间配置方向、不同的区域类别和不同的城市规模对本书选取的 289 个城市样本进行划分，从不同视角和类别分析 3 种类型产业多极化集聚、劳动力空间配置对城市经济高质量发展的异质性作用。另外，考虑不同类型产业多极化集聚与劳动力空间配置可能产生的不同负向外部影响，进一步论证 3 种产业多极化集聚类型和劳动力空间配置对城市经济高质量发展的非线性化影响。

通过实证分析，本章得出如下结论：

第一，劳动密集型产业多极化集聚并不能显著促进城市经济高质量发展，但资本和技术密集型产业集聚对城市经济高质量发展具有显著促进作用，且资本密集产业的促进作用高于技术密集产业。说明对于大多数城市而言，技术产业规模和发展水平还有待进一步提升。

第二，劳动密集产业的单一化集聚对城市经济高质量发展具有显著阻碍作用，技术密集产业的单一化集聚作用不明显，仅有资本密集产业因其巨大的单一集聚规模，有显著的促进作用。

第三，3种类型产业与劳动力空间配置之间的耦合协调均对城市高质量发展具有显著促进作用，且随着这种耦合协调水平的提升，其对城市经济高质量发展的促进作用越大。

第四，本章通过检验城市劳动密集、资本密集和技术密集产业多极化集聚对城市经济高质量发展影响作用的门槛效应，认为劳动密集型城市产业多极化集聚对城市经济高质量发展的影响均存在双门槛值，技术密集型产业多极化集聚具有单门槛效应，且两种类型的产业多极化集聚水平在门槛值前后，对城市经济高质量发展的影响存在明显差异。

第八章
产业多极化集聚、劳动力空间配置影响城市经济高质量发展的空间溢出效应

前文对289个城市总体产业以及劳动、资本和技术密集3种类型产业多极化集聚,城市劳动力空间配置情况对城市经济高质量发展水平提升的促进作用进行了全面深入和科学合理的分析与论证。然而,前文所有分析均是针对城市单独个体进行的,这种将城市之间的相互关联割裂开来的计量分析虽然对各城市经济高质量发展的时间序列变化十分合理且重要,但不能反映城市之间相互的生产要素流动、资源能源交换、市场信息共享等因素引起的城市地理空间联系。为此,针对城市之间相互影响所带来的空间关系和空间效应,本节采用空间计量模型,对城市产业多极化集聚、劳动力空间配置以及引起的城市经济高质量发展变化的空间效应进行全面分析。

一、空间相关性检验

(一)全局莫兰指检验

在进行空间计量分析之前,首先需要从区域经济理论出发论证各城市经济高质量发展水平提升具有经济意义上的空间关联性。其一,就城市经济高质量发展动能而言,无论人才、资本还是创新动能,各种形成经济高质量发展核心动力的生产要素均具有典型的趋利性、流动性和扩散性。这些典型特性使各城市经济高质量发展的核心动力要素不可能由单一城市独享,必然引起相互关联城市共享,且这种关联程度一般会因距离越远而变得越弱。其二,就城市高质量发展结构而言,城市之间产业链条的相互延展、消费习惯和行为的相互攀比、房地产与政府投资的相互类比、金融资本的相互渗透,无一不表明城市之间经济结构的相互影响和关联。其三,从城市发展成果共享来看,资源禀赋虽然具有一定的区位性,但资源之间的配套使用、取长补短必然能引起资源利用效率的提升,也进一步加深城市之间的利益关联。而生态环境的系统性和整体性,也使城市之间的关联程度加大。其四,劳动力资源的空间配置,必然不可能以单一城市作为配置边界,更应是大区域范围内的协调适配,同时劳动力工资与居住水平变化具有的区域连续性,也使劳动力资源的空间配置具有超越城市边界的广域延展性。其五,因为互联网平台和共享经济的建设和发展,城市医疗、卫生、教育等各种城市公共服务和公共设施建设也逐渐打破城市壁垒,进而在更大范围内共享。综上可知,城市之间相互关联度逐渐加深,单个城市经济高质量发展水平的提升,不仅受到城市内部资源要素的影响,相关城市的经济高质量发展也起到不小作用。

为验证上述论断,本节利用莫兰指数(Moran's I)对本书选取的289个城市样本2005—2020年城市经济高质量发展进行空间自相关检验,考查数据之间的空间依赖性。其中,莫兰指数(Moran's I)公式如下:

$$I = \frac{\sum_{i=1}^{n}\sum_{j=1}^{n}w_{ij}(a_i-\bar{a})(a_j-\bar{a})}{S^2\sum_{i=1}^{n}\sum_{j=1}^{n}w_{ij}} \qquad (8.1)$$

式中,i表示城市样本,n表示样本数量(本书中$n=289$个);$S^2=\dfrac{\sum_{i=1}^{n}(a_i-\bar{a})^2}{n}$为样本方差;$w_{ij}$为空间权重矩阵里的$i$行$j$列数据,用于度量城市$i$与城市$j$之间的距离,$\sum_{i=1}^{n}\sum_{j=1}^{n}w_{ij}$表示所

有空间权重之和。莫兰指数取值一般介于-1到1之间，大于0表示空间正自相关，城市空间上表现为高（低）值与高（低）相邻；莫兰指数小于0表示空间负自相关，表示城市空间高（低）值与低（高）相邻；若莫兰指数接近于0，则表示空间分布随机，不存在空间自相关。

另外，需要说明的是，本节对于空间权重矩阵的选取，考虑城市经济高质量发展这一指标采用综合指标体系进行测度的特殊情况，为保证空间权重矩阵的独立性和外生性，故排除经济社会空间权重矩阵；同时城市经济高质量发展水平变化，不仅受到相邻城市的影响，部分不相邻城市也能够通过产业多极化集聚、企业价值关联、劳动力空间配置或互联网平台共享等方式产生联系，因此也排除地理相邻空间权重。基于此，本书选取地理距离空间权重矩阵，也即以各城市经纬度计算的地球球面距离取倒数构建反距离空间矩阵。这一计算方式表示随城市距离越近，相关性越强，反之越弱。按照（8.1）式，以及选取和计算的空间权重矩阵，对本书289个城市2005—2020年经济高质量发展的莫兰指数进行测算，并对其进行空间自相关检验，结果如表8-1所示。由表可知，从本书考察城市样本数据的空间依赖性来看，城市经济高质量发展水平各年全局莫兰指数全部大于0，且均通过了1%的显著性水平检验。可见，城市经济高质量发展指标具有显著的空间正自相关关系，在城市空间分布上表现为经济高质量发展水平高高集聚与低低集聚的典型空间特征。就全局莫兰指数的变化趋势来看，其值仅在2009和2016年有所下降，其余年份均明显增加。这种变化一定程度上反映了中国城市经济高质量发展水平高（低）集聚的持续稳定的强化过程。

表 8-1　城市经济高质量发展水平的 Global Moran's I

年份	Global Moran's I	Z 值	P 值
2005	0.014	2.789	0.005
2006	0.015	3.069	0.002
2007	0.028	5.114	0.000
2008	0.032	5.835	0.000
2009	0.028	5.185	0.000
2010	0.038	6.948	0.000
2011	0.047	8.324	0.000
2012	0.047	8.263	0.000
2013	0.052	9.129	0.000
2014	0.051	9.034	0.000
2015	0.057	10.077	0.000
2016	0.052	9.147	0.000
2017	0.056	9.811	0.000
2018	0.06	10.571	0.000
2019	0.073	12.692	0.000
2020	0.163	26.782	0.000

（二）局部莫兰指检验

为进一步分析中国各城市经济高质量发展的高（低）空间集聚情况，本节采用莫兰散点图对东、中、西和东北部地区城市经济高质量发展进行空间分布集聚度分析，结果如图 8-1~8-4 所示。

首先，从图 8-1 可知，2005—2020 年东部地区城市经济高质量发展总体呈空间正自相关特征，绝大多数城市分布于第三象限，表明城市经济高质量发展的空间分布大多处于低低集聚状态，且从图中可以看出，2005—2020 年，落于第一象限的城市逐渐增加，意味着东部城市之间的协调水平逐步提升，城市之间由低水平集聚向高质量集聚态势转变，特别是浙江省的大部分城市在 2020 年均落于第一象限，意味这些城市之间逐渐形成了高效、协同、互动、关联的区域协调性发展态势。

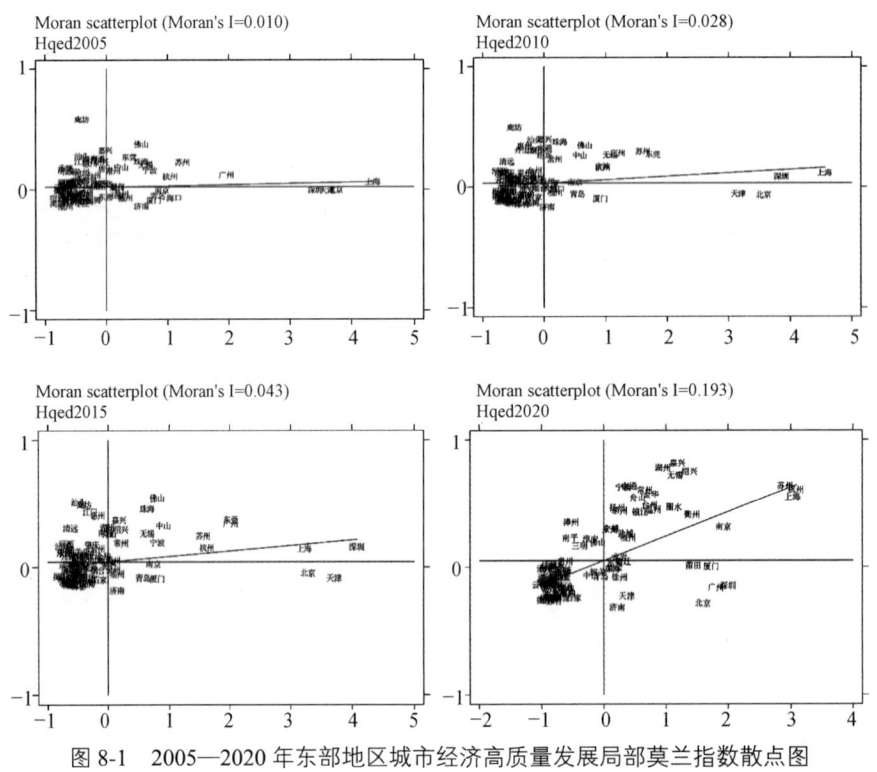

图 8-1　2005—2020 年东部地区城市经济高质量发展局部莫兰指数散点图

其次，由图 8-2 可知，就中部地区而言，2005—2020 年各城市经济高质量发展的局部莫兰指数值由主要落于第二象限逐步变为落于第三象限，且同样第一象限城市数量逐渐增加。这说明中部地区城市经济高质量发展整体呈现由空间负相关向空间正相关转变，城市的空间分布呈现由低高集聚向低低集聚，且到 2020 年，该区域城市之间的协同程度逐步提升，城市之间经济发展由低水平合作向高质量耦合态势转变。

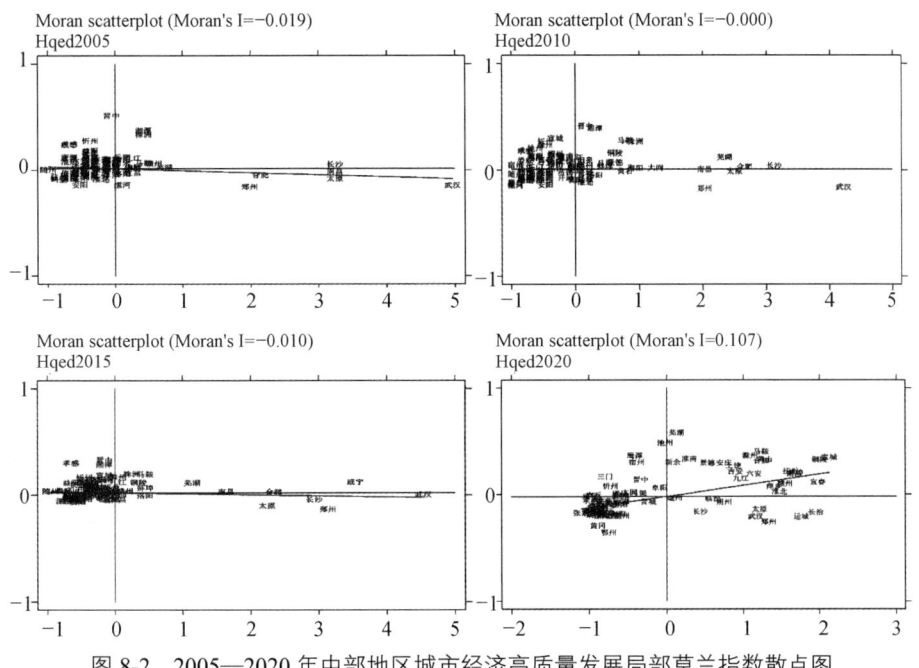

图 8-2　2005—2020 年中部地区城市经济高质量发展局部莫兰指数散点图

再次，就西部地区而言，由图 8-3 可以看出，该区域城市经济高质量发展的空间分布并未呈现十分明显的单一集聚特征，而是绝大部分城市分别位于第二、三象限，呈现低高集聚和低低集聚态势，仅在 2020 年，第三象限城市所在比重略高于处于第二象限城市所在比重；同时从图中可知，到 2020 年第一象限城市数量有所提升，说明该区域部分城市经济高质量发展水平因其相互协作互补而有了较大进步。

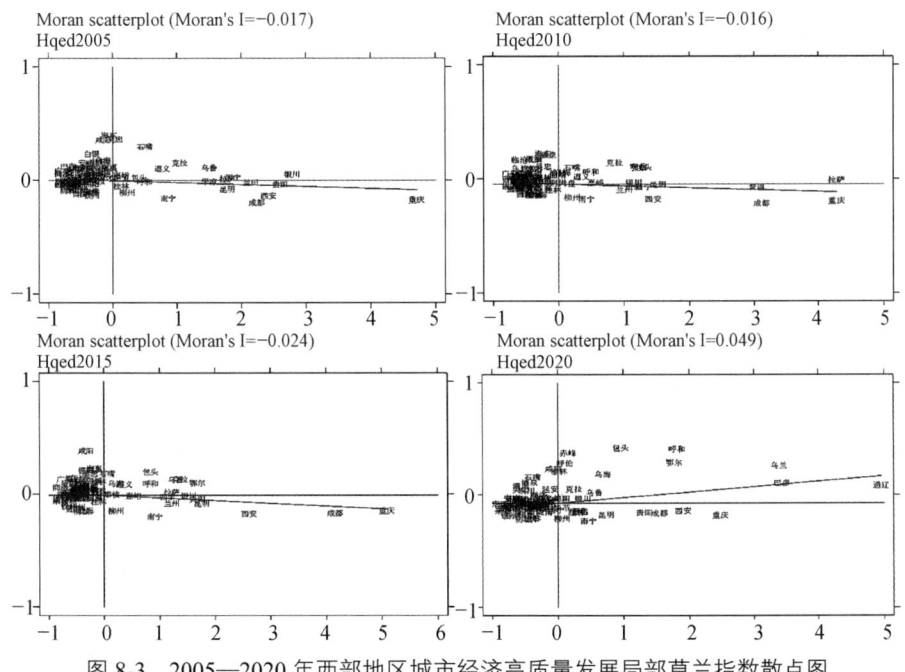

图 8-3　2005—2020 年西部地区城市经济高质量发展局部莫兰指数散点图

最后，就东北部地区来看，由图 8-4 可知，该区域在 2005 年时，大部分城市位于第二、三象限，第一、四象限城市数量较少（其中，第一象限仅有吉林、大庆、哈尔滨 3 个城市；第四象限仅有大连、沈阳、长春 3 个城市），城市空间分布并未呈现十分明显的单一集聚特征，而是呈现低高集聚和低低集聚态势。到 2020 年，东北部地区各城市空间分布呈现分散式布局，第二、三象限城市数量明显减少，第一、四象限城市数量增加明显。东北部地区城市经济高质量发展莫兰指数与空间分布的这一变动，充分说明了这一区域城市经济高质量发展呈现明显的分散式发展，并未形成城市之间良好的互补协调作用。

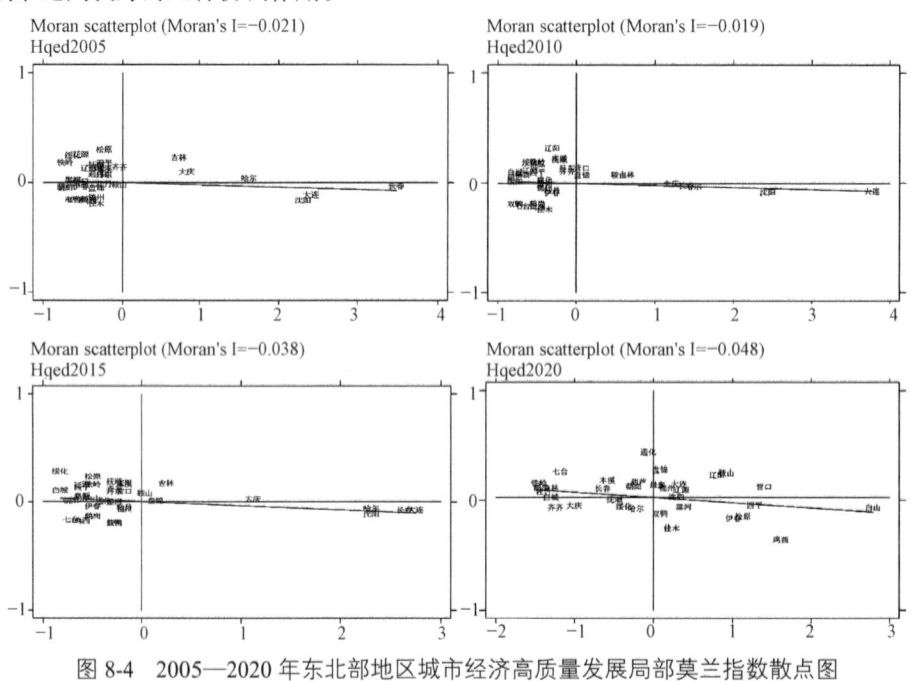

图 8-4　2005—2020 年东北部地区城市经济高质量发展局部莫兰指数散点图

二、计量模型选择与空间效应分析

（一）模型选择与设定

根据上节对城市经济高质量发展水平进行的空间自相关检验结果可知，本书所研究的城市经济高质量发展具有显著空间效应。因此，对这一空间效应的分解和预估，需要选择科学合理的空间计量模型进行。就目前学界对空间计量模型的选取来看，大致包括以下类型：一是样本的被解释变量本身存在空间相关性的空间自回归模型（SAR）；二是回归误差项存在空间依赖性的空间误差模型（SEM）；三是同时考虑被解释变量本身存在的空间相关性和回归误差项空间依赖性的带空间自回归误差项的空间自回归模型，也称一般空间计量模型（SAC）；四是表示观测样本被解释变量不仅受样本自身解释变量的影响，还受其他相关样本解释变量影响的空间杜宾模型（SDM）。对于不同计量模型，有其不同的适用范围和要求，且需要对观测样本的数据特征进行相关检验，方可确定使用模型类型的科学性与合理性。

借鉴已有文献（Anselin&Florax，1995；冯严超、王晓红等，2021）的研究过程，首先采用 LM（Lagrange Multiplier）检验与 Robust LM 检验，考察采用空间自回归（SAR）或空间误差模型

（SEM）是否比采用无空间效应模型更有效、更适用，其检验结果如表 8-2 所示。由表 8-2 结果可知，LM 检验均在 1%的水平下显著拒绝原假设，说明模型存在空间滞后效应和空间误差效应，同时再通过稳健性估计的进一步检验，也即 Robust LM 检验，结果显示同样在 1%的显著性水平下拒绝原假设，说明不应当选择空间误差模型或空间滞后模型，应当选择更一般性的空间计量模型。

表 8-2　LM（Lagrange multiplier）&Robust LM 检验结果

	原假设	LM 值	P 值
LM 检验	LM test no spatial lag	154.641	0.000
	LM test no spatial error	206.507	0.000
Robust LM	Robust LM test no spatial lag	7.711	0.005
	Robust LM test no spatial error	59.577	0.000

根据前文对城市经济高质量发展的莫兰指数计算和空间自相关检验结果，以及产业多极化集聚、劳动力空间配置本身具有的城市互动性，首先选择城市样本被解释变量和解释变量均具有空间效应的空间杜宾模型（SDM），随后对该模型进行相应检验，验证其是否合理。其次，根据上述选择的 SDM 模型，对其固定效应和随机效应进行豪斯曼（Hausman）检验。结果如表 8-3 所示，模型具有空间固定效应。同时再根据 LR（Likelihood Ratio）检验，考察模型适用时间效应、个体效应还是双固定效应模型，检验结果如表 8-4 所示，模型在显著水平为 1%条件下存在个体固定效应和时间固定效应，因此应采用双固定模型。最后，采用 Wald 检验和 LR 检验，验证所选取的空间杜宾模型（SDM）关于产业多极化集聚是否可以退化为空间自回归（SAR）模型和空间误差模型（SEM）模型，检验结果如表 8-5 所示。无论 Wald 检验还是 LR 检验，均在 1%显著水平下拒绝原假设，认为 SDM 模型不能简化为 SAR 和 SEM 模型。

表 8-3　模型空间固定效应与空间随机效应的 Hausman 检验

估计假设	Hausman 值	自由度	P 值
原假设 $H0$：估计应采用随机效应模型	116.980	15	0.000
备选假设 $H1$：估计应采用固定效应模型			

表 8-4　模型个体与时间固定效应的 LR（Likelihood ratio）检验

估计假设	LR 值	自由度	P 值
原假设（$H0$）：个体固定效应不显著	84.600	14	0.000
备选假设（$H1$）：个体固定效应显著			
原假设（$H0$）：时间固定效应不显著	2 428.570	14	0.000
备选假设（$H1$）：时间固定效应显著			

表 8-5　模型 Wald 检验和 LR 检验

估计假设	Wald 值	P 值	LR 值	P 值
原假设（$H0$）：SDM 模型能简化为 SAR 模型	39.730	0.000	117.630	0.000
备选假设（$H1$）：SDM 模型不能简化为 SAR 模型				
原假设（$H0$）：SDM 模型能简化为 SEM 模型	36.630	0.000	133.390	0.000
备选假设（$H1$）：SDM 模型不能简化为 SEM 模型				

根据上述检验结果，本节采用个体和时间双固定效应的空间杜宾模型进行回归估计。构建的模型如下：

$$Hqed_{it} = \rho W Hqed_{jt} + \sum_{k=1}^{7} \beta_k X_{it} + \sum_{k=1}^{7} \lambda_k W X_{jt} + \eta_i + \eta_t + \varepsilon_{it} \quad (8.2)$$

式中，$Hqed_{it}$ 表示第 t 年 i 城市经济高质量发展水平；X_{it} 为第 t 年 i 城市影响城市经济高质量发展的解释变量集合，具体包含解释变量城市产业多极化集聚（IND_{it}）、劳动力空间配置（lab_inf_{it}）、两者耦合协调水平（$Cou\_deg_{i,t}$），以及控制变量城市人均资本（$pcap_{i,t}$）、工业化发展水平（ind_lev_{it}）、公共交通情况（com_ser_{it}）和政府干预（$igov_{it}$）。各变量指标选取和数据来源与前文一样，本节不再赘述；ρ 和 λ_k 分别表示被解释变量与解释变量的空间溢出效应系数；β_k 表示解释变量的直接效应系数；W 表示空间权重矩阵；η_i 和 η_t 分别表示个体固定效应和时间固定效应；ε_{it} 为随机误差项。

（二）空间计量结果分析

采用（8.2）式所设 SDM 模型对城市产业多极化集聚、劳动力空间配置以及两者耦合协调发展促进城市经济高质量发展的空间效应进行了预测估计，回归结果如表 8-6 所示。同时为便于对比，将前文第六章的双固定静态面板模型和双固定动态面板也纳入表 8-6 中。

在表 8-6 中，首先，对比（6.5）（6.10）和（8.1）可知，无论从双固定静态面板模型、双固定动态面板模型，还是空间杜宾模型，3 类回归结果表明城市产业多极化集聚、劳动力空间配置以及两者耦合协调水平对城市经济高质量发展均具有促进作用，其中空间杜宾模型中 3 大核心解释变量的促进作用和显著水平均小于另外两个模型。其原因在于，加入了城市空间联系之后，目标城市自身解释变量的促进作用被相邻城市弱化了。

其次，在空间杜宾模型中，空间自回归系数 ρ 值为 0.956，且在 1%显著水平下正自相关，说明城市经济高质量发展水平的提升，不仅受到城市自身解释变量的影响，相邻城市经济高质量发展水平也产生了显著影响，且 ρ 值大于 0，表现为显著正相关。因此，与前文城市经济高质量发展莫兰指数的高高（低低）空间集聚结论相符，现实中则表现为相邻城市经济高质量发展水平的变化情况会导致考察城市经济高质量发展的同方向变动。

表 8-6　模型估计结果

解释变量	被解释变量 Hqed		
	双固定静态面板模型 (6.5)	双固定动态面板模型 (6.10)	空间杜宾模型（SDM）(8.1)
IND	0.023***	0.023***	0.015***
	(4.14)	(3.97)	(3.01)
lab_inf	0.000***	0.003**	0.000**
	(3.15)	(2.48)	(2.25)
Cou_deg	0.037***	0.220***	0.020**
	(3.72)	(2.90)	(2.35)
control	控制	控制	控制
ρ			0.956***
			(87.74)
W*IND			0.361***
			(6.05)
W*lab_inf			0.006***
			(4.42)
W*Cou_deg			0.531***
			(6.49)
W*ln pcap			-0.009*
			(-1.86)
W*lnind_lev			0.002
			(0.25)
W*lncon_ser			0.036***
			(5.37)
W*lnigov			0.003
			(0.26)
_cons	-0.072***	-0.103*	—
	(-4.02)	(-1.69)	
个体、时间固定	YES	YES	YES
样本数	4 624	4 046	4 624
R^2	0.472	—	0.060

注：模型（6.5）中括号内数值为相应系数的 t 统计量值，模型（6.10）（8.1）中括号内数值为相应系数的 z 统计量值；*、**、***分别表示在 10%、5%、1% 水平下显著。

再次，从解释变量的空间效应来看，在模型（8.1）中，W*IND 对考察城市经济高质量发展水平的提升具有显著促进作用，表明相邻城市产业的多极化集聚利于考察城市经济高质量发展。原因在于，相邻城市之间更易形成产业之间的互补协调和融合关联发展，进而对彼此之间城市发展产生巨大有效的扩散和联动作用，进而带动考察城市经济高质量发展。同时，空间杜宾模型中 $W*lab\_inf$ 和 $W*Cou\_deg$ 对考察城市经济高质量发展水平均具有显著促进作用，说明相邻城市劳动力空间配置程度加大，一方面，有利于形成统一的劳动力市场，形成更大范围的劳动力配置平台，提升考察城市劳动力资源配置效率。同时，也有利于形成广范围、宽领域，深度融合且高效互动的人力资源网络，从而提升创新、知识、信息等生产要素的扩散效应和涓滴效应，进而提升考察城市经济高质量发展水平。另一方面，在城市劳动力空间配置强度和配置效率不断提升过程中，相邻城市产业的多极化集聚产生的集聚和规模效应也能快速通过劳动力之间的扩区域配置对考察城市产生影响，从而推进考察城市经济高质量发展。

最后，就控制变量的空间效应而言，邻近城市人均资本的增加，一定程度上将提升其劳动生产效率，进而增强邻近城市对发展资源的争取和政策倾斜程度的竞争优势，从而一定程度上削弱了考察城市产业发展优势条件和政策基础，不利于考察城市经济高质量发展水平提升。对于邻近城市工业化发展而言，一方面会因其工业化发展水平提升，而对考察城市产生一定的扩散作用，推进城市经济高质量发展；另一方面这种工业发展水平提升也会加剧其对考察城市发展资源的竞争和抢夺，从而不利于考察城市经济高质量发展，具体现实如何作用，还需要对比两个方向上不同作用的大小。对于相邻城市公共交通情况而言，相邻城市公共交通情况的改善，一方面有利于整体区域营商环境的改善，便于企业生产的区域集中，从而带动考察城市产业多极化集聚；另一方面也有利于城市通勤成本的减小，一定程度上提升相邻城市劳动力空间配置程度，从而强化考察城市经济发展动能，推动城市经济高质量发展。而就相邻城市政府干预来看，一般包括政府规制和政策引导两个方向，这两个不同的措施往往有不同的影响，其中规制程度的加大，意味着相邻城市政府对于城市经济发展的行政命令将会加大准入约束，而这种针对自身城市制定的政策规划和行政安排，必然带有一定的排他性和竞争性，从而不利于考察城市经济高质量发展水平的提升；另外，当邻近城市政府的政策引导性措施程度加大，则意味区域营商环境的改善，因此可能会给考察城市经济高质量发展带来较大利好，其最终影响效果，需要考量相邻政府干预两个方向的作用加以判断。就本书而言，其对考察城市经济高质量发展具有促进作用，但不显著。

（三）空间效应分解

通过上节空间杜宾模型分析可知，城市经济高质量发展水平的提升，不仅是自身城市产业多极化集聚、劳动力空间配置等各经济要素运行的最终结果，同时也受到其他城市经济高质量发展和其他经济要素的影响，表8-6中各变量回归系数和显著程度表明了这些因素的影响作用大小。然而，对于城市产业多极化集聚、劳动力空间配置、"产业多极化集聚—劳动力空间配置"耦合协调发展以及其他经济要素对自身城市经济高质量发展和对其他相邻城市经济高质量发展之间作用程度大小的对比，也即某一城市产业多极化集聚、劳动力空间配置及其两者耦合协调水平等经济要素的直接效应（经济要素对自身城市经济高质量发展的促进作用）和间接效应（经济要素对其他城市经济高质量发展的促进作用）大小的对比，在表8-6中并未能充分展现。为此，需要进一步对城市产业多极化集聚、劳动力空间配置、其他经济要素的直接效应和间接效应进行分解。结果如表8-7所示，表中各变量的间接贡献率均高于97%，表明所有变量均具有明显的空间溢出效应。其中，产业多极化集聚、劳动力空间配置以及两者耦合协调水平对城市经济高质量发展的影响正如上节内容所述，其对考察城市和邻近城市经济高质量发展均具有显著促进作用。其余各变量对城市经济高质量发展的影响与前文所述基本一致，本节不再赘述。

表 8-7　各变量对城市经济高质量发展促进作用的空间效应分解

变量名	直接效应	间接效应	总效应	间接贡献率
IND	0.047***	8.863***	8.910***	99.47%
	（4.17）	（3.01）	（3.01）	
lab_inf	0.001***	0.142***	0.143***	99.44%
	（3.79）	（2.83）	（2.84）	
Cou_deg	0.068***	13.212***	13.280***	99.49%
	（4.10）	（3.16）	（3.17）	
Lnpcap	-0.004***	-0.297**	-0.301**	98.58%
	（-5.98）	（-2.02）	（-2.04）	
lnind_lev	-0.001	0.033	0.032	101.55%
	（-0.58）	（0.21）	（0.21）	
lncom_ser	0.004***	0.876***	0.880***	99.52%
	（3.39）	（3.00）	（3.01）	
lnigov	0.004***	0.155	0.160	97.34%
	（3.15）	（0.62）	（0.63）	

注：括号内数值为相应系数的 z 统计量值，*、**、***分别表示在10%、5%、1%水平下显著。

三、不同类型产业多极化集聚的空间效应分析

由上节分析可知，产业多极化集聚对考察城市自身和邻近城市的经济高质量发展均能产生显著的促进作用，但考虑不同类型产业发展和集聚所产生的规模效应、虹吸能力与扩散作用的巨大差异，其对考察城市与邻近城市经济高质量发展的促进作用也会有不同影响。为此，本节按照前文对所选 16 个行业进行的劳动密集、资本密集和技术密集的 3 类型划分，分别对 3 种类型产业多极化集聚对城市经济高质量发展的空间效应进行分类识别与分解。

（一）劳动密集型产业多极化集聚空间效应分析

1. 回归结果分析

对于劳动密集型产业多极化集聚促进作用的空间效应分析，同样采用（8.2）式所设 SDM 模型进行预测和估计，回归结果如表 8-8 所示。同时与前节类似，为便于对比，将前文第七章关于劳动密集型产业多极化集聚的双固定静态面板模型和双固定动态面板也纳入表 8-8 中。

在表 8-8 中，首先，对比（7.5）（7.10）和（8.2）可知，与前文的双固定静态面板模型、双

固定动态面板模型估计结果类似，在空间杜宾模型中，劳动密集型产业多极化集聚对考察城市自身经济高质量发展的促进作用不显著，但劳动力空间配置以及"劳动密集产业—劳动力空间配置"之间的耦合协调水平对考察城市经济高质量发展的促进作用显著。

其次，在空间杜宾模型中，空间自回归系数 ρ 值为 0.957，且在 1% 显著水平下正自相关，说明城市经济高质量发展水平的提升，不仅受到城市自身解释变量的影响，相邻城市经济高质量发展也产生了显著影响，且由于 ρ 值大于 0，表现为显著正相关，表明城市之间呈现高高或低低集聚状态。

再次，从解释变量的空间效应来看，在模型（8.2）中，$W*lab\_IND$ 对考察城市经济高质量发展水平的提升具有显著促进作用，表明邻近城市劳动密集产业的多极化集聚一定程度上推进了相邻城市之间劳动力资源的重新分配。这种重构和分配由于与劳动密集产业空间分布相互匹配，为相邻城市经济发展均带来了有利条件，从而推进了考察城市经济高质量发展；同时，空间杜宾模型中，$W*lab\_inf$ 和 $W*Cou\_deg^{lab}$ 对考察城市经济高质量发展水平均具有显著促进作用，其原因与前文分析类似，不再赘述。

最后，就控制变量的空间效应而言，邻近城市人均资本的增加对考察城市经济高质量发展具有显著阻碍作用。究其原因在于，邻近城市人均资本的增加，加上邻近城市劳动密集型产业的多极化集聚，必然在邻近城市劳动力市场形成强大资本广化与资本深化，使邻近城市经济高质量发展的人才动能与资本动能得以强化，从而对考察城市产生巨大的竞争优势，一定程度上削弱了考察城市劳动密集产业发展优势条件和政策基础，进而不利于其经济高质量发展水平提升。对于邻近城市工业化发展而言，一方面会因其工业化发展水平提升，而对考察城市产生一定的扩散作用，推动城市经济高质量发展；但同时这种工业发展水平提升也会加剧其对考察城市发展资源的竞争和抢夺，从而不利于考察城市经济高质量发展，具体现实如何作用，还需要对比两个方向上不同作用的大小，从本节回归结果来看，呈现不显著的阻碍作用。从相邻城市公共交通情况和政府干预来看，与上节分析类似，本节不再赘述。

表 8-8 劳动密集型产业多极化集聚空间效应估计结果

解释变量	被解释变量 $Hqed$		
	双固定静态面板模型	双固定动态面板模型	空间杜宾模型（SDM）
	（7.5）	（7.10）	（8.2）
lab_IND	0.008	0.114	0.002
	（1.07）	（1.58）	（0.24）
lab_inf	0.001***	0.001**	0.000**
	（3.62）	（2.00）	（2.27）
Cou_deg^{lab}	0.041***	0.060***	0.020**
	（4.26）	（3.76）	（2.33）
control	控制	控制	控制
ρ			0.957***
			（91.13）

续表

解释变量	被解释变量 Hqed		
	双固定静态面板模型	双固定动态面板模型	空间杜宾模型（SDM）
	（7.5）	（7.10）	（8.2）
$W*lab\_IND$			0.170**
			（2.39）
$W*lab\_inf$			0.007***
			（5.77）
$W*Cou\_deg^{lab}$			0.580***
			（7.54）
$W*\ln pcap$			-0.018***
			（-3.54）
$W*\ln ind\_lev$			-0.002
			（-0.26）
$W*\ln con\_ser$			0.031***
			（4.49）
$W*\ln igov$			0.020**
			（2.00）
$\_cons$	-0.071***	-0.111***	—
	（-3.97）	（-5.03）	
个体、时间固定	YES	YES	YES
样本数	4624	4046	4624
R^2	0.471	——	0.234

注：模型（7.5）中括号内数值为相应系数的 t 统计量值，模型（7.10）（8.2）中括号内数值为相应系数的 z 统计量值；*、**、***分别表示在10%、5%、1%水平下显著。

2. 空间效应分解

通过上述分析，城市劳动密集型产业多极化集聚、劳动空间配置以及两者耦合协调对考察城市和邻近城市高质量发展均会产生显著促进作用。为了进一步区分这些经济变量对考察城市和邻近城市高质量发展促进作用的大小对比，需要对各变量的直接效应和间接效应进行分解，其结果如表8-9所示。表中各变量间接贡献率均高于97%，表明所有变量均具有明显的空间溢出效应。其中，劳动密集型产业多极化集聚、劳动力空间配置以及两者耦合协调水平对城市经济高质量发展影响的间接贡献率分别为99.59%、99.48%、99.51%。其余各变量对城市经济高质量发展的影响与前文所述基本一致，本节不再赘述。

表 8-9　劳动密集型产业多极化集聚对经济高质量发展促进作用的空间效应分解

变量名	直接效应	间接效应	总效应	间接贡献率
lab_IND	0.017*	4.155**	4.172**	99.59%
	(1.85)	(1.97)	(1.98)	
lab_inf	0.001***	0.176***	0.177***	99.48%
	(4.01)	(3.05)	(3.06)	
Cou_deg^{lab}	0.073***	14.870***	14.944***	99.51%
	(4.14)	(3.22)	(3.23)	
$\ln pcap$	-0.005***	-0.522**	-0.527***	99.01%
	(-6.18)	(-2.64)	(-2.66)	
$\ln ind\_lev$	-0.001	-0.051	-0.052	97.90%
	(-1.26)	(-0.31)	(-0.32)	
$\ln com\_ser$	0.004***	0.763***	0.767***	99.51%
	(3.13)	(2.82)	(2.82)	
$\ln igov$	0.006***	0.596*	0.602*	98.98%
	(4.05)	(1.91)	(1.92)	

注：括号内数值为相应系数的 z 统计量值，*、**、***分别表示在 10%、5%、1%水平下显著。

（二）资本密集型产业多极化集聚空间效应分析

1. 回归结果分析

对于资本密集型产业多极化集聚促进作用的空间效应分析，与上文类似，同样采用（8.2）式所设 SDM 模型进行预测和估计，结果如表 8-10 所示。

首先，在表 8-10 中，如空间杜宾模型（8.3）结果所示，与前文的双固定静态面板模型、双固定动态面板模型估计结果不同的是，在引入空间效应之后，资本密集型产业多极化集聚对考察城市自身经济高质量发展的促进作用不显著，劳动力空间配置以及"资本密集产业—劳动力空间配置"之间的耦合协调水平对考察城市经济高质量发展的促进作用显著，但与模型（7.15）相比，无论是促进作用还是显著程度，均表现出明显下降。究其原因在于，加入了城市空间联系之后，目标城市自身解释变量的促进作用被相邻城市弱化了。

其次，与劳动密集产业多极化集聚类似，在空间杜宾模型（8.3）中，空间自回归系数值为 0.955，且在 1%显著水平下正自相关，说明资本密集型产业多极化集聚对城市经济高质量发展的空间效应明显，且表现出高高集聚和低低集聚状态。

再次，从解释变量的空间效应来看，在模型（8.3）中，资本密集型产业多极化集聚（$W*cap\_IND$）、劳动力空间配置（$W*lab\_inf$）以及两者耦合协调水平（$W*Cou\_deg^{cap}$）对考察城市经济高质量发展水平的提升具有显著促进作用,其原因与前文分析类似,不再赘述。

最后,就控制变量的空间效应而言,与上节回归结果类似,本节不再赘述。

表 8-10 资本密集型产业多极化集聚空间效应估计结果

解释变量	被解释变量 $Hqed$		
	双固定静态面板模型	双固定动态面板模型	空间杜宾模型(SDM)
	(7.15)	(7.20)	(8.3)
cap_IND	0.020***	0.033**	0.007
	(2.99)	(2.39)	(1.12)
lab_inf	0.001***	0.002*	0.000***
	(4.70)	(1.79)	(2.67)
Cou_deg^{cap}	0.052***	0.172**	0.023**
	(5.48)	(1.99)	(2.83)
control	控制	控制	控制
ρ			0.955***
			(86.56)
$W*lab\_IND$			0.193***
			(3.51)
$W*lab\_inf$			0.008***
			(7.04)
$W*Cou\_deg^{cap}$			0.653***
			(9.30)
$W*\ln pcap$			-0.014***
			(-2.88)
$W*\ln ind\_lev$			-0.003
			(-0.53)
$W*\ln con\_ser$			0.032***
			(4.69)
$W*\ln igov$			0.010
			(1.03)
_cons	-0.072***	-0.106**	—
	(-4.02)	(-2.05)	
个体、时间固定	YES	YES	YES
样本数	4 624	4 046	4 624
R^2	0.473	—	0.051

注:模型(7.15)中括号内数值为相应系数的 t 统计量值,模型(7.20)(8.3)中括号内数值为相应系数的 z 统计量值;*、**、***分别表示在10%、5%、1%水平下显著。

2. 空间效应分解

为了进一步区分资本密集型产业多极化集聚、劳动力空间配置及其他经济变量对考察城市和邻近城市高质量发展促进作用的大小对比，本节对各变量的直接效应和间接效应进行分解，其结果如表8-11所示。表中各变量间接贡献率均高于97%，表明所有变量均具有明显的空间溢出效应。其中，资本密集型产业多极化集聚、劳动力空间配置以及两者耦合协调水平对城市经济高质量发展影响的间接贡献率分别为99.48%、99.47%、99.49%。其余各变量对城市经济高质量发展的影响与前文所述基本一致，本节不再赘述。

表8-11 资本密集型产业多极化集聚对经济高质量发展促进作用的空间效应分解

变量名	直接效应	间接效应	总效应	间接贡献率
cap_IND	0.024***	4.627**	4.651**	99.48%
	(3.01)	(2.50)	(2.51)	
lab_inf	0.001***	0.188***	0.189***	99.47%
	(4.35)	(3.17)	(3.17)	
Cou_deg^{cap}	0.081***	15.916***	15.997***	99.49%
	(4.43)	(3.30)	(3.31)	
$\ln pcap$	-0.005***	-0.406**	-0.411**	98.82%
	(-6.31)	(-2.44)	(-2.46)	
$\ln ind\_lev$	-0.001	-0.088	-0.089	98.49%
	(-1.57)	(-0.57)	(-0.58)	
$\ln com\_ser$	0.004***	0.760***	0.763***	99.51%
	(3.17)	(2.87)	(2.87)	
$\ln igov$	0.005***	0.330	0.334	98.55%
	(3.49)	(1.27)	(1.28)	

注：括号内数值为相应系数的z统计量值，*、**、***分别表示在10%、5%、1%水平下显著。

（三）技术密集型产业多极化集聚空间效应分析

1. 回归结果分析

与上文类似，同样采用（8.2）式所设SDM模型对技术密集型产业多极化集聚影响城市经济高质量发展的空间效应进行预测和估计，结果如表8-12所示。

首先，在表8-12中，如空间杜宾模型（8.4）结果所示，与前文的双固定静态面板模型、双固定动态面板模型估计结果类似。在引入空间效应之后，技术密集型产业多极化集聚、劳动力空间配置以及"技术密集产业—劳动力空间配置"之间的耦合协调水平对考察城市经济高质量发展均具有显著的促进作用,但与模型(7.25)和(7.30)相比,无论是促进作用还是显著程度,均表现出明显下降。究其原因在于,加入了城市空间联系之后,目标城市自身解释变量的促进作用被相邻城市弱化了。

其次,与劳动、资本密集型产业多极化集聚类似,在空间杜宾模型(8.4)中,空间自回归系数值为 0.956,且在 1%显著水平下正自相关,说明技术密集型产业多极化集聚对城市经济高质量发展也具有明显的空间效应,且表现出高高集聚和低低集聚状态。

最后,从解释变量和控制变量的空间效应来看,其原因与前文分析类似,本节不再赘述。

表8-12 技术密集型产业多极化集聚空间效应估计结果

解释变量	被解释变量 $Hqed$		
	双固定静态面板模型 (7.25)	双固定动态面板模型 (7.20)	空间杜宾模型(SDM) (8.4)
$tech\_IND$	0.011***	0.027***	0.008***
	(4.35)	(4.25)	(3.76)
lab_inf	0.000**	0.005**	0.000*
	(2.36)	(2.53)	(1.90)
Cou_deg^{tech}	0.029***	0.361***	0.018**
	(2.85)	(3.86)	(2.03)
$control$	控制	控制	控制
ρ			0.956***
			(87.54)
$W*lab\_IND$			0.227***
			(7.80)
$W*lab\_inf$			0.004***
			(3.46)
$W*Cou\_deg^{tech}$			0.493***
			(5.80)
$W*\ln pcap$			-0.011**
			(-2.29)
$W*\ln ind\_lev$			0.001
			(0.19)
$W*\ln com\_ser$			0.038***
			(5.62)
$W*\ln igov$			0.005
			(0.52)
$\_cons$	-0.071***	-0.069	—
	(-3.96)	(-0.71)	

续表

解释变量	被解释变量 Hqed		
	双固定静态面板模型	双固定动态面板模型	空间杜宾模型（SDM）
	（7.25）	（7.20）	（8.4）
个体、时间固定	YES	YES	YES
样本数	4 624	4 046	4 624
R^2	0.471	—	0.076

注：模型（7.25）中括号内数值为相应系数的 t 统计量值，模型（7.30）（8.4）中括号内数值为相应系数的 z 统计量值；*、**、***分别表示在10%、5%、1%水平下显著。

2. 空间效应分解

为了进一步区分技术密集型产业多极化集聚、劳动力空间配置及其他经济变量对考察城市和邻近城市高质量发展促进作用的大小对比，本节同样对各变量的直接效应和间接效应进行分解，其结果如表8-13所示。表中各变量间接贡献率均高于97%，表明所有变量均具有明显的空间溢出效应。其中，技术密集型产业多极化集聚、劳动力空间配置以及两者耦合协调水平对城市经济高质量发展影响的间接贡献率分别为99.48%、99.47%、99.49%。其余各变量对城市经济高质量发展的影响与前文所述基本一致，本节不再赘述。

表8-13 技术密集型产业多极化集聚对经济高质量发展促进作用的空间效应分解

变量名	直接效应	间接效应	总效应	间接贡献率
tech_IND	0.028***	5.550***	5.578***	99.49%
	（4.37）	（3.14）	（3.15）	
lab_inf	0.001***	0.113**	0.114***	99.43%
	（3.38）	（2.59）	（2.59）	
Cou_deg^{tech}	0.062***	12.221***	12.284***	99.49%
	（3.92）	（3.10）	（3.11）	
ln$pcap$	-0.004***	-0.345**	-0.349**	98.73%
	（-6.05）	（-2.23）	（-2.25）	
lnind_lev	-0.000	0.024	0.023	102.06%
	（-0.56）	（0.15）	（0.15）	
lncom_ser	0.004***	0.920***	0.925***	99.52%
	（3.47）	（3.03）	（3.04）	
ln$igov$	0.005***	0.224	0.229	98.00%
	（3.38）	（0.87）	（0.89）	

注：括号内数值为相应系数的 z 统计量值，*、**、***分别表示在10%、5%、1%水平下显著。

四、拓展分析

（一）分区域样本异质性分析

1. SDM 模型计量结果分析

由前文可知，不同区域之间城市经济高质量发展水平的空间分布情况和集聚特征各不相同，本节为进一步考察各区域之间城市各类型产业多极化集聚、劳动力空间配置以及各类型"产业—劳动力"耦合协调对城市经济高质量发展的空间效应。按照前文所述的四大经济区域进行样本划分，分别进行双固定空间杜宾模型（SDM）计量回归，分析各自区域城市经济高质量发展的不同空间效应。回归结果如表 8-14 所示。

首先，就东部地区而言，城市经济高质量发展的空间自回归系数 ρ 值均大于 0，且在 1% 显著水平下正自相关，表明该区域内城市经济高质量发展自身具有显著的空间效应，也即邻近城市的高质量发展对考察城市经济高质量发展具有显著促进作用，且区域内城市之间按照经济高质量发展水平呈现典型的高高和低低集聚态势。同时从产业总体多极化集聚来看，产业多极化集聚对考察城市自身经济高质量发展具有显著促进作用，但邻近城市产业的多极化集聚则表现出显著阻碍作用，其原因可能在于东部地区各城市之间产业发展的激烈竞争。另外，从分类型产业多极化集聚来看，在引入空间效应之后，劳动、资本密集型产业的多极化集聚对城市经济高质量发展的影响均不显著，而技术密集型产业对城市经济高质量发展的影响作用与总体产业的作用类似。

表 8-14　四大经济区 SDM 模型估计结果

解释变量	被解释变量 Hqed							
	东部地区				中部地区			
	总体产业多极化	劳动密集型产业	资本密集型产业	技术密集型产业	总体产业多极化	劳动密集型产业	资本密集型产业	技术密集型产业
	（8.5）	（8.6）	（8.7）	（8.8）	（8.9）	（8.10）	（8.11）	（8.12）
IND/lab_IND/cap_IND/tech_IND	0.042***	0.012	-0.011	0.035***	0.025	-0.016	0.043*	-0.040
	（4.15）	（1.11）	（-0.88）	（6.83）	（0.52）	（-0.68）	（1.93）	（-1.49）
lab_inf	0.001**	0.001***	0.001***	0.001*	0.000	0.000	0.000	0.000
	（2.49）	（3.28）	（3.60）	（1.90）	（0.87）	（0.00）	（0.55）	（0.41）
Cou_deg/Cou_deg^{lab}/Cou_deg^{cap}/Cou_deg^{tech}	0.029	0.059**	0.066***	0.013	-0.006	-0.015	-0.013	-0.008
	（1.27）	（2.51）	（2.82）	（0.56）	（-0.46）	（-1.16）	（-1.01）	（-0.57）
control	控制	控制	控制	控制	控制	控制	控制	控制
ρ	1.792***	0.854***	0.853***	1.786***	0.774***	0.774***	0.768***	0.777***
	（44.38）	（26.54）	（26.34）	（44.43）	（15.17）	（15.17）	（14.77）	（15.46）

续表

解释变量	被解释变量 Hqed							
	东部地区				中部地区			
	总体产业多极化	劳动密集型产业	资本密集型产业	技术密集型产业	总体产业多极化	劳动密集型产业	资本密集型产业	技术密集型产业
	（8.5）	（8.6）	（8.7）	（8.8）	（8.9）	（8.10）	（8.11）	（8.12）
$W*IND/$ $W*lab\_IND/$ $W*cap\_IND/$ $W*tech\_IND$	-0.263***	0.022	-0.088	-0.114**	0.403**	0.466***	0.119	-0.161
	（-2.85）	（0.32）	（-0.81）	（-2.33）	（2.02）	（3.77）	（1.36）	（-1.19）
$W*lab\_inf$	0.001	-0.001	0.000	0.002	0.005***	0.003**	0.004**	0.003**
	（0.83）	（-0.63）	（0.20）	（1.32）	（3.11）	（2.24）	（2.59）	（2.14）
$W*Cou\_deg/$ $W*Cou\_deg^{lab}/$ $W*Cou\_deg^{cap}/$ $W*Cou\_deg^{tech}$	0.083	0.081	0.167	0.162	0.077	0.057	0.009	0.068
	（0.79）	（0.75）	（1.63）	（1.49）	（0.85）	（0.66）	（0.10）	（0.72）
$W*control$	控制	控制	控制	控制	控制	控制	控制	控制
个体、时间固定	YES	YES	YES	YES	YES	YES	YES	YES
样本数	1 392	1 392	1 392	1 392	1 280	1 280	1 280	1 280
R^2	0.056	0.394	0.389	0.013	0.397	0.040	0.109	0.150

解释变量	被解释变量 Hqed							
	西部地区				东北部地区			
	总体产业多极化	劳动密集型产业	资本密集型产业	技术密集型产业	总体产业多极化	劳动密集型产业	资本密集型产业	技术密集型产业
	（8.13）	（8.14）	（8.15）	（8.16）	（8.17）	（8.18）	（8.19）	（8.20）
$IND/lab\_IND/cap\_IND/tech\_IND$	-0.011**	-0.001	0.019**	-0.005**	-0.004	-0.030	0.025	0.042
	（-2.23）	（-0.08）	（2.56）	（-2.35）	（-0.10）	（-1.46）	（1.10）	（0.50）
lab_inf	0.000	0.000	0.000	0.000	0.000	0.000	0.000	0.000
	（0.31）	（0.63）	（0.57）	（0.37）	（0.59）	（0.88）	（0.52）	（0.14）
$Cou\_deg/Cou\_deg^{lab}/Cou\_deg^{cap}/Cou\_deg^{tech}$	0.012	0.017	0.016	0.013	0.024	0.030	0.022	0.010
	（1.08）	（1.46）	（1.44）	（1.12）	（0.80）	（1.06）	（0.80）	（0.31）
$control$	控制	控制	控制	控制	控制	控制	控制	控制
ρ	0.206**	0.222**	0.220**	0.210**	-0.017	0.002	-0.011	0.009
	（1.99）	（2.16）	（2.13）	（2.03）	（-0.11）	（0.01）	（-0.07）	（0.06）

续表

解释变量	被解释变量 Hqed							
	西部地区				东北部地区			
	总体产业多极化	劳动密集型产业	资本密集型产业	技术密集型产业	总体产业多极化	劳动密集型产业	资本密集型产业	技术密集型产业
	(8.13)	(8.14)	(8.15)	(8.16)	(8.17)	(8.18)	(8.19)	(8.20)
$W*IND/W*lab\_IND/$ $W*cap\_IND/W*tech$ $\_IND$	-0.124**	0.072	-0.055	-0.048*	0.505*	0.271**	0.173	0.107
	(-2.34)	(0.98)	(-1.24)	(1.89)	(1.94)	(2.08)	(1.24)	(0.20)
$W*lab\_inf$	0.001	0.001	0.001	0.000	-0.004	-0.002	-0.004	-0.005
	(0.65)	(0.42)	(0.65)	(0.27)	(-1.14)	(-0.72)	(-1.18)	(-1.36)
$W*Cou\_deg/$ $W*Cou\_deg^{lab}/$ $W*Cou\_deg^{cap}/$ $W*Cou\_deg^{tech}$	0.017	-0.005	0.029	-0.033	-0.064	0.059	-0.048	-0.119
	(0.19)	(-0.06)	(0.32)	(-0.36)	(-0.33)	(0.31)	(-0.27)	(-0.57)
$W*control$	控制	控制	控制	控制	控制	控制	控制	控制
个体、时间固定	YES	YES	YES	YES	YES	YES	YES	YES
样本数	1 408	1 408	1 408	1 408	544	544	544	544
R^2	0.176	0.238	0.247	0.219	0.118	0.441	0.387	0.389

注：括号内数值为相应系数的 z 统计量值，*、**、***分别表示在10%、5%、1%水平下显著。

其次，就中部地区而言，与东部地区类似，城市经济高质量发展的空间自回归系数 ρ 值均大于0，且在1%显著水平下正自相关，表明该区域内城市经济高质量发展自身具有显著的空间效应，且区域内城市之间按照经济高质量发展水平呈现典型的高高和低低集聚态势。另外，从产业多极化集聚、劳动力空间配置以及两者耦合协调的空间效应来看，产业总体多极化集聚与劳动密集型产业多极化集聚均表现出显著的间接效应，而对考察城市自身经济高质量发展的影响并不显著，而劳动力空间配置更是如此。

再次，就西部地区而言，其空间自回归系数 ρ 值同样与东、中部地区类似，其值大于0且显著，表明该区域内城市经济高质量发展自身具有显著的空间效应，也呈现典型的高高和低低集聚态势。同时，该区域内城市产业总体多极化集聚对考察城市自身和邻近城市经济高质量发展均具有显著阻碍作用。该回归结果与前文模型（6.71）与模型（6.74）结果相符，其原因也正如前文所述，西部地区产业发展水平较低，产业集聚水平滞后，而产业的多极化集聚使产业集聚的规模效应并未完全呈现，阻碍了产业的进一步发展和优化，进而对考察城市和相邻城市经济高质量发展产生不利影响。另外，从分类型产业多极化集聚来看，该区域内仅技术密集型产业多极化集聚对考察城市和相邻城市经济高质量发展具有显著负向作用，劳动和资本密集型产业多极化集聚的影响不显著。

最后，对于东北部地区而言，就空间自回归系数来看，ρ 值大于 0，但不显著，说明该区域城市经济高质量发展不存在显著的空间效应，也即相邻城市经济高质量发展水平对考察城市经济高质量发展并不存在显著影响。究其原因可能在于，东北部地区作为老工业地区，其工业发展重复建设问题较为突出，区域各城市之间产业分布、资源配置以及经济发展的关联程度不高、匹配效率较低、融合力度较小，从而导致区域内各城市经济发展呈现非相关、非协调性特征。另外，从产业多极化集聚来看，总体产业和劳动密集型产业多极化集聚均表现出对考察城市自身经济高质量发展不显著的阻碍作用，对邻近城市则产生显著促进作用。其原因在于，对于东北部地区而言，其产业发展层次比东部地区低，其产业集聚形成的规模效应并不大，而该区域产业的多极化集聚本身也意味着资本、资源等生产要素的多区域转移，从而一定程度弱化了产业集聚对考察城市自身的促进作用，反而强化了对相邻城市经济高质量发展的促进作用。

2. 分样本空间效应分解

为进一步分析各区域城市各类型产业多极化集聚对城市经济高质量发展水平提升促进作用的直接效应与间接效应，本节对四大经济区域劳动、资本以及技术密集型产业多极化集聚影响经济高质量发展水平提升的作用效果进行空间效应分解，结果如表 8-15 所示。表中各区域城市总体产业多极化集聚与 3 种类型产业多极化集聚的间接贡献率均超过 60%（仅有东部地区总体产业多极化集聚与技术密集型产业多极化集聚的间接贡献率分别为 83.20%与 53.46%；东北部资本和技术密集型产业多极化集聚的间接贡献率分别为 86.42%和 66.89%；其余均超过 90%），说明存在明显的空间溢出效应。

具体地，首先，对于东部地区而言，除资本密集型产业多极化集聚的直接和间接效应均为负外，其余类型产业多极化集聚的两种效应均为正，表明在这一区域内，产业多极化集聚对经济高质量发展的影响主要表现正向促进作用。其次，对于中部地区而言，各类型产业多极化集聚对考察城市和邻近城市的作用方向均一致，且各自间接贡献率均超过 90%，可以认为，该区域各类型产业多极化集聚对经济高质量发展的影响作用更多体现在对邻近城市的影响上。再次，就西部地区而言，总体产业与技术密集产业多极化集聚对考察城市和邻近城市的作用方向一致，但劳动密集型和资本密集型产业对考察城市与邻近城市经济高质量发展的影响呈现反方向作用。特别地，对于西部地区城市资本密集型产业多极化集聚对考察城市经济高质量发展具有显著促进作用，但对邻近城市则具有阻碍作用，但不显著。最后，就东北部地区而言，仅总体产业和劳动密集型产业多极化集聚的间接效应与总效应显著为正，其余均不显著。究其原因在于，东北部落后产能产业比重较大、产业发展层次较低、产业集聚的规模效应较小，加之产业的多极化集聚所引起的生产要素的外流，进一步弱化了其对城市经济高质量发展的影响作用。

表 8-15　四大经济区核心变量影响城市经济高质量发展的空间效应分解

区域	变量名	直接效应	间接效应	总效应	间接贡献率
东部地区	IND	0.047***	0.235**	0.282**	83.20%
		（4.75）	（2.05）	（2.47）	
	lab_IND	0.015	0.206	0.221	93.09%
		（1.24）	（0.45）	（0.48）	
	cap_IND	-0.020	-0.705	-0.725	97.23%
		（-1.12）	（-0.93）	（-0.94）	
	tech_IND	0.037***	0.065	0.102*	63.70%
		（7.29）	（1.07）	（1.68）	
中部地区	IND	0.051	1.856**	1.907**	97.32%
		（1.10）	（2.02）	（2.08）	
	lab_IND	0.011	2.029***	2.040***	99.45%
		（0.48）	（2.87）	（2.87）	
	cap_IND	0.053**	0.650*	0.702*	92.52%
		（2.45）	（1.73）	（1.90）	
	tech_IND	-0.051**	-0.913	-0.964	94.73%
		（-1.99）	（-1.53）	（-1.62）	
西部地区	IND	-0.011**	-0.161**	-0.173***	93.47%
		（-2.28）	（-2.47）	（-2.60）	
	lab_IND	-0.000	0.088	0.088	100.19%
		（-0.01）	（0.95）	（1.00）	
	cap_IND	0.019**	-0.068	-0.049	138.39%
		（2.52）	（-1.25）	（-0.93）	
	tech_IND	-0.005**	-0.063**	-0.068**	92.50%
		（-2.36）	（-2.01）	（-2.14）	
东北部地区	IND	-0.003	0.490**	0.486**	100.69%
		（-0.08）	（1.97）	（1.97）	
	lab_IND	-0.029	0.271**	0.242*	111.90%
		（-1.39）	（2.14）	（1.90）	
	cap_IND	0.026	0.167	0.193	86.42%
		（1.10）	（1.25）	（1.48）	
	tech_IND	0.045	0.091	0.136	66.89%
		（0.52）	（0.17）	（0.26）	

注：括号内数值为相应系数的 z 统计量值，*、**、***分别表示在 10%、5%、1% 水平下显著。

（二）稳健性分析

1. 考虑极端值的影响

由于在本节采用的空间计量方法，城市之间相互关联所产生的空间溢出效应与样本数量与整体性密切相关，如果依然采用前文所述中剔除样本的方法进行稳健性检验，可能在整体样本空间分布上破坏了城市之间整体相关性和空间相邻性。因此，本节从考虑极端值的影响角度入手，对被解释变量数据采用1%缩尾处理的方式进行模型稳健性检验。结果如表8-16所示，从模型（8.21）可知，采用1%缩尾处理之后，表示产业多极化集聚、劳动力空间配置以及两者耦合协议水平的核心变量 IND、lab_inf 和 Cou_deg 的回归系数符号与模型（8.1）保持一致，且显著性变强；ρ 值系数符号和显著性并未发生太大改变，说明城市经济高质量发展的空间自相关性保持一致。另外，通过对比（8.21）和（8.1）中 $W*IND$、$W*lab\_inf$、$W*Cou\_deg$ 的回归系数及显著程度，两者并未发生明显变化。因此，可以认为本书选取的双固定空间杜宾模型较为稳健。

表8-16 稳健性检验结果

解释变量	被解释变量 $Hqed$		
	1%缩尾处理	更换空间矩阵	
		工资经济地理矩阵	邻接矩阵
	（8.21）	（8.22）	（8.23）
IND	0.044***	0.019***	0.013***
	（3.48）	（3.78）	（2.95）
lab_inf	0.000***	0.000***	0.000**
	（4.37）	（3.00）	（1.99）
Cou_deg	0.068***	0.033***	0.017**
	（12.28）	（3.74）	（2.07）
$\ln pcap$	0.003***	-0.004***	-0.003***
	（5.89）	（-6.30）	（-4.31）
$\ln ind\_lev$	-0.003***	-0.002*	-0.001
	（-6.65）	（-1.83）	（-1.41）
$\ln con\_ser$	0.005***	0.001	0.001
	（14.17）	（1.63）	（1.12）
$\ln igov$	0.008***	0.005***	0.005***
	（13.01）	（4.40）	（4.40）
ρ	0.950***	0.290***	0.688***
	（76.99）	（22.52）	（45.89）
$W*IND$	0.364***	0.006	0.014
	（3.79）	（0.40）	（1.12）

续表

解释变量	被解释变量 Hqed		
	1%缩尾处理	更换空间矩阵	
		工资经济地理矩阵	邻接矩阵
	（8.21）	（8.22）	（8.23）
W*lab_inf	0.002*	0.000	0.000
	（1.92）	（1.58）	（0.96）
W*Cou_deg	0.228***	0.021*	0.040*
	（4.50）	（1.67）	（1.92）
W*ln pcap	-0.020***	0.002**	-0.000
	（-6.51）	（2.07）	（-0.36）
W*ln ind_lev	0.037***	-0.001	0.002
	（12.96）	（-1.42）	（1.38）
W*lncom_ser	-0.011***	0.003***	0.003
	（-6.20）	（3.29）	（1.51）
W*ln igov	-0.049***	0.001	-0.005*
	（-8.42）	（1.23）	（-1.69）
个体、时间固定	YES	YES	YES
样本数	4 624	4 624	4 624
R^2	0.282	0.275	0.105

注：括号内数值为相应系数的 z 统计量值，*、**、*** 分别表示在10%、5%、1%水平下显著。

2. 替换空间权重矩阵

为进一步验证空间计量结果的客观性和模型的稳健性，本书采用更换空间权重矩阵进行稳健性检验，以经济地理矩阵[①]和邻接矩阵代替反距离矩阵，重新进行空间计量回归。无论是经济地理矩阵，还是邻接矩阵替换的空间计量结果中［见模型（8.22）和模型（8.23）］，城市产业多极化集聚、劳动力空间配置以及两者耦合协调水平的回归系数符号与模型（8.1）保持一致，仅显著性有所降低，但均显著。对于 W*IND、W*lab_inf 和 W*Cou_deg 3个变量而言，两种空间矩阵替换之后，作用方向未发生变化，仅显著性有所降低。其显著性变化的原因可能在于，一方面，经济地理矩阵采用劳动力工资作为空间矩阵距离的核心衡量变量，与城市经济高质量发展之间存在一定相关性，从而导致变量的显著性变弱；另一方面，作为仅包含0、1数值的邻接矩阵，矩阵的构成降低了关联城市数量和程度，从而减弱了变量的显著性。综上，总体而言，通过替换空间权重矩阵后，回归结果与原空间杜宾模型结果基本保持一致，模型较为稳定。

---

① 本书主要研究产业多极化集聚和劳动力空间配置对经济高质量发展的影响，因此对于衡量经济地理空间矩阵的核心指标采用各城市2020年劳动力工资进行度量。其好处在于，不仅能在一定程度上反映劳动力空间配置程度，还能反映产业多极化集聚过程中劳动力资源的使用成本大小。

五、本章小结

本章在前文对 289 个城市总体产业以及劳动、资本和技术密集 3 种类型产业多极化集聚、城市劳动力空间配置情况影响城市经济高质量发展的分析与论证的基础上，立足城市经济高质量发展引起的城市地理空间联系，对城市产业多极化集聚、劳动力空间配置以及引起的城市经济高质量发展变化的空间效应进行全面分析。

第一，由全局莫兰指数和空间回归中 ρ 值可知，本书所选 289 个城市整体之间经济高质量发展存在显著的空间效应，但从区域划分来看，这种空间效应具有不同的表现形式。其中，东、中部区域城市之间高质量发展表现出较为明显的高高集聚和低低集聚态势，而西部和东北部地区城市之间则并未显示出明显的这一趋势，充分说明了这一区域城市经济高质量发展呈现明显的分散式发展，并未形成城市之间良好的互补协调作用。

第二，对于总体样本而言，产业多极化集聚、劳动力空间配置以及两者耦合协调水平对城市经济高质量发展均存在显著的空间效应，也即对考察城市自身和邻近城市均产生了显著的促进作用，且对相邻城市的间接效应明显高于对考察城市自身的直接效应（间接效应均超过 97%）。

第三，就不同类型产业多极化集聚而言，劳动密集和资本密集型产业多极化集聚对考察城市自身经济高质量发展的促进作用并不显著，但对邻近城市的促进作用显著，而技术密集型产业多极化集聚对考察城市和邻近城市均有显著促进作用。

第四，就区域异质性而言，东、中、西部地区城市经济高质量发展显著正自相关，城市之间表现出明显的高高集聚和低低集聚态势，但东北部地区城市之间的空间效应并不显著。该区域各城市之间的产业分布、资源配置以及经济发展的关联程度不高、匹配效率较低、融合力度较小，城市经济发展呈现非相关、非协调性的独立发展特征。

第九章
研究结论与政策建议

本书立足经济高质量发展的创新、协调、绿色、开放、共享5个维度，共计43个具体指标的指标体系，对所选289个城市经济高质量发展水平进行了综合测评；同时深入分析城市产业多极化集聚的时空演化和城市劳动力空间配置的基本态势，构建了两者之间耦合协调发展的基本评价函数。并在此基础上，利用双固定静态面板模型、双固定动态面板模型以及空间杜宾模型分别分析了产业多极化集聚、劳动力空间配置以及两者间耦合协调水平对城市经济高质量发展的促进作用，还通过对城市产业类型进行划分，分别剖析了劳动密集、资本密集与技术密集3种类型产业多极化集聚，以及各类型产业多极化集聚与城市劳动力空间配置的耦合协调水平对城市经济高质量发展的不同影响。另外，本书还着重考察了产业的"单一化"集聚和"多极化"集聚不同态势、劳动力空间配置不同方向、不同经济区域划分、不同城市规模等分组样本之间产业集聚、劳动力空间配置以及两者耦合协调水平的差异性影响。

一、研究结论

第一，城市产业多极化集聚、劳动力空间配置以及两者耦合协调水平均能显著促进城市经济高质量发展水平的提升。实证发现，"产业多极化集聚—劳动力空间配置"之间耦合协调水平的提升还能通过强化产业多极化集聚促进作用而间接推动城市经济高质量发展；同时中介效应检验发现，产业多极化集聚与劳动力空间配置的有效融合与协调发展对劳动力空间配置推动城市经济高质量发展的促进作用具有一定的中介效应。

第二，产业不同集聚态势、劳动力空间配置不同状态、不同经济区域、不同规模城市等城市分样本的产业集聚和劳动力空间配置对城市经济高质量发展的影响具有明显差异。其中，产业的"多极化"集聚对城市经济高质量发展的促进作用显著，但"单一化"集聚作用却并不显著；从劳动力空间配置方向来看，在劳动力空间流入态势的背景下，产业多极化集聚对城市经济高质量发展具有显著促进作用，而在劳动力空间流出的影响下，产业多极化集聚的促进作用不显著；从经济区域样本划分来看，东部地区城市产业多极化集聚能显著促进城市经济高质量发展，西部地区则表现为显著阻碍作用，中部和东北部地区则呈现不显著的正向影响。而对于劳动力空间配置而言，仅中部地区城市劳动力空间配置能显著促进城市经济高质量发展，其余地区的影响均不显著；从城市规模分样本来看，大城市组别的产业多极化集聚能显著促进城市经济高质量发展，劳动力空间配置的促进作用不显著，其余两个组别则刚相反，表现为劳动力空间配置的显著促进和产业多极化集聚的促进作用不显著。

第三，3种不同类别产业的多极化集聚对城市经济高质量发展的影响作用不尽相同。其中，劳动密集型产业多极化集聚对城市经济高质量发展的促进作用不显著，但该类产业与劳动力空间配置的耦合协调促进作用显著；对于资本密集型产业，其不仅产业自身多极化集聚能显著促进城市经济高质量发展，该类产业与劳动力空间配置的耦合协调也具有显著促进作用；而技术密集型产业多极化集聚能显著促进城市经济高质量发展，但该类型产业与劳动力空间配置的耦合协调并不能显著促进城市经济高质量发展。

第四，从产业集聚与劳动力空间配置对经济高质量发展的非线性影响来看，总体产业集聚和产业单一化集聚态势具有单门槛效应，而产业多极化集聚则表现出双门槛效应，且无论是总体产业集聚、单一化集聚还是多极化集聚，随着集聚水平的增强，其对城市经济高质量发展的影响均由阻碍变为促进作用；同时从劳动、资本和技术密集的 3 种类型分类来看，劳动密集型产业多极化集聚具有显著的双门槛效应，且其对城市经济高质量发展的影响呈现倒"U"形"先增后减"式影响，而技术密集型仅具有单门槛效应，且在门槛值前后表现为"由负到正"的线性影响。另外，从劳动力空间配置来看，其对城市经济高质量发展具有单门槛效应，且随着劳动力空间配置程度和规模的扩大，其对城市经济高质量发展的促进作用由大变小，影响的显著程度也逐步下降。

第五，城市经济高质量发展具有显著的空间相关性，且城市高质量发展在空间分布主体上表现为高高集聚和低低集聚态势。同时空间杜宾模型回归结果表明：其一，考察城市自身产业多极化集聚、劳动力空间配置以及两者的耦合协调水平对自身城市经济高质量发展具有显著促进作用；其二，相邻城市产业多极化集聚、劳动力空间配置对考察城市经济高质量发展也具有显著促进作用，且这种间接效应比考察城市自身解释变量的作用更大；其三，从区域划分来看，东部和西部地区城市产业多极化集聚对邻近城市高质量发展具有显著阻碍作用，其原因可能在于城市之间对生产资源和要素的激烈竞争。而中部和东北部地区城市产业多极化集聚对相邻城市则产生显著促进作用。

二、政策建议

（一）区域协调发展方面的政策建议

1. 调整经济布局，形成区域分工

区域分工是区域经济布局和规划的核心内容，也是社会分工在地理区位和地域空间的具体体现。回顾我国出台的各项区域规划，无不明确了各区域的战略功能定位和未来发展方向。对于立足新发展阶段、贯彻新发展理念、构建新发展格局背景下的中国各区域各城市而言，应积极调整经济布局，参与区域分工，形成全域协调发展、深度融合的全面协同发展模式。其一，东部地区应加快推进中国式现代化进程的先行试验区建设，探索经济发展转型新道路，引领全国经济发展转型，积累宝贵经验，为中西部和东北部经济结构转型发展提供有利参考。其二，中部地区应以国家区域发展战略为依托，积极融入国家整体区域战略构想之中，同时要以城市群发展作为重要支撑，深化城市群之间的合作交流，推动区域一体化发展，通过充分发挥中部地区承东启西的地理特性和区位优势，提升中部地区经济发展和开放水平。其三，西部地区应实现"等待"国家区域战略布局向"融入"国家区域战略布局发展思想的转变，应积极培育自我发展能力，致力提升区域创新能力，大力发展教育、全力培育人才，加大基础设施建设力度，全面改善区域内部营商环境。其四，东北部地区应围绕自身比较优势，重点对接京津冀城市群，推进产业链、供应链、创新链的深度融合。同时积极推进与长三角城市群、粤港澳大湾区联合互动，实现科技成果转化，强化产业融合，积极融入中国新发展格局。

2. 突出区域合作，打破区际行政划分

经济高质量发展，必然需要遵循基本的市场经济规律。而市场经济的建立和完善，不应以区域或城市的行政划分为界限，而应按照事实的经济联系网络、利益划分领域、市场辐射范围、边

际成本大小作为判断标准。因此,区域之间首先应以自身优势资源为基础,推进生产要素的跨区流动,开展广范围、多领域园区共建。其次,应发挥区域比较优势,创建跨区技术创新战略联盟,开展科技创新协调攻关,强化跨区产学研合作力度,构建创新要素共享平台,建立区域之间人才培养、交流、协作、评价、选拔机制,打造更加全面、包容、科学、开放的经济发展环境。最后,统筹规划,共同建设和完善布局科学合理、操作高效智能、使用绿色安全的基础设施建设,促进区域之间公共产品和服务的共建共享。一要共建交通运输体系,推进运输网络数字化、智慧化、现代化、绿色化发展;二要共享公共信息平台,推进区域之间劳动力就业与社会保障合作,探索形成广范围人才市场,助推区域就业服务一体化,建立涉及民政、社保、卫生、用工等系列信息管理平台,推进管理服务一体化、智能化、便捷化进程;三要共联社会服务资源,区域之间要加强教育、医疗、卫生等资源的信息沟通和共联,要深度进行教育联合和协同培育,积极开展跨区医疗卫生服务交流活动与合作项目,扩大优质资源的扩散作用。

(二)区域产业规划布局方面的政策建议

1. 做好顶层设计,抓好区域产业布局的统筹规划

以各区域现有产业基础作为重要现实和基本参考,以区域经济发展战略定位作为未来发展方向和区域布局延展,通过区域协调发展、结构调整、产业多点布局、项目对换等方式,做好区域产业布局的整体统筹、全面规划和逐步实施,要以明确发展目标、突出规划重点、完善布局配套、区分指导对象作为具体思路,系统推进区域产业规划布局向科学化、合理化、高效化、协调化等方向发展。应成立区域产业规划小组,旨在打破区域行政界线,统筹制定跨区产业布局规划方针,推进形成区域分工有序、相互关联、配套协作、前后衔接的区域产业发展新格局。同时,要注重区域内城乡互动,加大产业生产要素的扩散效应,疏通产业沟通渠道,提高产业承接能力,提升产业多极化集聚水平。

2. 强化产业园区建设,提升区域产业多极化集聚的联动能力

区域产业的整体布局需要坚持因地制宜,坚持市场需求导向,要以区域自身实际为基础,重点发展和培养具有比较优势的主要特色产业,要适当集中、有序集聚,形成具有前后关联、上下衔接、产业延展、价值提升的集群式产业发展模式。要在区域之间整合形成一批具有专业化优势明显、市场竞争能力强劲、规模效应凸显、集中建设的产业园区,推进区域产业布局呈现分布集群化、生产规模化、产品专业化、信息资源共享化、交易内部化等一系列特征,并以此为基础,打造产业集聚高地,构建现代产业体系。另外,要理顺产业园区管理体系,创新发展机制,制定好区域产业园区长期战略规划,坚持政府引导与市场推进相结合的原则,做好宏观调控与微观激励,促进区域产业规划布局合理化、科学化和可持续化。

(三)城市区划空间功能方面的政策建议

从本书门槛效应实证结果可知,无论产业多极化集聚,还是劳动力空间配置,其对城市经济高质量发展的影响均有一定的适应性规模要求,过少或过多均不利于城市经济高质量发展。因此,本书认为至少应该从以下方面对城市空间区划进行功能划分,从而减弱或降低产业多极化集聚和

劳动力空间配置的不利影响。

1. 城市规划建设应具有前瞻性

城市整体规划和建设应在成本控制的前提条件下保障前瞻性设计，量力而行而又科学合理。随着城市产业多极化集聚规模的扩大和劳动力空间配置程度的增强，城市规模不断扩张。这种扩张在空间上表现为城市边缘向某个或多个方向不断延展，之后随着经济发展，周边未开发空间被再一次填补，逐渐形成成熟社区。因此，在城市整体规划过程中，不能因盲目扩张而采用同心圆圈层式向外扩张，致使未开发区划长期处于闲置状态，造成空间资源的浪费，不利于城市经济高质量发展。

2. 新城区与产业园区选址应具有导向性

新城区建设应首要考虑交通的通达性，即使无法完全保障通达性，也应将交通设施建设成本投资作为主要考察指标之一。而对于产业园区的选址，更应以城市生产要素资源空间分布作为重要依据，劳动密集型产业应向劳动力资源较为丰富区划转移和集中；轻工业、食品加工业等以原料指向性产业应向原料产地转移；而占地面积大、需要集中仓储的产业应向城市远郊集中。

3. 城市区划空间与产业发展应具有融合性

城市区划空间功能的定位与选择，应该充分考虑城市产业发展现实和未来规划，将"土地的城镇化""产业的城镇化"有机结合起来，推进城市空间上的"人—产—城"融合发展。应加快城市化进程，助推城市新型工业化、信息化和现代化建设，要促进产业结构和就业结构的优化协调发展，提升产城融合程度。同时应强化新城区、产业园区和产业集聚区建设，促进城市产城融合。

4. 强化公共交通等基础设施建设

伴随产业多极化集聚和劳动力空间配置而形成的城市空间扩张，必然使家庭能源消耗和生活通勤成本增加，且城市规模越大，能源消耗和成本增加越快，因此，在已有的城市交通体系上，应以优化城市道路网络结构为重点工作，疏通现有交通堵点，完善城市轨道交通建设，提高公共交通服务质量。同时，以人口集中作为核心标志的城市规模扩大，必然对教育、卫生、医疗及其他公共产品和服务提出更大规模的要求和质量诉求。因此，政府财政支持力度、公共服务能力提升迫在眉睫。

（四）城市产业结构调整方面的政策建议

基于产业多极化集聚对城市经济高质量发展的显著促进作用，推动城市经济结构转型、促进城市产业结构优化升级、提高城市产业联动能力、扩大和提升产业多极化集聚规模和质量，对于城市经济增长和经济发展均有极其重要的作用。为此，各城市应做好以下方面工作。

1. 切实推进产业结构优化升级，助推城市经济结构转型

第一，要立足乡村振兴战略，调整农业生产结构，推动农业现代化发展。农业产业结构的优化升级，要致力于新型农业经营主体培育，并辅之以农村金融机构、信贷机构、监管机构和政府财政、政策倾斜等多部门多渠道帮扶，深化推进农业生产的供给侧结构性改革进程，将农业产业发展由产品生产主导向消费需求主导转变，以市场需求为风向标，扩大农业生产规模、增加农业产品数量和类别，满足多样化、定制化、高质化的市场需求。

第二，要以第四次工业革命为契机，推动中国城市新型工业化发展。要主动淘汰落后产能产业，积极引导低产能产业从城市内部外迁，倒逼城市产业更新设备、技术升级、效率提升，要切实实施产业政策和严格执行行业发展规划，完善企业信息披露机制、制定相关人员问责制，各级政府机构应建立涉及生态环境保护、技术水平等级等完善严格的审核标准和准入机制，并将产能过剩的化解工作定量化纳入绩效考核评价体系之中，多方面化解产能过剩问题；要以创新驱动为引领，积极抢抓科技革命先机，牢牢紧跟科技前沿，积极促进科技创新在产业生产中的成果转化，同时要坚持绿色工业发展理念，要将可持续发展作为中国城市新型工业化发展的重要原则，加大绿色、生态、环保工艺和技术的广泛应用，提高城市经济发展效率。

第三，应统筹协调，切实推进现代服务业发展。人才储备、技术创新是现代化服务业发展的核心因素，因此各级政府应致力于长期人才培养计划的制订和实施，确保服务业发展的人才资源储备；同时应通过知识和技术创新，不断延伸服务产业链，提升服务产品价值，不断探索新的应用平台和服务模式，使服务行业逐步向个性化、定制化、高端化发展。

2. 重点关注产业链关联延伸，促进产业价值链高效升级

城市经济高质量发展，需要城市产业结构优化升级的强力支撑，而产业结构的调整和优化，则需要各城市根据各自的区位优势、地缘特征、资源禀赋发展独具特色的优势产业，并根据各优势产业特征进行产业的上下关联、前后衔接和产业生产链延伸与扩展，促进优势产业多元化发展，做到产业发展由点成线、再由线带面，进而构建以优势产业为主导的互动关联的产业体系。

第一，要依托优势资源，进行城市优势资源有机整合，促进产业上下链之间相互融合，推动产业纵深化、横向化发展，推进城市经济发展模式由首重产出向首重效率转变，实现产业高效益、长产业链、高附加值发展。

第二，对高消耗、低产出等落后产能产业进行技术改造和战略重组，培育和发展接续产业，调整和优化产业结构，构建能有效推进产业升级的循环经济，以产业优化升级带动城市经济转型。

第三，应重点培养一批具有较大市场竞争力的龙头企业，带动形成上下关联、前后衔接、广范围、宽领域、多层次产业链，同时增强龙头企业对产业链内部重点领域和关键环节的掌控力度，支持、引导其他企业的积极协作和高效分工。

第四，应强化城市产业链生产的安全性保障，要统筹做好经济、科技、生产、供应、销售等各方面稳定安全工作，确保产业链的有序延伸、安全生产和高效升级。

3. 关键把握产业生产技术进步，提升城市经济发展效率

党的二十大提出，要加快实施创新驱动发展战略，要提高科技成果转化水平，强化企业在产学研中的重要地位，要将技术创新与企业生产深度融合，实现产业结构向高度化、高级化、高效化、高质化调整升级。

第一，从三产类别来看，农业方面要推动农业生产、农业加工、农业销售与现代技术、网络平台深度融合，加快农业现代化发展，要大力推进农业现代化、智能化、网络化；工业方面应积极探索和推进中国特色新型工业化道路，应采取有效手段鼓励和促进企业、相关科研团队进行技术更新，提升科技创新能力；服务业方面要重视生产性服务人员的培养，要充分利用高校、研究所等科研机构，形成服务行业的技术支撑，创新多元合作模式。

第二，要加强企业自主创新能力培育，加快研发平台建设，推进企业科研协作能力快速提升，发挥高校和研究机构科研人员的重要作用。政府应积极制定激励政策，推动科技成果落地，要以津贴、补贴等方式对确有重大科研贡献的人员、企业进行奖励，形成良好科研和技术创新氛围。

第三，要建立和完善科技成果的快速转化机制，要重视自主知识产权保护，完善科研成果产权制度；同时积极探索自主知识产权的市场化运营和成果转换，充分利用市场机制，快速形成使用权到收益权的转化。

4. 积极发挥政府职能和引领作用，保障城市经济发展成果共享

产业多极化集聚的原因追溯，一方面是企业基于生产成本和利润回报的权衡对比做出的理性选择，另一方面则是政府基于城市功能定位和未来发展战略安排所做出的非市场化政府干预手段。

对于产业结构调整升级，经济结构转型初期所引起的产业多极化集聚亟待政府职能的充分发挥和引领作用的不断推进。一方面，产业结构调整和产业多极化布局需要政府充分发挥宏观调控职能，理清产业多极化集聚的制度化屏障。政府要积极推进区域企业联合、产业协作和市场整合，通过数字化、智能化建设创建高效服务型政府，积极引导产业结构调整和产业多极化集聚，简化行政审批流程，着力改善城市营商环境，激发城市活力，推进城市经济高质量发展。另一方面，政府应建立规范的市场准入制度，强化多极化集聚产业涉及的技术、生态等评价标准，鼓励高效率、低消耗、高技术类产业多极化集聚，要在金融、技术、信贷、税收等方面对涉及科技创新、社会民生、医疗卫生等企业和产业提供更优惠的政策倾斜，更便捷的服务。

（五）城市人才动能构建方面的政策建议

1. 区域层面的政策建议

总体而言，各城市应注重劳动力空间配置的数量和质量共同提升，促进跨城市、跨区域劳动力统一大市场构建。东部和东北部地区城市应扩大其现有的人才资源外溢效益，要逐步实现高耗能、高污染、低产能产业的转移和升级，带动部分较低层次劳动力资源的外流，以缓解当前较为严重的生态恶化、环境污染、人口臃肿等问题；中部地区应注重劳动力资源空间配置规模扩大向质量提升转变，要有计划、有方向、有选择性地引导劳动力资源配置结构和方向，要更加注重吸

引更多高素质、高技能且与产业发展高匹配度的人才；西部地区应在充分承接东部地区转入产业的前提下，以自身储备的劳动力现有资源为基础，应最大限度地鼓励和吸引城市劳动力空间流入，促进城市劳动力空间集聚，最大限度地发挥劳动力集聚带来的规模效益，同时应大力发展现代金融、娱乐休闲、医疗养老等现代服务业，扩大就业，实现高低技能劳动者互补。另外，要充分发挥城市劳动力集聚所带来的人力资本积累、城镇化以及劳动力市场池效应，应制定积极的劳动力引进机制，打破城乡壁垒，从相应的住房保障、完善的公共设施入手，吸引劳动力在城市空间的集聚。

2. 人才培养与引进层面的政策建议

就人才培养来看，教育是培育人才的基本手段，大力提高教育投入，促进人才培养机制科学合理，是地区人才培养的关键环节。各城市对于人才的培养，应密切关注市场需求，应积极构建校企合作平台，创建产教合管机制，强化学校培养体系与企业需求、产业发展高度关联，确保培养人才的高效利用与科学匹配，应注重人才理论与实践相结合的培养体系，根据市场需求及时发现培养短板，适时调整培养方案，同时应充分发挥互联网、大数据、人工智能等技术手段，构建全方位、科学多元的反馈机制，从而培养出掌握现代技术、满足市场需求、适应产业布局、达到企业要求的现代化建设人才。就人才引进来看，一方面，各城市应实施更为开放的人才引进政策，更大范围、更宽领域、更多层次引进城市经济发展紧缺人才，要建立跨区域、多方面的人才服务网络，打造覆盖面广、涉及区域多的引才引智网络，加快落实人才引进过程中教育、医疗、卫生等系列公共产品和配套服务，解决引进人才后顾之忧；另一方面，优化人才交流互动网络，完善人才激励机制，通过横向项目鼓励高校科研人员与企业的深入合作交流，鼓励企业创新人才到科研机构和高校兼职，促进科研成果快速转化。重视人才培养和引进，进一步提升城市劳动力资源素质和质量，从而形成动力强劲的城市经济发展动能，推进城市经济高质量发展。

3. 劳动力资源错配层的政策建议

第一，应加快户籍制度改革，打破劳动力资源跨区空间配置的制度性障碍。城镇化率的进一步提升，为农村人口市民化提出了更高更快要求，要不断完善城乡劳动力市场的运行、竞争机制，推进劳动力市场配置效率提升，打破城市之间、城乡之间流动性制度壁垒和公共服务共享的条件限制，提高高质量、高水平劳动力配置程度，扩大区域之间劳动力统一市场规模。

第二，各城市应科学评估多极化集聚产业发展的劳动力资源需求空间，进而促进劳动力市场的空间配置效应。城市工业化进程加快、城镇化率提高，城市规模不断扩大，人口与产业的集中与分化引起了劳动力要素的不确定性因素的增加，因此应根据城市劳动力资源空间分布、素质结构、优势状况等因地制宜实施发展战略，减少不确定性，优化劳动力资源空间配置。

第三，优化劳动力结构，从资源输出端推动改善劳动力资源错配问题。城市之间不仅要实现劳动力的自由配置，更需要注重劳动力资源在空间配置过程中的技能和素质提升，要建立健全劳动力市场竞争机制，科学合理地制定和调整工资报酬待遇的匹配制度，使工资待遇能真正起到劳动力资源配置风向标的作用。

（六）城市人—产匹配发展方面的政策建议

1. 加强互联网平台建设，缩小人—产匹配信息鸿沟

信息化大数据时代的到来和互联网技术的全民普及，为劳动力市场统一化建设提供了丰富的信息基础和共享条件。政府机构和企业部门应大力提高就业信息供给能力，不断改善平台建设、更新就业信息，缩短人才供需双方搜寻时间，减少搜寻成本，提高人—产匹配效率；要拓宽互联网就业信息发布渠道，通过多种互联网平台及时、高效地进行就业需求和供给信息的对接与交换，致力于加强就业信息共享路径多元化建设；同时，要关注新产业业态和商业模式条件下灵活多变的就业特点，科学制定信息统计标准，完善统计信息，纠正人—产匹配效率统计的系统性误差。

2. 完善职业教育培训网络，扩展人—产匹配样本容量

要加大职业教育和职业培训的投入力度，提高城市社会教育资源利用效率，提升城市高质量、多结构劳动力供给水平。应根据社会市场需求和产业要求进行针对化职业教育及培训，提升劳动力专业水平，推进劳动力职业化发展，增强劳动力市场竞争力。进一步优化专业配置结构，尽量避免职业培训劳动力的摩擦性和结构性失业，要深化产教融合、校企协作，推动城市就业多元化、配套化、均衡化发展。同时要立足于产业未来规划布局和市场竞争需要，前瞻性发展、超前化布局、订单化培训，从而增强职业教育培训的针对性、适用性和可持续性，为城市发展人—产匹配效率提升扩展人才样本选择空间。

3. 强调产业多极化集聚资源化导向，提升人—产匹配内置空间

科学、合理、有序地谋划最高效利用城市现有劳动力资源和最优资源配置的产业多极化集聚模式。有序选择多极化集聚产业能有效影响和改善城市资源配置，各地区应根据自身现有产业分布和发展现状，以及劳动力资源供给情况，因地制宜引导产业的多极化集聚，推进城市产业集聚的劳动力资源化导向，促进符合当地劳动力配置情况的产业结构优化升级，提升劳动力与产业发展的匹配耦合度。

参考文献

[1] 巴曙松，田磊.房价波动、货币政策与经济周期波动：一个 DSGE 分析框架[J]. 当代财经，2015（8）：3-16.

[2] 白俊红，蒋伏心.协同创新、空间关联与区域创新绩效[J]. 经济研究，2015，50（7）：174-187.

[3] 白俊红，王钺，蒋伏心，李婧.研发要素流动、空间知识溢出与经济增长[J]. 经济研究，2017，52（7）：109-123.

[4] 蔡阳. 我国人口迁移和区域经济增长收敛性研究[J]. 统计与决策，2014（23）：138-141.

[5] 曹芳芳，程杰，武拉平，李先德. 劳动力流动推进了中国产业升级吗?——来自地级市的经验证据[J]. 产业经济研究，2020（1）：57-70+127.

[6] 曹晖，罗楚亮. 户籍限制、技能互补与高技能女性就业[J]. 劳动经济研究，2022，10(6)：86-116.

[7] 陈龙，魏诚一.区际产业转移、空间关联与就业技能结构[J]. 北京交通大学学报（社会科学版），2022（2）：86-99.

[8] 陈景新，王云峰. 我国劳动密集型产业集聚与扩散的时空分析[J]. 统计研究，2014，31（2）：34-42.

[9] 陈利锋.二元劳动力市场、异质性雇佣成本与失业波动[J]. 华中科技大学学报（社会科学版），2016，30（2）：67-77.

[10] 陈翔，唐聪聪.中国劳动力流动的特征、成因与经济效果研究[J]. 宏观经济研究，2021（11）：93-102.

[11] 陈玲.京津冀产业结构变动对劳动力空间分布的影响研究[M]. 北京：中国纺织出版社，2019.

[12] 陈建军.中国现阶段的产业区域转移及其动力机制[J]. 中国工业经济，2002（8）：37-44.

[13] 陈刚，刘珊珊. 产业转移理论研究：现状与展望[J]. 当代财经，2006（10）：91-96.

[14] 陈东林.中国共产党与三线建设[M]. 北京：中共党史出版社，2014.

[15] 程晨，张毅，陈丹玲. 城市集聚对经济发展质量的影响——以长江经济带为例[J]. 城市问题，2020（4）：4-13.

[16] 崔百胜，朱麟.政府资助能有效激励创新吗?——基于创新系统视角下 DSGE 模型的分析[J]. 管理评论，2019，31（11）：80-93.

[17] 邓红亮，陈乐一.劳动生产率冲击、工资粘性与中国实际经济周期[J]. 中国工业经济，2019(1)：23-42.

[18] 邓子纲，贺培育. 论习近平高质量发展观的三个维度[J]. 湖湘论坛，2019（1）：13-23.

[19] 段文奇，景光正. 贸易便利化、全球价值链嵌入与供应链效率——基于出口企业库存的视角[J]. 中国工业经济，2021（2）：117-135.

[20] 樊士德，金童谣.中国劳动力流动对城乡贫困影响的异质性研究[J]. 中国人口科学，2021（4）：98-113+128.

[21] 樊士德，沈坤荣，朱克朋. 中国制造业劳动力转移刚性与产业区际转移——基于核心—边缘模型拓展的数值模拟和经验研究[J]. 中国工业经济，2015（11）：94-108.

[22] 范剑勇，刘念，刘莹莹. 地理距离、投入产出关系与产业集聚[J]. 经济研究，2021，56（10）：138-154.

[23] 冯根福, 刘志勇, 蒋文定.我国东中西部地区间工业产业转移的趋势、特征及形成原因分析[J]. 当代经济科学, 2010, 32（2）：1-10+124.

[24] 冯严超, 王晓红, 胡士磊.FDI、OFDI与中国绿色全要素生产率——基于空间计量模型的分析[J]. 中国管理科学, 2021, 29（12）：81-91.

[25] 傅允生.资源禀赋与专业化产业区生成[J]. 经济学家, 2005（1）：84-90.

[26] 傅元海, 叶祥松, 王展祥.制造业结构变迁与经济增长效率提高[J]. 经济研究, 2016, 51（8）：86-100.

[27] 盖凯程, 周永昇.所有制、涓滴效应与共享发展：一个政治经济学分析[J]. 政治经济学评论, 2020, 11（6）：95-115.

[28] 顾朝林, 王恩儒, 石爱华."新经济地理学"与经济地理学的分异与对立[J]. 地理学报, 2002, （4）：497-504.

[29] 关爱萍.劳动力流动、产业转移与区域发展差距[M]. 北京：中国社会科学出版社, 2020.

[30] 郭晨浩, 李林霏, 夏显力.劳动力流动、地方感与农户参与人居环境整治行为[J]. 人文地理, 2022, 37（1）：81-89+115.

[31] 郭豫媚, 陈伟泽, 陈彦斌.中国货币政策有效性下降与预期管理研究[J]. 经济研究, 2016, 51（1）：28-41+83.

[32] 郝寿义, 安虎森.区域经济学[M]. 北京：经济科学出版社, 2015.

[33] 郝汉舟, 徐新创, 左珂怡, 黑杰, 喻文隆, 黄文林, 朱轶华. 创新要素集聚与产业升级：中介效应和调节效应研究[J]. 长江流域资源与环境, 2022, 31（11）：2357-2368.

[34] 韩军, 孔令丞. 制造业转移、劳动力流动是否抑制了城乡收入差距的扩大[J]. 经济学家, 2020（11）：58-67.

[35] 韩峰, 李玉双.产业集聚、公共服务供给与城市规模扩张[J]. 经济研究, 2019,54(11)：149-164.

[36] 何秀玲, 郭文鹏. 工业化后期农民工就业结构变化趋势与优化路径研究[J]. 广西民族大学学报（哲学社会科学版）, 2020, 42（4）：159-164.

[37] 胡彬, 王媛媛. 网络基础设施建设、产业协同集聚与城市产业升级——基于"人"和"地"要素的分析[J]. 财经研究, 2023, 49（11）：95-109.

[38] 呼倩, 黄桂田.改革开放以来中国劳动力流动研究[J]. 上海经济研究, 2019（6）：49-58+71.

[39] 黄大湖, 丁士军, 陈玉萍. 劳动力流动对农村居民消费的影响——基于空间效应视角的分析[J]. 经济问题探索, 2022（4）：142-153.

[40] 黄赜琳, 朱保华. 中国的实际经济周期与税收政策效应[J]. 经济研究, 2015, 50（3）：4-17.

[41] 黄纪强, 祁毓, 甘行琼, 刘锋. 环境目标约束、产业纵向关联与企业排污策略[J]. 财经研究, 2023, 49（12）：77-90.

[42] 黄庆华, 时培豪, 胡江峰. 产业集聚与经济高质量发展：长江经济带107个地级市例证[J]. 改革, 2020（1）：87-99.

[43] 黄文, 张羽瑶. 区域一体化战略影响了中国城市经济高质量发展吗?——基于长江经济带城市群的实证考察[J]. 产业经济研究, 2019（6）：14-26.

[44] 姬志恒, 于伟, 张鹏.高技术产业空间集聚、技术创新与区域绿色发展效率——基于PVAR模型的经验证据[J]. 宏观经济研究, 2020（9）：92-102.

[45] 江春, 吴磊, 滕芸. 中国全要素生产率的变化：2000—2008[J]. 财经科学, 2010（7）：55-62.

[46] 金碚. 关于"高质量发展"的经济学研究[J]. 中国工业经济, 2018（4）: 5-18.
[47] 金春雨, 王伟强. 我国高技术产业空间集聚及影响因素研究——基于省级面板数据的空间计量分析[J]. 科学学与科学技术管理, 2015, 36（7）: 49-56.
[48] 孔令丞, 柴泽阳. 省级开发区升格改善了城市经济效率吗？——来自异质性开发区的准实验证据[J]. 管理世界, 2021, 37（1）: 60-75+5.
[49] 孔群喜, 孙爽, 陈慧. 对外直接投资、逆向技术溢出与经济增长质量——基于不同投资动机的经验考察[J]. 山西财经大学学报, 2019, 41（2）: 16-34.
[50] 赖俊明, 徐保红. 城乡劳动力流动中劳动者就业意愿影响研究[J]. 数理统计与管理, 2019, 38（3）: 405-417.
[51] 李浩. 技术进步、劳动力流动与经济内生增长[J]. 江西社会科学, 2012, 32（8）: 51-55.
[52] 李国平, 许扬.梯度理论的发展及其意义[J]. 经济学家, 2002（4）: 69-75.
[53] 李春梅. 区际产业转移与区域经济差距[J]. 经济经纬, 2021, 38（4）: 13-22.
[54] 李健, 赖文杰.高技术产业转移的定量测度及效应分析[J]. 科技进步与对策, 2021, 38（20）: 64-72.
[55] 李研. 中国数字经济产出效率的地区差异及动态演变[J]. 数量经济技术经济研究, 2021, 38（2）: 60-77.
[56] 李新, 苏兆国, 史本山. 基于区位选择的中国工业生产企业空间集聚研究[J]. 科学学研究, 2010, 28（4）: 549-557+534.
[57] 李光龙, 范贤贤. 财政支出、科技创新与经济高质量发展——基于长江经济带108个城市的实证检验[J]. 上海经济研究, 2019（10）: 46-60.
[58] 李未无. 劳动密集型行业出口竞争力研究——基于行业实际汇率视角[J]. 国际经贸探索, 2009, 25（1）: 20-24.
[59] 刘宗明, 李春琦.劳动交易成本、选择性路径依赖与劳动就业动态[J]. 管理世界, 2013（2）: 18-31+187.
[60] 刘佳丽, 荣垂青. 产业集聚、产业协同对人口迁移的影响[J]. 人口学刊, 2023, 45（3）: 63-77.
[61] 刘海洋, 孔祥贞, 袁鹏.城市宏观环境如何影响企业微观效率[J]. 中国人口·资源与环境, 2013, 23（2）: 144-149.
[62] 刘涛, 刘均卫. 长江干线集装箱港口体系集中度演进分析[J]. 经济地理, 2018, 38（3）: 113-119.
[63] 刘新智, 张鹏飞.中国新一轮高水平对外开放与世界贸易组织改革的互动机制研究[J]. 复旦国际关系评论, 2020（1）: 38-53.
[64] 刘新智, 张鹏飞, 史晓宇.产业集聚、技术创新与经济高质量发展——基于我国五大城市群的实证研究[J]. 改革, 2022（4）: 68-87.
[65] 刘军辉, 张古. 户籍制度改革对农村劳动力流动影响模拟研究——基于新经济地理学视角[J]. 财经研究, 2016, 42（10）: 80-93.
[66] 刘友金, 曾小明.房产税对产业转移的影响：来自重庆和上海的经验证据[J]. 中国工业经济, 2018（11）: 98-116.
[67] 刘树林, 吴赐联.高新技术产业聚集的区位因素[J]. 中南财经政法大学学报, 2006（6）: 83-86.
[68] 梁琦, 陈强远, 王如玉. 户籍改革、劳动力流动与城市层级体系优化[J]. 中国社会科学, 2013（12）: 36-59+205.

[69] 梁琦, 王斯克. 最低工资标准、空间溢出与劳动力错配[J]. 湖南师范大学社会科学学报, 2019, 48（4）: 83-91.

[70] 梁育填, 樊杰, 韩晓旭, 孙威, 陈小良. 重点开发区域产业集聚的机理分析——以广西梧州市为例[J]. 经济地理, 2010, 30（12）: 2023-2029.

[71] 林毅夫, 刘培林. 中国的经济发展战略与地区收入差距[J]. 经济研究, 2003（3）: 19-25.

[72] 林娣. 新生代农民工市民化的人力资本困境[J]. 东北师大学报（哲学社会科学版）, 2014（2）: 215-217.

[73] 罗明忠, 唐超, 吴小立. 培训参与有助于缓解农户相对贫困吗?——源自河南省3278份农户问卷调查的实证分析[J]. 华南师范大学学报（社会科学版）, 2020（6）: 43-56+189-190.

[74] 马歇尔. 经济学原理[M]. 北京: 商务印书馆, 1997.

[75] 麻玉琦, 任少波. 交易成本与城市载体型产业空间的形成——以浙江省特色小镇为例[J]. 城市发展研究, 2020, 27（7）: 127-132.

[76] 梅新想, 刘渝琳. 劳动力流动、农民人均工资性收入与城乡收入差距[J]. 重庆大学学报（社会科学版）, 2016, 22（4）: 42-53.

[77] 彭永樟. 区际产业梯度转移与升级中的技术势能集聚、转换与作用机制研究[D]. 南昌: 江西财经大学, 2018.

[78] 彭向, 蒋传海. 技术外溢、策略性选址与产业集聚[J]. 财经研究, 2009, 35（10）: 92-104.

[79] 乔小乐, 宋林. 僵尸企业、劳动力资源错配及宏观效率损失——基于企业间劳动力资源流动视角[J]. 产业经济研究, 2022（2）: 71-84.

[80] 任保平. 新时代中国高质量发展的判断标准、决定因素与实现途径[J]. 改革, 2018（4）: 5-16.

[81] 任江鸿, 陈方, 戢晓峰. 西部边疆旅游城市功能区空间集聚模式——以云南省丽江市为例[J]. 地域研究与开发, 2021, 40（1）: 84-89.

[82] 宋明顺, 张霞, 易荣华. 经济发展质量评价体系研究及应用[J]. 经济学家, 2015（5）: 35-43.

[83] 苏华, 刘升学. 供给外部性、市场潜力与中国城市高新技术产业集聚[J]. 城市问题, 2022（2）: 23-34.

[84] 陶静, 胡雪萍. 环境规制对中国经济增长质量的影响研究[J]. 中国人口资源与环境, 2019, 29（6）: 85-96.

[85] 田柳, 周云波, 沈扬扬. 不可观测能力、群分效应和行业工资差距: 行业分割视角[J]. 世界经济, 2018, 41（12）: 98-120.

[86] 田鑫. 长三角城市经济高质量发展程度的评估——基于因子k均值方法的实证分析[J]. 宏观经济研究, 2020（3）: 92-100.

[87] 王勋. 科学发展观视域下西部地区承接产业转移问题研究[D]. 兰州: 兰州理工大学, 2014.

[88] 童磊, 荣亚飞. 协同集聚外部性与产业升级互动关系研究——基于制造业与生产性服务业的PVAR分析[J]. 科技进步与对策, 2023, 40（16）: 96-107.

[89] 王可侠. 产业集聚中的交易成本约束——一个典型案例分析[J]. 上海经济研究, 2007（11）: 79-84+104.

[90] 王军. 产业集聚对城市创业活动影响研究[D]. 北京: 首都经济贸易大学, 2021.

[91] 王有兴, 杨晓妹. 公共服务与劳动力流动——基于个体及家庭异质性视角的分析[J]. 广东财经大学学报, 2018, 33（4）: 62-74.

[92] 王竹君，任保平．基于高质量发展的地区经济效率测度及其环境因素分析[J]．河北经贸大学学报，2018，39（4）：8-16．

[93] 王伟．中国经济高质量发展的测度与评估[J]．华东经济管理，2020，34（6）：1-9．

[94] 王金波．市场潜能与劳动力流动：基于中国的经验分析[D]．沈阳：辽宁大学，2020．

[95] 王小鲁，樊纲．中国地区差距的变动趋势和影响因素[J]．经济研究，2004（1）：33-44．

[96] 王莹莹．劳动力空间集聚对个体劳动者就业概率的影响[J]．经济与管理研究，2018，39（4）：85-97．

[97] 王莹莹．中国劳动力空间集聚的就业效应——基于个体就业质量的视角[J]．人口与经济，2018（4）：53-62．

[98] 王永齐．融资效率、劳动力流动与FDI溢出[J]．商业经济与管理，2007（4）：62-67．

[99] 王永昌，尹江燕．论经济高质量发展的基本内涵及趋向[J]．浙江学刊，2019（1）：91-95．

[100] 王增文．社会保障与技术进步动态组合的经济发展驱动路径分析[J]．科学学研究，2016，34（9）：1336-1346．

[101] 汪川．政府基建投资的财政乘数：基于DSGE模型的分析[J]．财贸经济，2020，41（10）：79-95．

[102] 韦伯．工业区位论[M]．北京：商务印书馆，1997．

[103] 魏敏，李书昊．新时代中国经济高质量发展水平的测度研究[J]．数量经济技术经济研究，2018（11）：3-20．

[104] 魏玮，毕超．环境规制、区际产业转移与污染避难所效应——基于省级面板Poisson模型的实证分析[J]．山西财经大学学报，2011，33（8）：69-75．

[105] 魏玮，张万里．不同地区制造业集聚对效率的非线性影响研究[J]．经济经纬，2017，34（6）：75-80．

[106] 吴培培，朱小川．相关性产业集聚影响区域经济产出的实证研究——以中国226个地级市为例[J]．软科学，2016，30（10）：49-52．

[107] 吴穹，仲伟周，陈恒．我国区域信息化对工业技术创新效率的影响——基于劳动-教育决策两部门DSGE模型的分析[J]．经济问题探索，2018（5）：1-16．

[108] 吴青山，吴玉鸣，郭琳．区域一体化是否改善了劳动力错配——来自长三角扩容准自然实验的证据[J]．南方经济，2021（6）：51-67．

[109] 吴乔一康，冯晓．地方产业政策对当地产业集聚的影响[J]．云南社会科学，2020（1）：111-118．

[110] 吴颖，蒲勇健．区域过度集聚负外部性的福利影响及对策研究——基于空间经济学方法的模拟分析[J]．财经研究，2008（1）：106-115+143．

[111] 吴信值．旅游增长极扩散效应研究[D]．昆明：云南大学，2019．

[112] 谢光华，郝颖，李思乐．行业集中度、分析师行业专长与预测准确性[J]．外国经济与管理，2019，41（2）：125-138．

[113] 许永兵．河北省经济发展质量评价——基于经济发展质量指标体系的分析[J]．河北经贸大学学报，2016（1）：58-65．

[114] 徐万刚．四川省劳动密集型制造业高质量发展研究——基于2006—2019年的数据[J]．四川师范大学学报（社会科学版），2021，48（5）：151-159．

[115] 姚枝仲，周素芳．劳动力流动与地区差距[J]．世界经济，2003（4）：35-44．

[116] 杨兵,杨杨,杜剑.财政支出类型和货币政策规则的组合效应及稳定性研究[J]. 国际金融研究，2021（8）：22-33.

[117] 叶茂，王兆峰，谭勇.湘西地区交通与旅游发展的耦合协调特征与效应[J]. 经济地理，2020，40（8）：138-144.

[118] 尹志超，刘泰星，张逸兴.劳动力流动如何影响农户借贷：基于社会网络的分析[J]. 世界经济，2021，44（12）：131-154.

[119] 尹志超，刘泰星，张诚. 农村劳动力流动对家庭储蓄率的影响[J]. 中国工业经济，2020（1）：24-42.

[120] 余运江，高向东.市场潜能、住房价格与劳动力流动——基于新经济地理学的视角[J]. 产业经济研究，2017（6）：117-126.

[121] 袁冬梅，信超辉，袁珶.产业集聚模式选择与城市人口规模变化——来自285个地级及以上城市的经验证据[J]. 中国人口科学，2019（6）：46-58+127.

[122] 约瑟夫·熊彼特.经济发展理论[M]. 北京：商务印书馆，2020.

[123] 张红历，梁银鹤，杨维琼. 市场潜能、预期收入与跨省人口流动——基于空间计量模型的分析[J]. 数理统计与管理，2016，35（5）：868-880.

[124] 张公嵬.我国产业集聚的变迁与产业转移的可行性研究[J]. 经济地理，2010，30（10）：1670-1674+1687.

[125] 张莉娜，吕祥伟. 中国式财政分权、劳动力流动与区域经济增长[J]. 经济问题探索，2021（6）：15-29.

[126] 张鹏飞，黎佩雨，刘新智. 产业集聚、劳动力流入与经济高质量发展——基于五大城市群的实证[J]. 统计与决策，2023，39（22）：101-105.

[127] 张辽. 要素流动、产业转移与区域经济发展[D]. 上海：华中科技大学，2013.

[128] 张士杰，饶亚会. 基于组合评价的经济发展质量测度与时序分析——来自中国1978—2013年数据的实证研究[J]. 财贸研究，2016，27（3）：10-17.

[129] 张司飞，王琦.资源型产业集聚、要素扭曲配置与技术创新[J]. 工业技术经济，2020，39（6）：29-37.

[130] 章元，刘修岩.聚集经济与经济增长：来自中国的经验证据[J]. 世界经济，2008（3）：60-70.

[131] 赵家悦. 中心—外围视角下国际资本流动非对称性研究[D]. 北京：对外经济贸易大学，2017.

[132] 赵慧，张涛，汤珂. 集聚如何影响南北方创业活动？——来自高频全量企业大数据的证据[J]. 中国管理科学，2023，31（6）：231-240.

[133] 赵阳. 中国人口集聚对区域劳动生产率的影响研究[D]. 长春：吉林大学，2020.

[134] 赵敏，马周剑.产业集聚与居民住房支付能力——基于省级面板数据的实证研究[J]. 南京审计大学学报，2018，15（6）：39-46.

[135] 赵剑波，史丹，邓洲. 高质量发展的内涵研究[J]. 经济与管理研究，2019（11）：15-31.

[136] 赵星，王林辉. 异质性交通网络密度、劳动力流动与全要素生产率[J]. 中国流通经济，2020，34（5）：95-107.

[137] 赵连阁，钟博，王学渊. 劳动力异质性、人口迁移壁垒与地区收入差距研究[J]. 商业研究，2014（2）：8-14.

[138] 曾湘泉.劳动经济学[M]. 上海：复旦大学出版社，2017.

[139] 曾艺，韩峰，刘俊峰. 生产性服务业集聚提升城市经济增长质量了吗?[J]. 数量经济技术经济研究，2019，36（5）：83-100.

[140] 邹璇. 劳动力流动、区际变量冲击及宏观经济影响[J]. 南方经济，2011（5）：68-82.

[141] 周文. 中国劳动力集聚对经济发展质量的影响研究[D]. 北京：首都经济贸易大学，2021.

[142] 周文. 产业空间集聚机制理论的发展[J]. 经济科学，1999（6）：96-101.

[143] 周京奎，王文波，张彦彦."产业—交通—环境"耦合协调发展的时空演变——以京津冀城市群为例[J]. 华东师范大学学报（哲学社会科学版），2019，51（5）：118-134+240.

[144] 朱东波，常卉頡. 产业空心化的马克思主义经济学研究[J]. 当代经济研究，2020（11）：15-25.

[145] 朱英明，杨连盛，吕慧君，沈星. 资源短缺、环境损害及其产业集聚效果研究——基于21世纪我国省级工业集聚的实证分析[J]. 管理世界，2012（11）：28-44.

[146] AKAMATSU K. Synthetic dialectics of industrial development of Japan[J]. Journal of Nagoya Commercial High School，1937，15.

[147] ALBERT O HIRSCHMAN. Investment policies and "Dualism" in Underdeveloped Countries[J]. The American Economic Review，1957（9）：550-570.

[148] ANSELIN L，FLORAX R. New directions in spatial econometrics[M]. Berlin：Springer，1995.

[149] BATRESE G E，COELLI T J. Frontier production functions technical efficiency and panel data：with application to paddy farmers in India[J]. Journal of Productivity Analysis，1992，3（1-2）：153-169.

[150] BAPTISTA R，SWANN P. Do firms in clusters innovate more?[J]. Research Policy，1998，27（5）：525-540.

[151] BECKER G. Investment in human capital：a theoretical analysis[J]. Journal of Political Economy，1962，70（1）：9-49.

[152] BELOT M，EDERVEEN S. Cultural barriers in migration of heterogeneous labor[J]. The American Economic Review，1979，166-175.

[153] BIAGI B，FAGGIAN A，MCCANN P. Long and short distance migration in Italy：the role of economic，social and environmental characteristics[J]. Spatial Economic Analysis，2011，6（1）：111-131.

[154] BOUHGA-HAGBE M J. Altruismand workers' remittances：evidence from selected countries in the Middle East and Central Asia（EPub）[M]. International Monetary Fund，2006.

[155] BOGUE. D. J. Internal Migration[M]. HAUSER P M，DUNCAN O D. The study of population：an inventory and appraisal. Chicago：University of Chicago Press，1955：486-509.

[156] BONASIA M，NAPOLITANO O. Determinants of interregional migration flows：the role of environmental factors in The Italian Case[J]. The Manchester School，2012，80（4）：525-544.

[157] CHEN J H. Intellectual property rights and skills accumulation：a product-cycle model of FDI and outsourcing[J]. Original Research Article Journal of Macroeconomics，2015，46：328-343.

[158] CHESIRE P C，MAGRINI S. Population growth in European cities：weather matters-but only nationally[J]. Regional studies，2006，40（1）：23-27.

[159] DAHL M S，SORENSON O. The migration of technical workers[J]. Journal of Urban Economics，2010，67（1）：33-45.

[160] DIAMOND R. The determinants and welfare implication of US workers' diverging location choice by skill: 1980-2000[J]. American economic review, 2016（3）: 479-524.

[161] DOWLING M, CHEAN T C. Shifting comparative advantage in Asia: new tests of the flying geese model[J]. Journal of Asian Economics. 2000, 11: 443-463.

[162] DUNNING J. The eclectric paradigm of international production: a restatement and some possible extensions[J]. Journal of International Business Studies, 1988, 1: 1-31.

[163] ELLISON G, GLAESER E.L.The geographic concentration of industry: does natural advantage explain agglomeration?[J]. American Economic Review, 1999, 89（2）: 311-316.

[164] FRIEDMANN J R.Regional development policy: a case of venezuela[M]. Cambridge, Mass: MIT Press, 1966.

[165] FUJITA M, KRUGMAN P, VENABLES A J.The spatial economy: cities, regions and international trade[M]. Cambridge, Mass: MIT Press, 1999.

[166] FUJITA M, MORI T. Frontiers of the new economic geography[J]. Papers in Regional Science, 2005, 84（3）: 377-405.

[167] FARELL M J. The measurement of productive efficiency [J]. Journal of Royal Statistical Society, Series A, 1957, 120（3）: 253-281.

[168] FUJITA M, THISSE J.F. Economics of agglomeration: cities, industrial location, and regional growth[M]. Cambridge University Press, 2002.

[169] HATTON T J, WILLIAMSON J G. Demographic and economic pressure on emigration out of Africa[J]. The Scandinavian Journal of Economics, 2003, 105（3）: 465-486.

[170] HARRI S J R, TODARO M P. Migration, unemployment and development: a two-sector analysis[J]. The American Economic Review, 1970: 126-142.

[171] HEBERLE R. The causes of rural-urban migration a survey of German Theories[J]. American Jounal os Sociology, 1938, 932-950.

[172] HOOVER E M.Location theory and shoe and leather industry[M]. Administration&Society, 1937.

[173] GLAESER E L, KOLKO J, SAIZ A. Consumer city[J]. Journal of economic geography, 2001, 1（1）: 27 -50.

[174] G MYRDAL. Economic theory and underdeveloped regions[M]. London: Duckworth, 1957.

[175] GREENWOOD M J. Migration and labor market opportunities[M]. Berlin: Springer, 2014: 3-16.

[176] J G WILLIAMSON. Regional inequality and the process of national development: a description of the patterns[J]. Economic Development and Cultural Change, 1965, 13（1）: 3-45.

[177] JORGENSON D W, GRILICHES Z.The explanation of productivity change [J]. Review of Economic Studies, 1967, 34（3）: 349-383.

[178] KOJIMAK. Direct foreign investment : a Japanese model of multinational business operations[M]. London Groom Helm. 1978.

[179] KRUGMAN P. Increasing returns and economic geography[J]. Journal of Political Economy, 1991, 99: 483-499.

[180] KUMBHAKAR S C, GHOSH S, MCGUCKIN J T. A generalized production frontier approach for estimating determinants of inefficiency in U.S.dairy farms [J]. Journal of Business and

Economics, 1991, 9（3）: 279-286.

[181] KYLAND F E, PRESCOTT E C.Time to build and aggregate fluctuation[J]. Econometrica, 1982, 50（6）: 1345-1370.

[182] LEE S E. A theory of migration[J]. Demgraphy, 1966 （15）: 47-57.

[183] LEWIS W A.Economic development with unlimited supplies of labor[J]. The Manchester school, 1954, 22（2）: 139-191.

[184] LUCAS ROBERT E.On the mechanics of economic development[J]. Journal of Monetary Economics, 1988, 22（1）.

[185] LUCAS R J.Econometric policy evaluation: a critique[C]. Carnegie-Rochester Conference Series on Public Policy.Elsevier, 1976, 1: 19-46.

[186] MARKUSEN R J, VENABLES A. Multinational firms and the new trade theory[J]. Journal of International Economics, 1998, 46: 183 204.

[187] MAYDA A M. International migration: a panel data analysis of the determinants of bilateral flows[J]. Journal of Population Economics, 2010, 23（4）: 1249-1274.

[188] MEHMET BOZOGLU, VEDAT CEYHAN.Measuring the technical efficiency and exploring the inefficiency determinants of vegetable farms in samson province turkey [J] .Agricultural Systems, 2007 （94）: 649-656.

[189] M J FARRELL.The measurement of productive efficiency[J]. Journal of Royal Statistical Society: series A（General）, 1957, 120（3）, 253-290.

[190] OZAWA T. Foreign direct investment and structural transformation: Japan as a recycler of market and industry[J]. Business and Contemporary World, 1993（2）: 129-150.

[191] OZAWA T. Flying-geese-style comparative advantage recycling and regional clusters growth: theoretical implications of the East Asia experience[C]. Economics at Different Stages of Development, Workshop Paper: 2002.

[192] PECK J. Struggling with the creative class[J]. International journal of urban and regional research, 2010, 29（4）: 740-770.

[193] PORTER M E. The competitive advantage of nations[M]. New York: Macmillan, 1990.

[194] PORTER M E. Clusters and the new economics of competition[J]. Harvard Business Review, 1998, 76（6）: 77.

[195] RAVENSTEI E G. The law of migriation[J]. Jounal of the Royal Statistical Society, 1889（6）: 241-301

[196] RANIS G, FEI J C H. A theory of economic development[J]. The American Economic Review, 1961: 533-565.

[197] REIFSCHNEIDER D, STEVENSON R.Systematic departure from the Frontier: a framework for the analysis of firm inefficiency[J]. International Economic Review, 1991, 32（3）: 715-723.

[198] ROMER PAUL M.Increasing returns and long run growth[J]. Journal of Political Economy, 1986, 94（5）.

[199] R W SHEPHARD.Cost and production functions[M]. Princeton, NJ: Princeton University Press, 1953.

[200] SCHULTZ T W. Investment in human capital[J]. The American Economic Review, 1961, 51: 1-17.

[201] SJAASTAD L A. The cost and returns of human migration[J]. The Journal of Political Economy, 1962（70）: 80-93.

[202] SOLOW R M. A Contribution to the theory of economic growth [J]. Quarterly Journal of Economic, 1956, 70（1）: 65-94.

[203] STARK O, TAYLOR J E, YITZHAKI S. Remittances and inequality[J]. The Economic Journal, 1986, 96（383）: 722-740.

[204] STARK O. The migration of labor[M]. Cambridge: Blackwell, 1991.

[205] TAYLOR A M, WILLIAMSON J G. Convergence in age of mass migration [J]. European Review of Economic History, 1997, 1（1）: 27-63.

[206] TODARO M P. A model of labor migration and urban unemployment in less developed countries[J]. The American Economic Review, 1969: 138-148.

[207] ZANKER J, SIEGEL M. The determinants of remittances: a review of the literature[J]. Economic Development and Culture Change, 1999a, 47（4）: 767-782.

后　记

纵观改革开放以来，中国经济经历了 40 多年的高速增长时期，创造了举世瞩目的非凡经济增长。然而，就增长方式而言，中国经济增长主要依靠要素投入与投资拉动。这种粗放式的增长方式极度依赖于资源和能源的高投入，由此产生了高排放、高污染、低效率等一系列问题。新时期背景下，面对中国经济"三期叠加"的巨大压力和"高质量发展"的更高要求，以及国际政治秩序重构、经济全球化发展变化莫测、科技革新浪潮席卷全球等复杂的国内国际形势，区域产业的合理布局和劳动力空间配置的合理规划，依然是中国未来经济发展过程中的重要一环。

本书历时两年时间，于癸卯年农历七月形成初稿，之后经多位专家学者提出宝贵意见，历经一年修改，最终于甲辰年农历八月十五凌晨画上最后一个句点。虽是盛夏，但夜已深，凉风阵阵，吹醒了房屋周围的树叶，沙沙地抱怨着。院子四周，叫得出名的和叫不出名的昆虫无休无止地叫着，为这凉凉的夜添了几分暖意。我站在阳台，外面树影婆娑，此时心情或宁静，或高远，或平淡，或悠闲，既不悲亦不喜，既无沉浮也无起伏。许多执着的、无法释怀的喜怒哀乐，似乎也都变得淡了，远了，抚平了，消失了。回想本书创作期间的种种，如昨日之事般历历在目。时光像极了"小偷"，偷光了我们所有的选择，余下的，正如桌上那壶茶，苦涩过后带来的满鼻清香，以及喉间那一抹温暖。庆幸创作的这几年，遇到了很多人，交到了很多朋友，也得到了很多人的帮助，也是他们让我有了坚持下去的勇气和信心、有了面对艰难挫折的从容和淡定。本书的研究，得到我的博士生导师西南大学刘新智教授，硕士生导师贵州大学李锦宏教授，西南大学刘自敏教授、涂建军教授，以及博士期间同窗好友的热忱指导和大力帮助。在此，对以上师友表示衷心感谢。

本书创作中的林林总总，也该落下帷幕。未来的研究如何，我不知道，但可以确定的是，即使经历坎坷，已然能够坦然面对，因为知道自己一直努力着。我不讨厌悲剧，只怕自己串演悲剧；亦不在乎下雨，只怕走上一条泥泞的道路。然而，即使串演悲剧，也该演出悲壮；即使走上泥泞，也要走出声响。所以，纵然欢喜，也不必得意忘形，纵然悲切，也不必怨天尤人。在人生的旅途中，不时穿插崇山峻岭般的起起伏伏，时而风吹雨打，困顿难行；时而雨过天晴，鸟语花香。总希望自己能够振作精神，继续奔向新的彼岸与前程。

张鹏飞

2024 年 9 月

附　录